Nelles Verlag

Foto: Serazahmed99 (Dreamstime.com)

Nepal

Autoren:
Susanne von der Heide,
Andreas Neuhauser, Berthold Schwarz,
Ludmilla Tüting, Joanna Pfaff-Czarnecka,
Hansjörg Brey, Diethelm Hofstra,
Jürgen Huber, Wolf Donner Satis Shroff,
Axel Michaels, Wolfgang Koch,
Hemanta Raj Mishra, Ganesh Lal Shakya

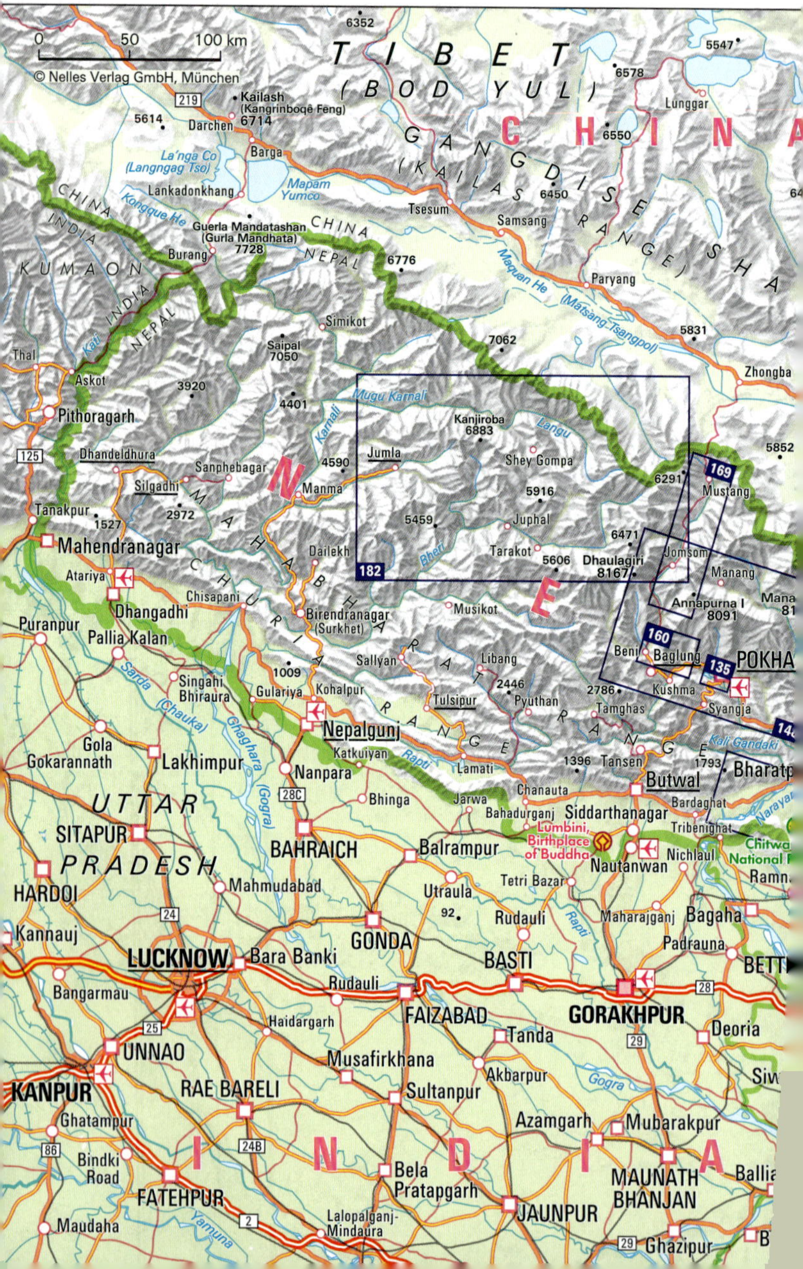

0 50 100 km
© Nelles Verlag GmbH, München
TIBET (BOD YUL)
CHINA
GANGDISE SHAN (KAILAS RANGE)
Kailash (Kangrinboqê Feng) 6714
Darchen
Barga
La'nga Co (Langngag Tso)
Mapam Yumco
Lankadonkhang
Guerla Mandatashan (Gurla Mandhata) 7728
Burang
Tsesum
Samsang
Paryang
Maquan He (Matsang Tsangpo)
Lunggar
Zhongba
KUMAON
Simikot
Saipal 7050
Thal
Askot
Pithoragarh
Dhandeldhura
Silgadhi
Sanphebagar
Jumla
Mugu Karnali
Kanjiroba 6883
Shey Gompa
Langu
Mustang
Manma
Dailekh
Juphal
Tarakot
Dhaulagiri 8167
Jomsom
Manang
Annapurna I 8091
NEPAL
MAHABHARAT RANGE
CHURIA RANGE
Tanakpur
Mahendranagar
Atariya
Dhangadhi
Chisapani
Birendranagar (Surkhet)
Musikot
Beni
Baglung
Kushma
POKHARA
Syangja
Sallyan
Libang
Pyuthan
Tamghas
Tulsipur
Kali Gandaki
Tansen
Butwal
Bharatpur
Puranpur
Pallia Kalan
Singahi Bhiraura
Gulariya
Kohalpur
Nepalgunj
Katkuiyan
Lamati
Rapti
Sarda (Chauka)
Ghaghara (Gogra)
Gola Gokarannath
Lakhimpur
Nanpara
Bhinga
Jarwa
Chanauta
Bahadurganj
Siddarthanagar
Bardaghat
Tribenighat
Lumbini, Birthplace of Buddha
Nautanwan
Nichlaul
Chitwan National Park
UTTAR PRADESH
SITAPUR
HARDOI
BAHRAICH
Balrampur
Mahmudabad
Utraula
Tetri Bazar
Rudauli
Maharajganj
Bagaha
Padrauna
Kannauj
LUCKNOW
Bara Banki
GONDA
BASTI
GORAKHPUR
Bangarmau
Rudauli
FAIZABAD
Haidargarh
Tanda
Deoria
UNNAO
KANPUR
Musafirkhana
Akbarpur
Gogra
RAE BARELI
Sultanpur
Ghatampur
Azamgarh
Mubarakpur
INDIA
Bindki Road
FATEHPUR
Bela Pratapgarh
JAUNPUR
MAUNATH BHANJAN
Ballia
Maudaha
Yamuna
Lalopalganj-Mindaura
Ghazipur

Zangbo (Tsangpo) Jiang (Brahmaputra)
XIGAZE
Phugsum
Paiku Co (Paikü Tso)
Gyirong (Zongga)
Shegar Dzong (Xêgar, New Tingri)
Baiba
Tingri
Lhazê
Sa'gya
Dingjie
Gamba
CHINA
INDIA
Ganesh 7406
Langtang Lirung 7234
Xixabangma Feng 8012
Labujikang 7367
Mt. Everest (Qomolangma Feng, Chomolungma, Sagarmatha) 8848
Cho Oyu 8201
Sagarmatha National Park
Lhotse 8516
Makalu 8463
Kanchenjunga 8586
Rasuwa Garhi
Langtang
Nyalam
Dhunche
Trisuli Bazaar
Kathmandu Valley
Kodari
KATHMANDU
Naubise
Bhaktapur
PATAN
Jiri
Lukla
Nepalthok
Sindhulimadi (Sindhuli Bazaar)
Sun Kosi
Arun
Taplejung
SIKKIM
Yuksom
Yumthang
Lachung
Yadong
Gangtok
BHUTAN
Pagri
Darjiling (Darjeeling)
Kalimpong
Kurseong
Bhasantpur
Dhankuta
Ilam
Darjeeling Himalayan Railway
Dharan
Pathlaya
Chandranigahapur
Hariwan
Bardibas
Dhalkebar
Birganj
Malangwa
Bairgania
Janakpur
Jaleshwar
Siraha
Chauraha
Bhardaha
Sapt Kosi
Rajbiraj
Itahari
Damak
Bhadrapur
Bagdogra
SILIGURI
Gairkata
Jalpaiguri
Motihari
Sitamarhi
Jaynagar
Nirmali
Birpur
BIRATNAGAR (MORANG)
Forbesganj
Islampur
Kishanganj
Tista
Madhubani
East-West Corridor
Gandak
MUZAFFARPUR
DARBHANGA
Supaul
Araria
Thakurgaon
SAIDPUR
BIHAR
Saharsa
Madhepura
CHAPRA
Samastipur
PURNIA
RAIGANJ
DINAJPUR
Bihariganj
HAJIPUR
PATNA
Barh
Barauni
Naugachhia
KATIHAR
ARA
MUNGER
BALURGHAT

Liebe Leserin, lieber Leser,

AKTUALITÄT wird in der Nelles-Reihe groß geschrieben. Unsere Korrespondenten dokumentieren laufend die Veränderungen der weltweiten Reiseszene, und unsere Kartografen berichtigen ständig die auf den Text abgestimmten Karten.
Wir freuen uns über jeden Korrekturhinweis! Unsere Adresse: Nelles Verlag, Machtlfinger Str. 26 Rgb., D-81379 München, Tel. +49 (0)89 3571940, Fax +49 (0)89 35719430, E-Mail: Info@Nelles.com, Internet: www.Nelles.com
Haftungsbeschränkung: Trotz sorgfältiger Bearbeitung können fehlerhafte Angaben nicht ausgeschlossen werden, der Verlag lehnt jegliche Produkthaftung ab. Alle Angaben ohne Gewähr. Firmen, Produkte und Objekte sind subjektiv ausgewählt und bewertet.

LEGENDE

- Sehenswürdigkeit
- Öffentliches bzw. bedeutendes Gebäude / Denkmal
- Hotel / Restaurant
- Einkaufszentrum / Markt
- Buddhistischer Tempel / Hinduistischer Tempel
- Kirche / Moschee
- Touristeninformation
- Höhle / Aussichtspunkt
- Hospital / Postamt

- Pokhara — im Text genannter Ort
- internationaler / nationaler Flughafen
- Landepiste
- UNESCO Welterbe
- Nationalpark, Naturschutzgebiet, Wildtierreservat
- Camp
- 18 — Entfernung in Kilometer
- Thorong La 5416 — Paß (Höhe in Meter)
- Lhotse 8501 — Berggipfel (Höhe in Meter)

- Staatsgrenze
- 28 — Schnellstraße
- Fernverkehrsstraße / in schlechtem Zustand
- Hauptstraße / in schlechtem Zustand
- Nebenstraße (teilweise befestigt)
- Nebenstraße, Fahrweg
- Trekkingroute
- Pfad
- Eisenbahn
- Fußgängerzone

IMPRESSUM

NEPAL
© Nelles® Verlag GmbH
81379 München

Druck: Bayerlein, Germany
Einband durch DBGM geschützt

- F3023 -

7 JUMLA UND DOLPO

8 HELAMBU UND LANGTANG

9 EVEREST-REGION

10 TREKKING IN OSTNEPAL

11 TERAI

12 REISE-INFORMATIONEN

fotoVoyager (iStockphoto.com)

Trekking im Khumbu – der den Sherpas heilige Berg Ama Dablam (6812 m ü. M.) ist einer der schönsten der Welt. Blick vom Pokalde High Camp (bei Chhukung).

Von Sauraha geht es auf Reitelefanten zur Nashorn-Fotopirsch in den Chitwan-Nationalpark

Berthold Schwarz

NATIONALPARKS

Wenn die natürliche Ausstattung als Maßstab wirtschaftlichen Wohlstandes gelten würde, wäre Nepal sicherlich eines der reichsten Länder der Erde. Innerhalb von kaum 200 Kilometern bietet dieses Ex-Königreich im Inneren Zentralasiens ein einzigartiges ökologisches Spektrum, beginnend mit einer Höhe von weniger als 100 m über dem Meeresspiegel und ansteigend bis zum höchsten Punkt der Erde auf 8846 m.

Innerhalb der 147 000 km^2 des Landes lassen sich vier verschiedene biotische Provinzen unterscheiden. Fast 23% des Gebietes von Nepal bestehen aus dem heißen und feuchten Terai-Tiefland, einer Fortsetzung der subtropischen und fruchtbaren indischen Ganges-Ebene. Die „Midlands", eine zentrale Region mit zerklüfteten Bergen und terrassiertem Ackerland, nehmen fast 44% des Landes ein. Der Rest wird vom Himalaya dominiert, mit seiner weitgehend unbewohnbaren Zone des ewigen Schnee und Eises, und mit der Trans-Himalaya-Region, die von den baumlosen Steppen des tibetischen Hochlandes geprägt ist.

Diese Extreme sind mit einer vielfältigen Fauna und Flora ausgestattet, wie sie vielleicht in der ganzen Region nicht ihresgleichen findet. Die Tektonik hat Nepal zur Übergangszone zwischen den beiden extremsten biologischen Sphären der Welt gemacht: dem paläoarktischen Gebiet im Norden und den subtropischen Provinzen Nepals im Süden; hier bietet sich ein natürliches Labor für zoo-geografische und pflanzenökologische Untersuchungen.

Allein in den feucht-warmen dampfenden Dschungeln und dem Grasland des Terai leben mehr als einhundert verschiedene Arten von Säugetieren, von prähistorischen Dickhäutern wie Nashörnern (*gaida*) und asiatischen Elefanten bis zu großen Raubkatzen wie Leoparden und Tigern. Die kalten, gemäßigten Zonen des Hochlands und der Berge des Nordens dagegen beherbergen eine der seltensten Wildkatzenarten der Welt, den Schneeleoparden, und verschiedene Arten von Wildschafen und Bergziegen.

Im Jahr 2015 zählte man 645 Nashörner in ganz Nepal – erfreulicherweise 111 mehr als noch im Jahr 2011

Nepal gilt als Paradies für Vogelfreunde. Über 800 Vogelarten sind hier beobachtet worden, mehr als die Hälfte aller in Süd-Asien bekannten Spezies. Während Süd-Nepal für eine Reihe von Küstenvögeln wie Fischreiher, Möwen, Meerschwalben, Enten und Teichhühner ein Refugium bietet, beheimaten die Eichen- und Rhododendron-Wälder der Mahabharata-Berge, die dem Himalaya vorgelagert sind, mindestens ein Dutzend Arten von Fasanen mit schillerndem Gefieder.

Zusätzlich zu den Vögeln kann Nepal auch eine breite Palette von Schmetterlingsarten bieten. Bis jetzt sind über 600 Arten registriert worden, unter ihnen einige der seltensten Spezies der Welt.

Leider weiß man noch wenig über den Pflanzenreichtum dieses Landes. Eine Analyse der Flora Nepals zeigt, dass bislang 5000 Arten von Blütenpflanzen und 540 Farnarten erfasst sind, von denen 250 einheimische bedecktsamige Arten sind. Die Gesamtzahl der Arten ist zweieinhalb mal größer als die für Großbritannien bekannte Zahl, ein Land, das dreimal so groß ist wie Nepal. Unter den Blütenpflanzen Nepals sind allein 30 Rhododendron-Arten, von denen eine die Nationalpflanze ist. Das Land ist reich an seltenen und gefährdeten Orchideen-Arten, vielen Arten medizinisch verwendbarer Kräuter und an wilden Zierpflanzen, Vorfahren vieler Gartenblumen.

Nepal verfügt über Wasser-Ressourcen im Überfluss: durch Schmelzwasser gespeiste Flüsse, Ströme, Seen und andere Gewässer mit einem großen Reichtum an Lebensformen. Darunter findet man über 120 Fischarten; zum Beispiel auch den Tomahseer, einen der begehr-

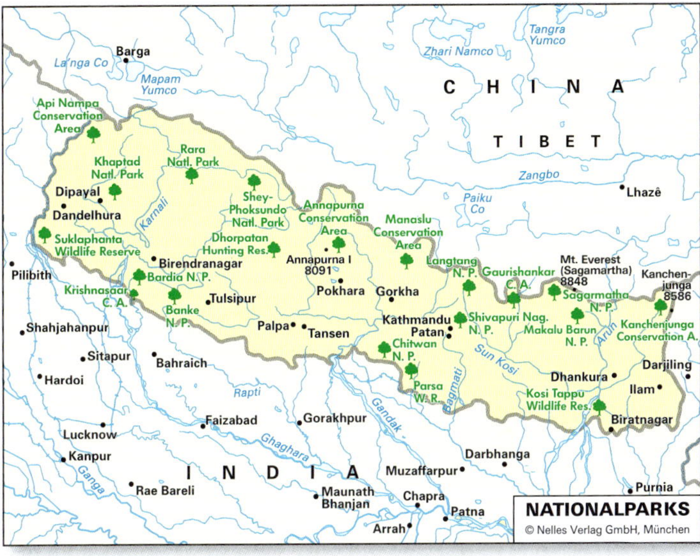

NATIONALPARKS

testen Süßwasser-Fische der Sportangler Asiens. Andere Wassertier-Arten sind etwa der seltene und vom Aussterben bedrohte Ganges-Delfin und zwei Krokodil-Arten, das Sumpfkrokodil und der Ganges-Gavial. Außer dieser „Megafauna" sind auch kleinere Tierarten in großer Zahl in Nepal zu finden wie Schlangen, Eidechsen, Schildkröten und andere Reptilien.

Naturschutz in Nepal

Die Tierwelt Nepals hat schon immer die Aufmerksamkeit von Abenteurern und Entdeckern auf sich gezogen. Früher war Nepal auch beliebt als Revier für die Großwildjagd der Rana- und der Shah-Herrscher, die gerne britische „Royals" dazu einluden. Auf den Zusammenbruch des Rana-Regimes 1951 und die politische Instabilität der fünfziger Jahre folgte eine starke Zerstörung der Wälder und des Wildbestandes mit einschneidenden Verlusten. Erst dank der Weitsicht und dem Eingreifen des damaligen Königs Mahendra Mitte der sechziger Jahre wurde der Tierwelt Schutz gegen das Ausufern von Kahlschlag-Rodungen und das Vordringen der Landwirtschaft gewährt. Der Sohn Mahendras, König Birendra, führte die Initiative fort. 1972 wurde z. B. die Tigerjagd verboten. Seitdem ist der Naturschutz zu einem integralen Teil der Entwicklungsplanung Nepals geworden.

Derzeit gibt es 16 nationale Schutzgebiete, die mehr als 15 Prozent der Fläche des Landes einnehmen – einer der höchsten Prozentsätze in ganz Asien. Sie gliedern sich in 10 Nationalparks, drei Tierreservate, 6 Conservation Areas (integrierte Schutzzonen) und ein Jagdgebiet. Der Nationalpark- und Naturschutz-Erlass von 1973 hat 26 Säugetierarten, neun Vogelarten und drei Reptilien-Arten vollständig unter Schutz gestellt.

Einen Einblick in die Fauna und Flora Nepals gibt im Folgenden die Beschreibung der Nationalparks und der Wild-Reservate, die so über das Land verteilt sind, dass sie exemplarisch das Ökosystem des Landes repräsentieren.

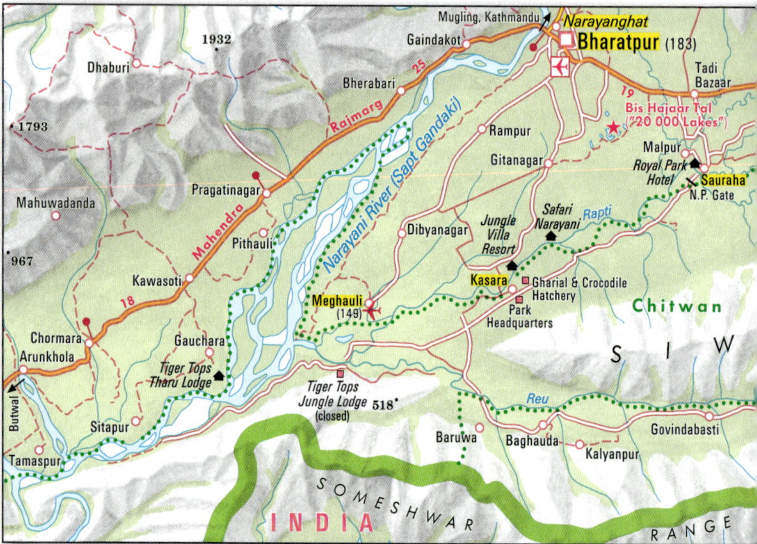

Chitwan-Nationalpark

Der **Chitwan-Nationalpark**, der erste in Nepal, wurde 1973 angelegt. Er liegt im Inneren des Terai, bedeckt eine Fläche von 932 km² und erstreckt sich in einem Flusstal, das das Schwemmland der Flüsse **Rapti**, **Reu** und **Narayani** umfasst. Seine Höhe reicht von 150 bis 815 m im **Churia**, einer Hügelkette, die den Park in zwei große Wasser-Einzugsgebiete scheidet. Das Klima ist subtropisch mit Maximal-Temperaturen bis 38 °C im Mai/Juni und den niedrigsten Werten (5 °C) im Dezember/Januar. Der durchschnittliche jährliche Niederschlag liegt bei 2400 mm; die feuchtesten Monate sind Juni bis November, in denen etwa 90% des Monsunregens fallen.

Flora und Fauna von Chitwan sind mit die reichhaltigsten in Asien. Hier ist auch die Heimat der letzten Exemplare des **Panzernashorns** in Nepal, wobei die Nashorn-Wilderei seit dem Bürgerkrieg wieder zugenommen hat.

Die Vegetation wird von **Sal-Wäldern** beherrscht, die 70% des Gebietes bedecken; der Rest ist ein Mosaik aus Auwäldern, hohem Grasland, Seen, Sümpfen und Gewässern. Reine Salharzbaum-Gehölze gibt es in den Niederungen bei **Kasra**, dem **Park-Hauptquartier**. Im restlichen Gebiet sind sie gemischt mit anderen Baumarten und Büschen. **Chir-Kiefern** kommen in der Churia-Kette vor und stehen oft mit Sal-Bäumen gemischt. Das Grasland und die Auwälder ändern sich aufgrund von Überschwemmungen und von Bränden ständig. **Khair-Akazien** und die **Sissoo-Dalbergia** überwiegen im Schwemmland der Flussniederungen und den Inseln des Narayani-Flusses. Sonst herrscht in den Auwäldern der **Kapokbaum** und der **Vehellar** vor. Mehr als zehn Arten von hohem und dichtem Gras bedecken die Waldlichtungen und werden kollektiv als **Elefantengras** bezeichnet.

Außer den über 400 Nashörnern ist der Chitwan-Nationalpark reich an anderen Großtierarten. Unter den Raubtieren sind rund 120 **Tiger** (Zählung 2010) – der größte Jäger des Parks,

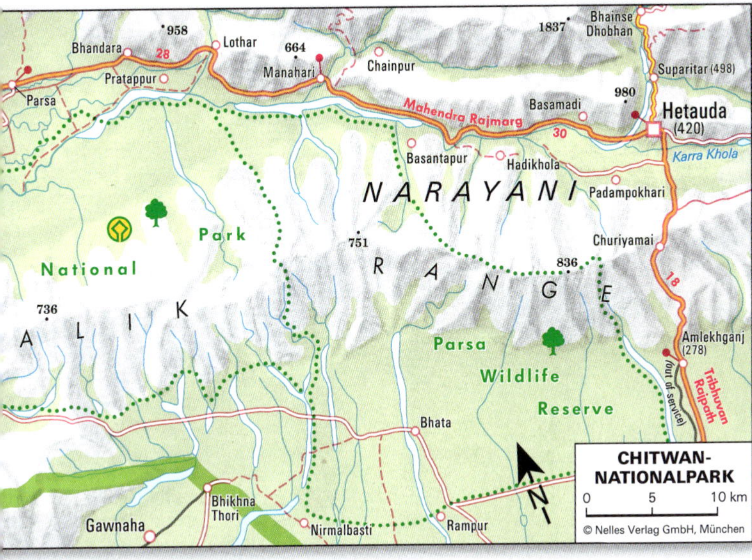

der in Nepal seit den 1970er Jahren erforscht wird – nicht zuletzt, um Mensch-Tiger-Konflikten im dicht besiedelten Terrai vorzubeugen. Das Projekt wird vom Staat, dem NTNC (Stiftung für Naturschutz), dem WWF und ursprünglich auch vom Smithsonian-Institut getragen. Tiger (und auch Nashörner) werden betäubt und erhalten ein Senderhalsband, bevor sie wieder freigelassen werden. Die Tiere werden dann mit Funkgeräten vom Rücken zahmer Reitelefanten aus verfolgt. Immer wieder werden alte oder verletzte Tiger zu Menschenfressern und müssen erschossen werden – so ein siebenfacher *Man-eater* 2001 bei Nawalparasi.

Andere häufige Raubtiere sind der **Leopard**, die Fischkatze, die Rohrkatze, auch Sumpfluchs genannt, und die Bengalenkatze. Neben Schakalen, Füchsen und Rothunden sind im Park auch kleinere Raubtiere wie Zibetkatze, Marder, Mungo und Otter vertreten.

Manchmal kann man den (nicht ungefährlichen!) **Lippenbär** aus der Familie der Allesfresser dabei beobachten, wie er den Waldboden nach Termiten durchsucht, während zwei Affenarten, der **Langur** und der **Rhesusaffe**, in den Baumwipfeln von Ast zu Ast schwingen. **Wildschweine** und vier Hirscharten (**Sambar**, Tschital oder **Axishirsch**, **Schweinehirsch** und **Muntjak**) sind die häufigsten Huftiere im Park.

Besucher, die in der Trockenzeit nach Chitwan kommen (zwischen Ende Februar und Mai), werden oft dadurch belohnt, dass sie **Gaur** zu sehen bekommen – die größte asiatische wilde Rinderart –, wie sie von den Churia-Hügeln herunter in die Schwemmland-Niederungen und das Grasland ziehen.

Mit der Rekordzahl von über 450 Arten ist der Park berühmt für seinen **Vogelreichtum**; einige Arten wie der **Pfau** und das Bankivahuhn sind das ganze Jahr über zu finden. Andere, wie der Jungfernkranich, wechseln ihren Standort innerhalb des Parks; wieder andere, wie die Indische Gans und die Rostente, verbringen nur den Winter im Park. Unter den Raubvögeln findet man den Weißschwanz-Fischadler, den **Fischad-**

Foto: Jürgen Spiess

Oben: Es gibt noch etwa 120 Tiger im Chitwan-Nationalpark. Rechts: Ganges-Gaviale werden in Kasra zum Auswildern gezüchtet.

ler und verschiedene Falken-, Habicht- und Milan-Arten.

Unter den Wassertieren ist der sehr seltene, vom Aussterben bedrohte **Ganges-Delfin** neben dem häufig vorkommenden **Sumpfkrokodil** hervorzuheben. Das bekannteste Reptil des Parks ist der **Ganges-Gavial**. Dieses fischfressende, schmalschnäuzige Krokodilart stand kurz vor dem Aussterben. 1978 begann die Regierung ein erfolgreiches Aufzuchtprogramm, unterstützt von der Frankfurter Zoologischen Gesellschaft: Frisch geschlüpfte Gaviale werden im **Gharial Conservation Centre** in **Kasra** aufgezogen und dann ausgewildert.

Sauraha – das Tor zum Chitwan-Park

1984 wurde der Chitwan-Nationalpark wegen seiner reichhaltigen Tierwelt von der UNESCO zum Welterbe erklärt. In der Luftlinie nur 90 km südwestlich von Kathmandu gelegen, ist er das Hauptturistenziel im Terai. Flüge gibt es nach **Meghauli** und **Bharatpur**. Mit dem Auto kann man den Park über den Tribhuvan Rajpath-Highway erreichen: Via Hetauda nach Westen oder via Narayanghat nach Osten, dann in der Nähe von Taadi Bazaar nach Süden abbiegen und der – am Ende noch im Ausbau befindlichen – Straße nach **Sauraha** folgen, dem Hauptort mit dem meistfrequentierten **Park-Zugang**. Die meisten der ausländischen Besucher stammen heutzutage aus Indien und Ostasien.

Es gibt in Sauraha, in Sichtweite des Nationalparks, nur durch einen Fluss von diesem getrennt, viele **Agenturen** und **Hotels**, die **Nationalparktouren** nach Wunsch als Paket anbieten. Zudem gibt es etliche **Restaurants** (Salat u. Rohgemüse meiden!); beliebt ist das *KC*. Einige Lokale sind schön am Fluss gelegen – ideal für einen Sundowner. Abends werden im Dorf **Tharu-Folkloreshows** veranstaltet. Vormittags gegen elf Uhr darf man gegen ein Trinkgeld auf den im Fluss badenden Elefanten klettern, um sich von ihm nass spritzen zu lassen – **Baden mit Elefanten** ist das billigste Vergnügen hier.

Die **Übernachtungsmöglichkeiten** in Sauraha reichen von einfachen Unterkünften bis zur gehobenen Kategorie, von 10 $ bis 100 $ pro Tag. Ein guter Tipp ist das flussnahe, parkähnlich-großzügig angelegte *Royal Park Hotel* mit enormem Vogelreichtum (ca. 33 $).

Im Nationalpark gibt es aus Naturschutzgründen keine Unterkünfte mehr. Das einst berühmte, superteure Tiger Tops ist heute nur noch eine Geisterlodge, allerdings an einer besonders schönen, gut als Picknickplatz geeigneten Stelle gelegen: am Hochufer einer breiten Flussaue, nahe den Siwalik-Bergen. Dorthin gelangt man aber nur auf einer ganztägigen **Jeeptour**, auf der man mit Glück verschiedene Hirscharten, Krokodile, Pfaue, Affen und Nashörner sieht.

Foto: Ludwig v. Savigny

Eine **Elefantenreitsafari** durch den Dschungel auf dem Rücken eines gezähmten asiatischen **Elefanten** ist die beliebteste Art, Wild zu sehen, und eine bleibende Erinnerung. Allerdings sind die staatlichen Elefanten, die als einzige Reittiere in den Nationalpark dürfen, nicht immer verfügbar, da sie auch für Forschungszwecke, zum Beispiel beim Tiger- oder Nashorn-Monitoring mit Kamerafallen, eingesetzt werden. Diese „Government Elephants" sind beim **Nationalpark-Ticket-Office** in Sauraha oder durch einen Agenten zu buchen. Doch die Bewohner von Sauraha haben mittlerweile eigene Elefanten, die zwar den Nationalpark nicht betreten dürfen, ihre Gäste jedoch von einem eigens angelegten, gut organisierten „Elefantenbahnhof" in den **Tikoli-Wald** bringen – ein Stück Gemeindewald außerhalb des Nationalparks, wo man aber meist auch Nashörner zu sehen bekommt.

Ideal zur **Vogelbeobachtung** und **Krokodilbeobachtung** ist die Fahrt mit einem langen **Einbaum** auf dem Fluss **Rapti**. Kombinierbar mit einem Besuch des staatlichen **Elephant Breeding Centre**, wo man Babyelefanten zu sehen bekommt. Im **Besucherzentrum** in Sauraha und im Gharial Conservation Centre in Kasra kann man sich in (teils etwas verblichenen) Ausstellungen über Flora und Fauna des Parks informieren.

Den Park zu Fuß zu besichtigen ist, obwohl es oft gemacht wird, nicht zu empfehlen, da trotz Guide-Begleitung schon Besucher von Nashörnern und Lippenbären getötet worden sind. Die beste Möglichkeit, Wild aus der Nähe zu beobachten, bieten Elefantenritt, Jeep- und Bootsfahrt.

Sagarmatha-Nationalpark

„Als höchster Punkt auf der Erdoberfläche ist Sagarmatha und seine Umgebung nicht nur für Nepal, sondern für die ganze Welt von größter Bedeutung." Mit diesen Worten machte Nepals Prinz Gyanendra die Ankündigung von der Einrichtung des höchstgelegenen Nationalparks der Welt zu einem historischen Augenblick, als er 1973 vor dem

Foto: SoopySue (iStockphoto.com)

Dritten Internationalen Kongress des World Wildlife Fund sprach.

Der Park umfasst ein Gebiet von 1148 km^2 im oberen Einzugsgebiet des Dudh Kosi-Flusses und liegt nordöstlich von Kathmandu im Solu-Khumbu-Distrikt. Das Gelände ist geprägt von dramatischen Oberflächenformen, da der Park viele der höchsten Berge der Welt einschließt. Sieben Gipfel sind höher als 7000 m, darunter der Sagarmatha oder Everest (8848 m), und Geologen behaupten, dass ihre Höhe noch zunehme, da die Faltung sich weiter fortsetzt.

Das Klima ist im Sommer kühl und feucht, im Winter kalt und trocken. 80% der Niederschläge fallen in den Monsun-Monaten (Juni-September) und betragen im Durchschnitt weniger als 1000 mm.

Der Park erstreckt sich über sechs Vegetationszonen. Die untere subalpine Gegend zwischen 3000 und 3600 Höhenmetern hat einen Waldbestand mit Fichten, Föhren und Wacholdern. Die obere subalpine Zone oberhalb von 3600 Metern besteht aus Birken- und Rhododendron-Wäldern. Niederwald mit Krüppel-Rhododendren findet sich in der unteren alpinen Zone oberhalb der Baumlinie (3800-4000 m), zusammen mit einigen Kräuterblumen wie den Lilien und den Schlüsselblumen. Die Dichte des Gebüschs nimmt mit der Temperatur ab. Oberhalb von 5000 m ist der Schnee-Rhododendron der einzige Vertreter seiner Art, zusammen mit alpinen Pflanzen wie Wegedorn, Schachtelhalm und dem blauen Himalaya-Mohn. Oberhalb dieser Zone ist die Vegetation beschränkt auf Flechten, Moose, Zwerg- und Riedgras-Arten und hört schließlich an der Dauerschnee-Linie bei etwa 5750 m ganz auf.

Aufgrund von geologischen und erdgeschichtlichen Faktoren gibt es im Sagarmatha-Nationalpark, verglichen mit der Terai-Region, nur wenige Säugetierarten. Immerhin gibt es aus der Ziegenantilopen-Familie das Serau, den

Oben: Lippenbärin mit Nachwuchs; der „Sloth Bear" kommt u.a. im Chitwan-Nationalpark vor. Rechts: Ein Schneeleopard im Sagarmatha-Nationalpark.

Foto: Dennis Donohue (iStockphoto)

Goral und den Himalaya-Thar; aus der Hirsch-Familie das Moschustier und den Muntjak. Die kleinen Säugetierarten, die im Park vorkommen, sind der Pfeifhase oder Pika, die tibetische Gebirgsbach-Spitzmaus, der tibetische Wollhase, das sibirische Feuerwiesel, der Larvenroller und das Murmeltier.

Die Vogelwelt wird auf 120 Arten geschätzt. Bemerkenswert und viel zu sehen sind die Himalaya-Glanzfasane, die Blutfasane, Haldenhühner und das Himalaya-Königshuhn. Der Himalaya-Gänsegeier und der Lämmergeier sind bis zur Höhe von 7600 m gesehen worden, und Bergsteiger-Expeditionen haben berichtet, dass sie bis zu 8200 m Bergkrähen angetroffen haben. Unter den 30 Schmetterlingsarten, die im Park vorkommen, befindet sich auch der silberne Bergfalter, der sonst nirgends in Nepal zu finden ist.

Der Sagarmatha-Nationalpark hat große kulturelle Bedeutung. Hier ist auch die Heimat der berühmten Sherpas. Er war einer der ersten Orte, der von den Vereinten Nationen auf die Liste der World-Heritage-Sites gesetzt wurde.

Besucher-Informationen: Die beste Zeit, Sagarmatha zu besuchen, ist zwischen Oktober und Mai, außer den Monaten Dezember - Februar, in denen die Tagestemperaturen unter null Grad liegen und das Gebiet oft starke Schneefälle zu verzeichnen hat. Der Park hat 10 000 bis 15 000 Besucher pro Jahr, so dass entlang der Haupt-Trekking-Route zahllose Unterkünfte angelegt worden sind, darunter auch das Everest View Hotel in Shyangboche. Träger können in Lukla gemietet werden, und einheimische Kost gibt es in den vielen Teestuben den ganzen Weg entlang bis zum Everest Base-Camp.

Langtang-Nationalpark

In der zentralen Himalaya-Region Nepals, 32 km nördlich von Kathmandu, befindet sich der Langtang-Nationalpark, der seit 1973 existiert. Er umschließt ein Gebiet von 1710 km^2, das aus den Haupt-Einzugsgebieten der Flüsse Trisuli und Bhote Kosi gebildet wird. Die Höhe reicht von 790 m am Bhote Kosi bis zu 7234 m auf dem Langtang Lirung-Gipfel. Die nördliche Grenze des Parks ist durch die Nepal-China (Tibet)-Grenze gegeben; der Gosainkund-See und die Dorje Lakpa-Kette teilen den Park in eine Ost- und eine West-Flanke.

Eines der herausragendsten Merkmale des Langtang-Nationalparks besteht in der großen Vielfalt seiner Vegetationsarten. In den Höhenlagen unter 1000 m finden sich tropische Spezies wie der Salharzbaum. Schima, die indische Castanopsis, und die Chir-Kiefer sind im subtropischen Sektor zwischen 1000 und 2000 Metern zu finden. Der Bewuchs in der montanen Zone zwischen 2000 und 3000 Metern besteht aus Eichen und Himalaya-Hemlock, besonders in den Feuchtgebieten. In der subalpinen Zone herrschen die Nadelbäume vor, in trockeneren Gebieten die Föhren und Lärchen, während Rhododendren überall zu finden sind. Das Lärchen-Vorkommen ist wegen der ungewöhnlichen Verteilung seiner Arten in Langtang von besonderem Interesse. Die Vegetation in Langtang ist mit den starken Höhenunterschieden und den mikroklimatischen Effekten ganz besonders vielfältig.

Unter den kleineren Säugetieren des Parks findet sich der Kleine Pandabär, der Buntmarder, der Pfeifhase und einige Spitzmaus- und Wolf-Arten. Eines der Huftiere, das man auf den Abhängen des Langtang-Tals sehen kann, ist der Himalaya-Thar mit einer Population von etwa 200 Tieren. Andere große Säugetiere, die im Park verbreitet sind, sind Goral, Serau, Wildschweine, Muntjak und Moschustiere. Die Affenarten werden durch Rhesus-Affen und Languren vertreten, während der Himalaya-Schwarzbär der einzige Vertreter seiner Art ist.

Rechts: Nur in großen Höhen findet man den seltenen Blauen Mohn.

Das Trisuli- und Bhote Kosi-Talsystem ist eine wichtige Route für Zugvögel, die im Frühling und im Herbst von den Ebenen Indiens nach Tibet bzw. zurück ziehen. Mehr als 180 Vogelarten sind hier schon registriert worden, worunter sich auch so seltene Arten wie der Ibisschnabel, der Weißscheitel-Rotschwanz, der Schuppenspecht und der Goldbürzel-Honiganzeiger finden. Die Fasan-, Rebhuhn-, Adler- und Geier-Arten sind die gleichen, die schon für den Sagarmatha-Nationalpark beschrieben worden sind.

Der Park hat auch kulturell Interessantes anzubieten, so z. B. die Sherpa-Dörfer im Helambu oder die heiligen Seen von Panch Pokhari und Gosainkund. Letzterer zieht jährlich Tausende von buddhistischen und Hindu-Pilgern an, besonders während des *Janai Purne* Festivals im Sommer.

Besucher-Informationen: Zu diesem Park zu gelangen, ist sehr viel einfacher, als zu den anderen Himalaya-Nationalparks. Mit dem Bus oder dem Taxi kann man von Kathmandu nach **Dunche** fahren, wo das Park-Hauptquartier liegt, und weiter über eine erosoionsgefährdete, abenteuerlich Bergstraße bis **Syabrubesi**. Alternativ kann man einen Bus nach **Sundarijal** nehmen und über das Helambu wandern.

Shey-Phoksumdo-Nationalpark

Shey-Phoksumdo ist der größte Nationalpark Nepals (3555 km^2) und wurde 1984 eingerichtet. Der Großteil seiner Fläche liegt nördlich der Himalaya-Hauptkette auf dem Trans-Himalaya-Plateau im Dolpo-Distrikt. Die Sehenswürdigkeiten dieses Parks sind der bis 6883 m hohe **Kanjiroba Himal** und der **Phoksumdo-See**, Nepals zweitgrößter See, der in einer Höhe von 3660 m liegt. Die Landschaft im Herzen des Parks gleicht der kalten arktischen Wüste, wie man sie auf dem Hochland Tibets vorfindet, wo der jährliche Niederschlag unter 500 mm beträgt.

Foto: Andreas Neuhauser

Die Vegetation der Transhimalaya-Region besteht aus spärlichem Buschwerk mit Wacholdern, Caragana, Lonicera und anderen, den kalten nördlichen Bedingungen des semi-ariden Klimas angepassten Arten. Auf den Fluss-Terrassen finden sich vereinzelt auch Pappel- und Walnuss-Bestände.

Einige der Himalaya-Säugetiere, die für Langtang und Sagarmatha beschrieben wurden, sind auch hier zu finden. Bekannt ist der Park jedoch für den seltenen Schneeleoparden und das Pamirschaf, *Nayan* genannt. Zusätzlich finden sich hier auch einige der gefährdeten Tierarten Tibets wie das Wildyak. Gelegentlich kreuzen auch der Tschiru und der tibetische Wildesel die Grenze von Tibet. Die 55 Vogelarten, die im Park zu finden sind, schließen besondere Trans-Himalaya-Arten ein, wie die Tibetlerche, den Berghänfling und den Adams-Schneefink.

Shey Gompa ist ein Kloster aus dem elften Jahrhundert, das für die buddhistischen Pilger der Umgebung eine große religiöse Bedeutung hat. Dort wird eine Herde halbzahmer Blauschafe gehalten, die von den Mönchen mit Sorgfalt gehegt wird und die man gut aus der Nähe betrachten kann.

Besucher-Informationen: Große Teile des Parks dürfen Touristen nur mit einem teuren Inner-Dolpo-Permit betreten, man kann jedoch mit einer billigeren Trekking-Erlaubnis **Ringmo** besuchen, das an der Süd-West-Seite des Sees liegt. Will man nicht von Jumla aus zu Fuß gehen, so ist der beste Weg, den Park zu erreichen, mit dem Flugzeug.

Der **Flughafen** in **Juphal** ist etwa 2,5 Gehstunden von dem Distrikthauptort Dunai entfernt. Von hier aus gelangt man in einem Zwei-Tages-Marsch nach **Sunduwa**, wo das Park-Hauptquartier ist. Von dort sind es noch 1,5 Tage bis Ringmo. Die beste Besuchszeit ist zwischen April und Juni, den Monaten mit dem mildesten Klima. Es gibt jedoch wenig Touristeninfrastruktur, so dass Besucher auf sich selbst bzw. ihre Trekking-Crew angewiesen sind.

Nepals größter See im Rara-Nationalpark

Der 1976 angelegte Park liegt in Westnepal, in der Karnali-Zone im Distrikt Mugu und Jumla. Es ist der kleinste Nationalpark in Nepal. Die Kernschutzzone um den **Rara-See** umfasst eine Fläche von 106 km^2, in der niemand siedeln oder Viehzucht und Ackerbau betreiben darf. Am Nordufer, wo einst die Dörfer Rara und Chabru lagen, stehen heute zwei Lodges, das Park Headoffice und ein Militärcamp. Der See ist umgeben von Wanderwegen, auf denen Motorfahrzeuge verboten sind. Er liegt auf 2980 m, ist bis zu 167 m tief, 5,1 km lang und 2,7 km breit. Seine Fläche beträgt 10,8 km^2. Der höchste Punkt des Parks ist mit 4038 m der Chuchamara Dara.

2006 wurden weitere 198 km^2 zur Pufferzone erklärt, die – stark eingeschränkt, unter Aufsicht der Nationalparkverwaltung – von den ca. 15000 hier lebenden Chetris, Thakuri und Dalits gepflegt und genutzt werden darf.

Der zauberhafte Rara-See liegt in einer der idyllischsten und entlegensten Regionen Nepals. Die Landschaft um den See erinnert an Skandinavien und wird für ihre melancholische Schönheit gerühmt. Er ist vom Massentourismus verschont geblieben, da hier lange die maoistische Guerilla ihr Unwesen trieb und die eisstrotzenden Sieben- und Achttausender nur in weiter Ferne zu erkennen sind. Mittlerweile haben ihn nepalische Touristen entdeckt. Sie nehmen oft eine mehrtägige Busreise auf sich und verwandeln dann die einzigen beiden Unterkünfte in ein Pfadfinderlager mit Lagerfeuer, Grillen und Liederabend. Kaum 200 Ausländer besuchen den Rara Lake jährlich.

Das Ufer ist von dichten Mischwäldern umgeben, v. a. Fichten, Weißtannen, Tränenkiefern, Wacholder, Rhododendron, Eichen und Birken. Dazwischen wachsen Berberitzen, Wildrosen, Zwergmisteln und seltene Heilpflanzen wie Kutuki (Leberheilkraut) oder das Baldriangewächs Jatamansi. In dem klaren Wasser tummeln sich drei Forellenarten, darunter die endemische Schneeforelle. Fischen ist verboten.

Der See bietet Zugvögeln aus Zentral- und Nordasien mit seiner großen Wasserfläche eine willkommene Raststätte, z. B. Spießenten, Kolbenenten, Streifengänsen, Rostgänsen und Jungfernkranichen. Schwarzhalstaucher und Reiherenten bleiben immer hier. Auch große Säugetiere wie Gorals, Wildschweine, Moschushirsche, Roter Panda, Himalaya-Schwarzbären und Himalaya-Languren leben hier; zu Gesicht bekommt man sie selten. **Besuchszeit**: September-November und März-Juni. Im Winter fällt die Temperatur unter null, es kann 1 m Schnee fallen. **Besucherinformationen**: siehe S. 180-189.

Annapurna Conservation Area

Das Annapurna-Schutzgebiet (ACA) liegt im Zentral-Himalaya nördlich von Pokhara. Es bedeckt eine Fläche von 7630 km^2, die sich über fünf Distrikte der Gandaki- und der Dhaulagiri-Zone erstrecken. Das Gebiet ist berühmt für seine hohen Berge, von denen allein sieben Gipfel über 7000 m messen. Es ist auch für seine tief eingeschnittenen Täler bekannt, die in starkem Kontrast zu den hohen Bergen stehen. Im Sommer 1992 wurde auch das neuerdings für Ausländer geöffnete nördliche Mustang dem Annapurna-Schutzgebiet angegliedert.

Die Landschaft des Gebietes ändert sich mit den Höhenstufen, die von 1311 m in Tatopani bis auf 8091 m auf dem Gipfel des Annapurna I reichen. Dementsprechend differieren auch die klimatischen Gegebenheiten enorm. Die Südhänge der Annapurna erhalten mit die höchsten jährlichen Niederschlagsmengen mit über 3000 mm, während

Rechts: Ein auf Reinlichkeit bedachter Leopard im Chitwan-Nationalpark.

Foto: Susanne v.d. Heide

der Norden, der im Regenschatten des Trans-Himalaya-Sektors liegt, den geringsten Niederschlag des Landes zu verzeichnen hat (unter 300 mm).

Durch die großen Unterschiede der klimatischen Bedingungen und der Höhenlagen ist die biologische Variationsbreite von Tier- und Pflanzenwelt besonders groß. In den niederen Lagen findet man subtropische Gesellschaften; Schima, die indische Castanopsis, Erlen und Chir-Kiefern stehen auf den trockeneren Hängen. In den gemäßigten Waldzonen in höheren Lagen sind Eichen und Rhododendren verbreitet, in den feuchtesten Gebieten, im Modi Khola-Tal wächst Bambus. Weiter oben an den trockeneren Hängen wird der Bambus durch Koniferen, Föhren, Fichten und Hemlock-Tannen ersetzt. Oberhalb davon befinden sich die subalpinen Gesellschaften mit Birken und Wacholdern, während in den alpinen Zonen Rhododendron-Buscharten zu finden sind.

Im Schutzgebiet gibt es mehr als 400 Vogelarten, darunter auch die einzige endemische (einheimische) Art Nepals, den Igeldrossling. Das Kali Gandaki-Tal bildet eine wichtige Strecke für mehr als 40 Zugvögel, darunter auch den Jungfernkranich. Fast alle Fasan-Arten, Raubvögel und kleinere Tierarten, die es an anderen Orten im Himalaya gibt, kommen auch hier vor. Der Schneeleopard, der Kleine Panda, der Himalaya-Moschushirsch, das Muntjak und vier wilde Schaf- und Ziegenantilopen-Arten kommen ebenfalls in dieser Gegend vor.

Das **Annapurna Conservation Area Project (ACAP)** ist Nepals bekannteste Initiative zum Schutz dieses besonderen Gebiets. Mit einer weniger restriktiven und flexibleren Handhabung, als das in Nationalparks und Reservaten üblich ist, wird der einheimischen Bevölkerung im Schutzgebiet erlaubt, ihre traditionellen Lebensformen der Subsistenzwirtschaft beizubehalten. Diese Lebensformen sind in einen Rahmenplan für ein gesundes Ressourcen-Management und wirtschaftliche Entwicklung integriert.

Die ökologische und kulturelle Beschaffenheit dieser Region ist von einer Reihe von Faktoren beeinflusst: zu starkes Bevölkerungswachstum, schlecht beratene landwirtschaftliche Entwicklung und unmittelbare Auswirkungen durch den Trekking-Tourismus. Als Antwort auf diese negativen Einflüsse verfolgt der National Trust for Nature Conservation einen neuen Ansatz, in dem der Naturschutz verbunden wird mit der Berücksichtigung menschlicher Bedürfnisse und lokaler Entwicklung.

Diese Schutzmaßnahmen begannen 1986. Das Programm versucht, zwischen den Bedürfnissen der Einheimischen und der Natur einen Mittelweg zu finden. Naturschutz in kleinem Maßstab und die Verwendung alternativer Energiequellen sollen die Auswirkungen der touristischen Besucher möglichst gering halten und gleichzeitig eine erhaltenswerte Zukunft für Land und Leute garantieren.

Oben: Rhesusaffen am Swayambunath-Tempel. Rechts: Rhododendronblüte ist im März und April (im Hintergrund, Mitte: Annapurna-Süd, 7219 m).

ACA ist heute bei weitem das populärste Trekking-Ziel in Nepal.

Besucher-Informationen: Das Annapurna-Schutzgebiet erreicht man am besten, indem man mit dem Bus oder Flugzeug nach Pokhara kommt. Von dort gelangt man per Bus oder Taxi ziemlich schnell zu den Ausgangspunkten der verschiedenen Wanderwege, die in die Annapurna-Region führen. ACAP verfügt im gesamten Gebiet über Projektbüros, Informationszentren und Checkposts. Zusätzlich zu den Informationszentren in **Ghandrung** und **Gorepani** unterhält die ACAP auf dem Prithvi Narayan Campus in **Pokhara** ein kleines Museum und ein Besucherzentrum.

Außer während des Monsuns (Juni - September) kann man das Annapurna-Gebiet das ganze Jahr über sehr gut besuchen. Touristen müssen pro Besuch eine Benutzergebühr von 2000 Rupien entrichten. Sie dient der Unterstützung der diversen ACAP-Projekte.

National Trust for Nature Conservation (NTNC)

Der King Mahendra Trust wurde 1982 ins Leben gerufen, eine autonome, nicht-staatliche, gemeinnützige Organisation (NGO) unter der Schirmherrschaft des früheren Königs Birendra Bir Bikram Shah Dev. Der Trust wird von einem Aufsichtsrat geleitet, dessen Mitglieder prominente Nepalesen und international reputierte Ausländer sind. Der Trust hat Zweigbüros in Kanada, Frankreich, Deutschland, Japan, England und USA. Diese Niederlassungen unterstützen den heutigen National Trust for Nature Conservation (NTNC).

Oberflächlich betrachtet, können in einem Entwicklungsland wie Nepal die Ziele von Naturschutz und wirtschaftlicher Entwicklung als Widerspruch gesehen werden. Der Trust teilt diese Ansicht nicht. Im Gegenteil: In Anbetracht ständig wiederkehrender Über-

Foto: jhmikkelsen (iStockphoto.com)

flutungen und häufiger Erdrutsche und angesichts der Tatsache, dass das Land fast gänzlich von seinen eigenen Ressourcen abhängt, betont der Trust, dass guter Naturschutz auch eine entsprechende Entwicklung und wirtschaftlichen Aufbau nach sich zieht. Der Trust verfolgt also das Ziel eines „Naturschutz für eine Entwicklung zur Selbsterhaltung" und plant seine Maßnahmen entsprechend.

Der Trust engagiert sich in zwei Haupt-Arbeitsgebieten: einmal als Koordinator und Vermittler, zum anderen als ausführende Instanz von Modell-Projekten, die eine vernünftige Anwendung der natürlichen Ressourcen mit der ökonomischen und sozialen Entwicklung der Bevölkerung von Nepal verbinden sollen. Einen Großteil der Zeit, die die Mitarbeiter des Trusts in Kathmandu einsetzen, verwenden sie auf die Aufgabe als Koordinatoren und Vermittler. Dabei müssen z. B. interessierte Parteien zusammengebracht werden, um Projekte und Entwicklungsaktivitäten zu fördern, die der Trust unterstützen möchte. Die Regierung Nepals erhält technische Ratschläge bezüglich ihrer Umwelt- und Entwicklungspolitik. Der Trust unterstützt auch das „Department of National Parks and Wildlife Conservation". Enge Verbindung wird zu mehreren ausländischen Hilfsorganisationen gehalten, die in Nepal im Bereich des Umweltschutzes tätig sind.

In der Projektbetreuung ist der Trust in den letzten Jahren für die Entwicklung von über 200 verschiedenen Projekten verantwortlich gewesen.

Der Trust ist eine gemeinnützige Einrichtung und erhält keine regelmäßigen staatlichen Budget-Zuweisungen. Er muss deshalb einen erheblichen Zeitaufwand für das Aufbringen von Mitteln einsetzen. Dafür hat der Trust ein ehrgeiziges Programm, mit dem er Unterstützung aus dem In- und Ausland mobilisiert (www.ntnc.org.np).

2004 hat die Regierung beschlossen, das Management aller Schutzgebiete und Nationalparks in die Hände von Nichtregierungsorganisationen (NGOs) und der lokalen Bevölkerung zu geben.

GURKHAS

Durch die Dunkelheit blitzt grell Schussfeuer. Als Lal Bahadur Thapa versucht, sich den Weg durch eine Schneise zu bahnen, springt er die mit Maschinengewehren ausgerüsteten Wachtposten an und schlitzt zwei der feindlichen Soldaten mit seinem Khukri die Kehle durch. Hektisch robbend erreicht er die Anhöhe, wobei zwei weitere Männer seinem Krummdolch zum Opfer fallen. Gurkha Lal Bahadur wird kurze Zeit später mit dem Victoria Cross, Englands höchstem Orden, für seine Tapferkeit im 2. Weltkrieg in Nord-Afrika ausgezeichnet, ein Kampf, bei dem die britische Armee starke deutsche und italienische Stellungen etwa 200 Meilen südlich von Tunis angriff.

1982 sind die British Gurkhas wieder ihrem Ruf gerecht geworden; BBC berichtete: „Als die Gurkhas auf argentinische Stellungen vorrückten, ließ man dort die Gewehre fallen und Mörser und Maschinengewehre im Stich." 2010 schlug ein Gurkha-Reservist in Westbengalen mit seinem Khukri-Messer 40 bewaffnete Zugräuber in die Flucht.

„Ayo Gurkhali!" lautet der furchterregende Schlachtruf der wendigen Gurkhas, die einen legendären Ruf wegen ihrer Geschicklichkeit, sich im Dschungel zu behaupten, genießen. Dieser gellende Schrei hat schon oft Furcht und Panik in den feindlichen Linien ausgelöst. Japanische wie deutsche Soldaten wurden im 2. Weltkrieg bei diesem Schlachtruf in Angst versetzt – wenn die Gurkhas ihre Khukris ziehen, muss Mahakals Nektar, Blut fließen.

Wer sind die Gurkhas? Im 15. Jh. zogen sich Rajputen aus dem indischen Rajasthan vor den islamischen Mogul-Herrschern nach Westnepal zurück und legten dort u. a. eine starke Festung an, aus der später das Städtchen Gurkha hervorging. Mitte des 18. Jh. fühlte sich Prithvi Narayan Shah, der Herrscher der Gurkhas, mächtig genug, um das Kathmandu-Tal und die dort regierenden Malla-Könige anzugreifen. Das Tal wurde 1768 erobert. Der Eroberer ernannte sich zum König von Nepal und leitete die nepalesische Expansionsphase ein. Diese wurde erst 1816 durch den britischen General Ochterlony gestoppt. Der Britisch-Nepalesische Vertrag von Sugauli wurde am 4. März 1816 unterzeichnet, und Nepal musste die Provinzen Kumaon und Gharwal an England abtreten. Durch den Vertrag von Sugauli wurde den Engländern das Recht zugesprochen, Nepalesen für die britischen Kolonialkriege einzuziehen.

Über der Stadt Gurkha wacht das heilige Schloss von Gorakhnath, dem die Gurkhas ihren Namen verdanken. Der Begriff Gurkha oder Gorkha hat seinen Ursprung in den Sanskrit-Worten *go*, was „Kuh" bedeutet, und *rakh (raksha)*, welches „Beschützer" bedeutet. Damit wird auf die Tradition der Hindus als „Beschützer der Kühe" hingewiesen. Doch sind nicht alle Gurkha-Soldaten Hindus. Der größte Teil gehört vielmehr den verschiedenen Volksgruppen des zentralen Hügellandes und der Höhentäler des Himalaya an. Die Gurkhas sind also keine Volksgruppe, sondern entstammen v. a. den Gurung und Magar im Westen Nepals sowie den Rai und den Limbu im Osten. Auch Tamang und Thakali zählen zu ihnen. In Nepals Armee stellen Hindus aus der Kriegerkaste der Chetri die größte Gruppe unter den Gurkhas.

Die ersten beiden Gurkha-Bataillone wurden 1763 aufgestellt. Sie kämpften 1768 gegen die Briten. Eines der beiden Bataillone wurde gegen Tibet eingesetzt, das andere im Britisch-Nepalesischen Krieg 1814, wo die Briten größten Respekt vor diesem tapferen Gegner bekamen.

Nepal kassiert pro Jahr viele Millionen Euro für die Gurkhas; neben dem Tourismus stellen sie eine der wichtigsten Devisenquellen dar.

Nachdem Indien von den Briten un-

Rechts: Ein Gurkha-Veteran am Gurkha-Memorial-Museum in Pokhara.

Foto: Jules2013 (iStockphoto.com)

abhängig wurde, teilte man die Gurkha-Regimenter zwischen den beiden Nationen auf. Britische Gurkhas leisten ihren Eid auf das britisches Königshaus und ziehen u. a. vor dem Buckingham-Palast als Ehrenwache auf; sie dienten in Malaysia, Indonesien (Borneo), Hongkong, Brunei und Zypern und kämpften u.a. im Irak, Kosovo und Afghanistan. In Indien dienen heute rd. 65 000 Gurkhas.

Die britischen Gurkhas haben gute Chancen auf dem Heiratsmarkt, da ihre Frauen und Kinder Gelegenheit haben, ins Ausland (London, Brunei, Singapur) zu gehen und sie nach der Entlassung gute Pensionen und das Daueraufenthaltsrecht in Großbritannien erhalten.

Die Gurkhas leben sparsam und bringen ihr verdientes Geld oder Gold mit nach Hause. Knaben heißen oft *Bir* oder *Bahadur,* was „der Tapfere" bedeutet: Tapferkeit ist in der nepalesischen Männerwelt hoch angesehen – lieber tapfer sterben als wie ein Feigling leben, heißt es bei den Gurkhas.

Seit Indien die Rolle des Polizisten in Südasien übernommen hat, wurden die Gurkhas auch schon auf Sri Lanka und den Malediven eingesetzt.

Die *Gorkhaland*-Unabhängigkeitsbewegung im Darjeeling District in Indien sorgt immer wieder für Demonstrationen und Streiks – es gibt Abertausende Gurkhalis nepalesischer Herkunft, die in Indien leben oder bei den indischen Streitkräften arbeiten.

Im Sinne der Idee des früheren Königs Birendra, Nepal zur „Friedenszone" zu erklären, wurden Nepals Gurkhas im Auftrag der UNO u.a. im Sinai und im Libanon eingesetzt, um den Frieden zu sichern. In Haiti gerieten sie jedoch dabei im Jahr 2010 in den Verdacht, die Cholera eingeschleppt zu haben.

2015 feierte man in London „200 Jahre Gurkhas in der British Army".

Gurkha-Veteranen betreuen das Gurkha-Museum in der Stadt Pokhara, wo die Briten ihr Gurkha-Rekrutierungscamp betreiben. Einer der Fitnesstests ist das berühmte „Doko-Rennen": Bewerber müssen 5 km bergauf laufen – mit einem mit Steinen gefüllten, 25 kg schweren Korb auf dem Rücken.

Foto: Andreas Neuhauser

TRENDSPORT IN NEPAL

„Stell dir vor, du stehst auf einer Hängebrücke. 160 m unter dir rauscht ein reißender Fluss durch eine tropische Schlucht und ... du springst!" – so wirbt das *Last Resort* am Bhote Kosi für den ultimativen Kick, das **Bungee-Springen**.

Die meisten Touristen kommen zwar zum Trekking nach Nepal. Doch für junge Abenteuerreisende ist der Himalaya-Staat auch eine Trendsport-Destination, und was konservativen Wanderern ein Graus sein mag, beschert Nepal wichtige neue Arbeitsplätze. Bei den Funsportarten steht der schnelle Adrenalin-Kick, Spaß, und eine lässige Lebenseinstellung im Vordergrund. Die Selbsterfahrung in kalkulierbaren Extremsituationen und das Erleben in der Gruppe sind wichtiger als das Interesse an Kultur, Natur oder Dritteweltproblemen. Die „Action-Junkies" deswegen als schlechtere Touristen abzuwerten wäre ungerecht, denn auch ein Everest-Bezwinger ist mehr mit sich selbst beschäftigt als mit dem Kennenlernen des Landes – und hinterlässt mehr Müll.

Oben: Biken vor der 8000er-Kulisse des Dhaulagiri – Mountain-Bike-Pionier Andreas Neuhauser (www.mountain-action.de) testet einen Trail in Mustang. Rechts: Rafting auf dem Upper Seti.

Rafting und **Kajakfahren** haben waren die ersten Alternativen zum Bergsteigen. Auf den reißenden Flüssen, die meist in Tibet entspringen und sich tief in den Himalaya eingraben, lässt man sich bis ins Terai hinuntertreiben. Die beste und sicherste Zeit ist Oktober und Anfang November; während der Monsunzeit wäre das Selbstmord. Der am häufigsten befahrene Fluss ist der Bhote Kosi. Ein Zwei-Tage-Trip dort im Schwierigkeitsgrad von 4-5 gehört zu den anspruchsvollsten kommerziell raftbaren Touren der Welt – Anfängern nicht zu empfehlen! Dagegen ist der Trisuli mit maximal 3+ ein ruhigeres Gewässer mit kleineren *rapids* (Stromschnellen). Das schönste Rafting, um ausgiebig Land und Leute kennen zu lernen, ist die 10-tägige Tour auf dem 270 km langen Sun Kosi. Weitere oft befahrene Weißwasserflüsse, die durch tiefe Schluchten und einsame Landstriche fließen, sind Kali Gandaki, Karnali und Marsyandi.

Ideal für einen Halbtagestrip ist der **Upper Seti** bei Pokhara. „Short and sweet" nennen Kenner diesen erst seit 2008 für Rafting zugelassenen Fluss.

Leider, so bedauert David Alladice, der neuseeländischer Raftingpionier und Leiter von *Ultimate Decent International*, hat die Konkurrenz im nicht ungefährlichen Rafting-Business zu einem Preisverfall geführt, der oft auf Kosten der Sicherheit geht – es hat schon Todesfälle gegeben. Jeder, der eine Raftingtour bucht, sollte sich deshalb vorher über die Ausbildung der Rafting Guides und die Sicherheitsstandards an Bord informieren!

Adrenalin-Garantie verspricht **Canyoning** in den steilen Seitentälern des Bhote Kosi. Abseilen unter einem 20 m hohem Wasserfall, von 8 m hohen Kliffs in Gumpen springen, auf dem Hosenboden durchs Wildwasser rutschen und an steilen Uferböschungen entlangklettern ist nichts für Weicheier. Erholen kann man sich am Ufer des Bhote Kosi in den gemütlichen Camps, die diesen Extremsport anbieten.

Den größten Boom, neben dem Paragliden, hat in den letzten Jahren das Mountainbiken erlebt – das höchste Gebirge der Welt und vollgefederte Hitech-Bergräder passen gut zusammen. Cross-Country-Fahrer, die sich das Land durch eigene Kraft erarbeiten wollen, kommen ebenso auf ihre Kosten wie Downhiller, die – mit Unterstützung von Flugzeug, Jeep und Tragtieren – geniale Downhill- und Freeride-Abfahrten machen. Lohnendes Terrain bieten die Pfade um **Kathmandu** und **Pokhara**, wo es vorbei an Reis-, Hirse- und Senffeldern, mittelalterlichen Dörfern, Heiligtümern und Tempeln zu tollen Aussichtspunkten geht. In beiden Städten gibt es MTB Shops, wo gute Mountain-Bikes gemietet und ortskundige Guides engagiert werden können.

Zu einem Klassiker ist bereits die **Annapurna-Runde** mit der Überquerung des **Thorong-Passes** (5426 m) geworden. Noch vor wenigen Jahren Wanderern vorbehalten, ist durch den Ausbau des Wegenetzes diese anspruchsvolle Tour auch für Mountain-Biker machbar. Diese Strecke nehmen die Teilnehmer des höchsten MTB-Rennens der Welt, des **Yak Attack**, alljährlich im Frühjahr unter die Räder.

Die gesamte Region um **Jomson** (2743 m) ist auf dem besten Weg ein Bike Eldorado zu werden. Der Ort kann in nur 30 Minuten mit dem Flugzeug, samt Rad, von Pokhara aus erreicht werden und erwartet den ambitionierten Biker mit einer Fülle an Wegen und Trails. Noch ein Geheimtipp sind die versteckten Trails, die die mittelalterlichen Dörfer und tibetischen Klöster im ehemaligen Königreich **Mustang** verbinden.

Marathons in Kathmandu und im Hochgebirge, **Kajak- und Moutain-bike-Events** haben ihre festen Plätze in den internationalen Wettkampfkalendern. So zeigen im November beim **Kajak-Rodeo** im Bhote Kosi die besten Paddler aus aller Welt ihre Stunts in den reißenden Fluten. Die MTB-Szene trifft sich in Kathmandu, im Balaju-Naturpark und Haatian. Dort werden die offenen Nepalesischen Meisterschaften im **MTB Cross Country** und **Downhill** unter großer Begeisterung der Einheimischen ausgetragen.

Foto: Andreas Neuhauser

Wer das Land einmal von oben sehen möchte: Wie wäre es mit einem **Gleitschirm**-Kurs oder **Tandemflug**? Beste Flugbedingungen bietet das Bergdorf Sarangkot bei Pokhara, hoch über dem Phewa-See gelegen. Wer noch höher hinaus will, kann von Pokhara als Copilot im **Ultraleichtflieger** an Annapurna und Macchapuchare entlangfliegen. Der **Zip-Flyer** von Sarangkot ist der mit 1800 Metern längste **Flying Fox** der Welt; nach 600 Höhenmetern, mit 140 km/h Topspeed, bei tollem Macchapuchare- und Annapurnablick, landet man im Tal.

NEPALESISCHE KÜCHE

Dal Bhat, Linsensauce mit gekochtem Reis, ist eine Art Nationalgericht in Nepal. Als Kalorienspender ernährt es in seiner simplen Variante Bergbauern und Trekker, in der Gourmetausführung erfreut es in Edellokalen – wie etwa dem des Hotels Dwarika's in Kathmandu – Reisende aus aller Welt.

Normalerweise nimmt jeder Nepali zweimal täglich – nämlich morgens nach der ersten Feldarbeit oder bevor er gegen 10 Uhr ins Büro geht, sowie abends nach Sonnenuntergang – Dal Bhat zu sich. Gegessen wird meistens mit der rechten Hand, die linke wird als unrein betrachtet. Zu den Grundnahrungsmitteln, die man im allgemeinen täglich zu sich nimmt, gehören neben einer großen Portion Linsen- oder Bohnensauce saisonbedingte Gemüsesorten, die gedünstet als *Tarkaari* bezeichnet werden. Dazu zählt auch die Kartoffel, die in Nepal als Gemüse eingestuft wird. Eine besondere geschmackliche Note verleiht den Gerichten etwas *Achar*, das ist eine Art Chutney oder Paste aus scharf eingelegtem und gewürztem Gemüse oder Obst. Statt Reis verwendet man oft Fladenbrote aus verschiedenen Mehlsorten wie *Chapatti* oder *Puri*. Fleisch wird normalerweise nur zu besonderen Gelegenheiten angeboten. Bei keiner Hauptmahlzeit darf jedoch ein Glas Wasser fehlen. Scharfen Gerichten wird oft Yoghurt beigefügt. Fast kein Gericht wird ohne Knoblauch, Zwiebeln und Ingwer zubereitet. Gewürze, *Masala* genannt, die bei keinem Gemüse- und Fleischgericht fehlen, sind Kreuzkümmel, Koriander, Gelbwurz, Bockshornklee, Chili und Pfeffer.

Je nach Gegend variiert die Wahl der Zutaten für eine Mahlzeit. Im flachen Terai im Süden mit seinem feuchtwarmen Klima isst man gerne frühmorgens vor der Arbeit z. B. Kichererbsen in Currysauce mit geschlagenem Reis – *Chana Chiura* – oder leckere frischgebackene *Puri-Julebi*. Puri ist ein in Fett gebackenes Fladenbrot, was zusammen mit süß gebackenem Julebi-Teig und Currygemüse verzehrt wird. Dazu gibt es den obligatorischen Milchtee, manchmal mit Gewürzen wie Kardamom, Nelken und Zimt verfeinert. Um wenigstens etwas im Magen zu haben, gibt es morgens vor der Arbeit auch schon mal *Halawa* und *Swari*. Halawa ist ein süßer, aus Reismehl oder Grieß bestehender, mit Butterschmalz und Nüssen angereicherter Teig, während Swari ein dünnes, in Butterschmalz gebackenes Fladenbrot ist. Im Terai wird die erste Hauptmahlzeit erst mittags gegen 12 Uhr gereicht – meistens eben Dal Bhat, wozu manchmal Gemüse und Achar, selten aber Fleisch oder Fisch serviert werden. Überhaupt essen die Hindus, die überwiegend im von Indien beeinflussten Terai leben, selten Fleisch, die besonders strenggläubigen unter ihnen überhaupt keines. Sie leben vegetarisch. Aber auch ansonsten wird im Terai und mittleren Bergland – ganz im Gegensatz zur Bevölkerung in den Hochtälern, die wegen begrenzter Anbaumöglichkeiten auf Tierprodukte angewiesen sind – wenig Fleisch gegessen. Allgemein nimmt man nachmittags einen leichten Imbiss ein, z. B. etwas *Gundruk Bhatmas,* das sind geröstete Sojabohnen mit eingelegtem und später in der Sonne getrocknetem Gemüse, oder frittierte Käse- und Gemüsebällchen, *Pakora* genannt. Ebenso schmackhaft sind gebratene Kartoffeln, ein Spiegelei, geröstete Fleischstückchen oder Erdnüsse und Röstmais.

Im Hochgebirge, wo kein Reis und Weizen wächst, liebt die Bevölkerung besonders *Dhedo,* Gersten- oder Buchweizenmehl zusammen mit Flüssigkeit und Fett gekocht, das wie Polenta mit Soße oder Gemüse gegessen wird. Aber auch hier serviert man gerne Dal Bhat. Der Reis (Bhat) wird oft durch Mais, Gerste oder Hirse ersetzt, während man

Rechts: Das nepalesische Nationalgericht – Dal Bhat.

Foto: Andreas Neuhauser

für das Dal die unterschiedlichsten Linsen- und Bohnensorten verwendet. Die tibetisch beeinflussten Volksgruppen, z. B. die Sherpa oder Manangi, mögen besonders *Tsampa* – geröstetes Gerstenmehl, das mit Flüssigkeit und Fett vermischt oder auch mit dem berühmt-berüchtigten „salzigen Buttertee" vermengt gegessen wird. Da die meisten der im Hochgebirge lebenden Menschen Buddhisten sind, ist es ihnen auch gestattet, Yak-Fleisch zu essen. Die Milch der Yak-Kuh, frischer Yoghurt und getrockneter Yak-Käse, *Chirpi* genannt, gelten als besondere Köstlichkeiten. Ähnlich wie Maultaschen schmecken gedämpfte *Momos,* die mit Fleisch oder Gemüse gefüllt sein können und von den Bhotyas wie auch von den Newar gern gegessen werden. Gebraten werden sie als *Kothay* angeboten.

Aus den Hochtälern stammt auch der scharf gebrannte Obstschnaps, entweder aus köstlichen Äpfeln, Aprikosen oder sogar Pfirsichen hergestellt. Eine Berühmtheit ist der so genannte Brandy aus Marpha an der Annapurna-Runde, bei dem es sich strenggenommen nur um Obstler handelt.

Doch auch das Terai hat diesbezüglich seine Besonderheiten zu bieten. Hier sind es Anisschnaps und *Todi,* ein milchiges, 5%-alkoholhaltiges Getränk, das aus einer Palmenart gewonnen wird. Überall im Land verbreitet sind *Chang,* ein aus Reis, Mais oder Weizen hergestelltes bierähnliches Getränk, und *Rakshi,* aus Getreide hergestellter Schnaps. Besonders die Newar verstehen sich auf das Brauen dieser Getränke. Die Tibeter machten *Tongwa,* fermentierte Hirse mit heißem Wasser übergossen, bekannt.

Brahmanen und die meisten Chetris essen prinzipiell nichts, was von anderen Kasten gekocht wird. Alkohol, Hühnerfleisch, Knoblauch, Zwiebeln, Tomaten und Chili werden von den orthodoxen Hindus als Körper und Sinne reizende Elemente angesehen und daher gemieden. Auch bezeichnen sie Alkohol trinkende Bevölkerungsgruppen abfällig als *Matwali*, die in der Kastenhierarchie weit unter ihnen stehen.

FRAUEN IN NEPAL

Lachfältchen um die schrägen Augen einer alten Tibeterin; der kahlgeschorene Schädel einer Brahmanen-Witwe; die tätowierten Schenkel einer verheirateten Tharu-Frau; der schwarze Rock einer Jhapu-Bäuerin mit dem unverwechselbaren roten Streifen; die Löcher in den Ohren unverheirateter Mädchen, die bei der Hochzeit mit möglichst prunkvollem Schmuck ausgefüllt werden sollen – angesichts der ethnischen Vielfalt in der nepalesischen Bevölkerung gibt es weder ein typisches Gesicht „der" Nepali-Frau, noch eine typische Silhouette, noch eine typische Tracht. Es ändert sich im besonderen Maße zwischen Süd und Nord: Unterscheiden sich die Frauen des Terai kaum von ihren indischen Nachbarinnen, so kennzeichnen mongolide Züge die Frauen-Gesichter, je näher man Tibet kommt. Spezifische Unterschiede im Äußeren der Frauen lassen sich ausmachen, wenn man um ihre kulturellen Besonderheiten weiß; so tragen beispielsweise die Newar-Frauen in der Regel keine Nasen-Ringe. Fremde unter den Nepalis sind darauf angewiesen, einander nach ihrer ethnischen Zugehörigkeit zu fragen.

Die verwandtschaftlichen Beziehungen, welche sich auf die Lebenssituation der Frauen nachhaltig auswirken, variieren von Volksgruppe zu Volksgruppe in einem beträchtlichen Ausmaß; entsprechend unterschiedlich gestaltet sich die Beziehung der Frau zu Mitgliedern der Familie, mit der sie nach der Heirat einen Haushalt bildet.

Etwa die Hälfte der Frauen Nepals, vor allem die Hindu-Frauen, gehen eine von ihren Verwandten arrangierte Ehe ein. Bei der gesamten Bevölkerung Nepals überwiegt die monogame Ehe (heute gesetzlich vorgeschrieben), welche für die Hindu-Frau, zumindest in der Theorie, unauflösbar ist. Bei vielen Gruppen und bei den indo-nepalesischen Hindus wird jedoch Polygynie praktiziert: Vor allem wenn ein Paar keine Nachkommen hat, geht der Mann eine zweite und gelegentlich auch eine dritte Ehe ein; häufig heiratet er die jüngere Schwester seiner Frau. Bei einigen Gruppen tibetischer Herkunft ist hingegen die fraternale Polyandrie möglich: Brüder heiraten gemeinsam eine Frau – eine Heiratsform, die mit wirtschaftlichen Erfordernissen zusammenhängt.

Die Heirat ist ein großer Einschnitt im Leben der Frau, weil sie dann von ihrem elterlichen Haushalt ins Haus des Mannes wechselt und dort mit dessen Blutsverwandten wohnt. Bei vielen Volksgruppen Nepals ist der Brauch beliebt, die Tochter mit dem Sohn der Schwester des Vaters zu verheiraten, so dass die Braut nach der Hochzeit in den Haushalt ihrer Tante kommt, in einen Familien-Verband also, der ihr vertraut ist. Die hochkastigen Hindu-Frauen hingegen heiraten größtenteils in Haushalte, wo sie keine Verwandten haben. Groß ist dementsprechend ihre Angst, das elterliche Haus, wo sie mit Liebe behandelt werden, mit dem des Mannes, den sie meist nicht kennen, und der Schwiegereltern zu tauschen, die ihr in der Anfangszeit und meist bis zur Geburt eines Kindes große, oft schwer zu ertragende Strenge entgegenbringen. Der Kontakt mit dem elterlichen Haus bleibt indes bestehen. Besonders bei rituellen Anlässen suchen die Töchter ihre Eltern auf und werden da mit dem Umstand konfrontiert, wie sehr sich ihre Rolle ändert, je nachdem ob sie Töchter oder aber Ehefrauen und Schwiegertöchter sind.

Mit der Ausnahme einer sehr schmalen Schicht wohlhabender Frauen haben die Nepalesinnen einen bedeutenden ökonomischen Beitrag für den Haushalt zu leisten. Durchschnittlich wird er auf elf Arbeitsstunden täglich geschätzt (3,5 Arbeitsstunden höher als der der Männer), wobei der Aufwand mit den Jahreszeiten variiert. Die Frauen aller Gruppen sind

Rechts: Vor dem Lichterfest im Herbst verschönert eine nepalesische Hausfrau die Fassade ihres Heims.

Foto: Andreas Neuhauser

vornehmlich im Haushalt beschäftigt (dazu gehört das Beschaffen von Wasser, Futter und Brennstoffen), doch zusätzlich wird die Arbeitskraft in weiteren Wirtschaftssparten benötigt; die meisten von ihnen haben auf den Feldern zu arbeiten. Die Angehörigen ethnischer Gruppen finden Zusatzeinkommen als Verkäuferinnen eigener Produkte auf lokalen Märkten und verdingen sich auch als Saisonarbeiterinnen weit außerhalb ihrer Dörfer, um z. B. ein kleines Restaurant oder einen Tee-Shop zu führen. Von der Bevölkerung werden sie oft liebevoll als *didi* (ältere Schwester) oder *bahini* (jüngere Schwester) angesprochen.

Deutlich variieren die Frauen betreffenden kulturellen Normen zwischen dem viel toleranteren tibetischen und dem die Bewegungsfreiheit der Frauen stark einschränkenden hinduistischen Brauch. Die geschlechtsspezifische Teilung ist nicht nur im Arbeitsbereich, sondern auch im alltäglichen Umgang unter Verwandten und Bekannten zu beobachten. Die Mehrheit der Hindu-Frauen unterhält sich mit ihren männlichen Angehörigen lediglich unter Ausschluss der Öffentlichkeit und hat dabei eine Reihe von Vorschriften zu beachten: Sie dürfen den älteren Bruder ihres Mannes nicht berühren, den Namen ihres Mannes nicht aussprechen, und müssen gegenüber dem Schwiegervater ihr Gesicht verdecken.

Der Umgang von Frauen und Männern ist im tibetischen Kulturkreis weit freier. Dennoch sind auch ihrer Freiheit Grenzen gesetzt: Sie verfügen zwar über eigenes Einkommen, sind aber wie Hindu-Frauen bei den Erbregeln gegenüber den Männern klar benachteiligt. Und so frei sich manche Nepalesinnen im Alltag heute geben, so sind sie doch vom Einfluss auf den politischen Prozess weitgehend ausgeschlossen. Tausende Unterkasten-Mädchen werden noch immer jedes Jahr an Bordelle in Indien verkauft. Ein tragisches Schicksal erleiden auch viele der jungen Frauen, die sich als Haushaltshilfen in den arabischen Golfstaaten verdingen, dort missbraucht werden und dann schwanger und entehrt zurückkommen.

Foto: Andreas Neuhauser

NEPALS ACHTTAUSENDER

Die 2400 km lange Himalayakette mit ihren Giganten ist das erdgeschichtliche Ergebnis einer Kollision der indischen Landmasse mit der asiatischen. Der indische Subkontinent soll sich jährlich um 5 cm nach Norden in Richtung Zentralasien bewegen. Dadurch kommt es immer wieder zu Erdbeben – Kathmandu wurde 1934 bei einem Erdbeben verwüstet.

An der Nordgrenze Nepals befinden sich die höchsten Gipfel des Himalaya, gekrönt vom Mount Everest mit seinen etwa zehn Eisgipfeln, die jeweils über 8000 m hoch gelegen sind. Außerdem überragen an die 40 Siebentausender hier die Welt. Von den 14 über achttausend Meter hohen Bergen der Erde liegen acht ganz oder teilweise in Nepal.

Die Nepalesen sehen in den Himalaya-Gipfeln den Sitz der Götter; und so sollte man ihrer Ansicht nach diese Götterthrone nicht durch Besteigungen entweihen, sondern ihnen Verehrung entgegenbringen. Dies kommt auch in der Benennung der einzelnen Bergriesen zum Ausdruck: Der „Gaurishankar" ist z. B. die Personifikation der Göttin Parvati und ihres Gemahls Shiva, während der „Ganesh Himal" den Namen des Sohnes dieser beiden Gottheiten trägt; und mit „Annapurna" ist die Göttin des Überflusses gemeint. Deshalb waren seit jeher Asketen und Yogis in die Bergeinsamkeit des Himalaya gepilgert, um hier unter dem Schutz der Götter zu meditieren. Doch 1950 rückte eine französische Expedition an, bezwang unter der Leitung von Maurice Herzog den 8091 m hohen **Annapurna** und schürte so die westliche Gier nach Gipfelsiegen, Ruhm und nationaler Ehre. Herzogs Expeditionsbericht wurde ein Weltbestseller und ist heute ein spannender Klassiker der Bergliteratur.

Schon 1922 hatten die Engländer von Tibet aus den ersten Versuch unternommen, den **Mt. Everest** zu besteigen. Dabei waren sieben Sherpas in einer Lawine ums Leben gekommen. Der Gipfel

Oben: Mt. Everest (links im Hintergrund) und Nuptse. Rechts: Der Doppelgipfel des Manaslu.

XV dieses Berggiganten wurde übrigens von den Briten 1865 nach dem damaligen Leiter des „Geological Survey of India", Sir George Everest, benannt. Allerdings hatten Nepalesen und Tibeter bereits eigene Namen für den höchsten Berg der Welt: Die Nepalesen nennen ihn den Himmelskönig, *Sagarmatha*, und die Tibeter sehen in ihm *Chomolungma*, die auf einem Schneelöwen über das Meer der Wolken reitet.

Die Erstbesteigung des Everest am 29. Mai 1953 durch den Neuseeländer Edmund Hillary und den Nepalesen Sherpa Tenzing Norgay war eine weltweite Sensation. Aber allein von nepalesischer Seite aus waren zuvor zehn Expeditionen auf den Mount Everest gescheitert – ganz zu schweigen von den vielen Erfrorenen, Abgestürzten und Verletzten, die solche Unternehmen fordern.

Gegen Lawinen, Stein- und Eisschlag, Wetterumstürze und die Höhenkrankheit bieten auch modernste Hilfsmittel nur wenig Schutz. Mehr als 4000 Bergsteiger haben seitdem den Everest erstiegen; über 200 Menschen starben dabei. Am schwierigen Annapurna I triumphierten bis 2005 – bei 905 Versuchen – nur etwa 142 Gipfelbezwinger. Mindestens 58 verloren ihr Leben, meist durch Lawinen. Auch unter Sherpas und Trägern gibt es viele Opfer, aber trotz der beträchtlichen Deviseneinahmen aus Trekking und Bergbesteigungen für die nepalesische Regierung gibt es für die Sherpas und Träger wenig soziale Absicherung. Es soll immer noch vorkommen, dass Expeditionen und Agenturen ihre nepalesischen Träger nicht angemessen ausstatten; dabei hängt der Erfolg nicht zuletzt von deren Ausdauer, Kenntnis und Einsatz ab.

Obwohl alle Achttausender in Nepal und Pakistan (Karakorum-Gebirge) bereits zwischen 1950 und 1960 erklommen wurden, gibt es noch rund 250 unbestiegene Berge über 6000 m mit verschiedenen Schwierigkeitsgraden. Zu den schönsten Gipfeln Nepals zählen u. a. der **Pumori** (7161 m) im Nordosten des Landes, in enger Nachbarschaft zum Mt. Everest, und der vielbeschriebene **Ama Dablam** (6812 m), zu dessen Füßen das berühmte buddhistische Kloster Tengpoche liegt. Im Nordwesten Nepals erhebt sich der **Macchapuchare** (6993 m) über dem Phewa-See bei Pokhara. Auf diesem Berg gab eine britische Expedition 1957 kurz vor dem Ziel auf, da man angeblich die religiösen Gefühle der Einheimischen nicht verletzen wollte. Und so gibt es bis heute in Nepal „verbotene" Berggipfel, die als Sitz hochverehrter Götter ein Tabu für Bergsteiger sind.

Foto: isoft (iStockphoto)

Achttausender von West nach Ost

Dhaulagiri, 8167 m, 13. Mai 1960
Annapurna I, 8091 m, 3. Juni 1950
Manaslu, 8163 m, 9./10./11. Mai 1956
Cho Oyu, 8201 m, 19. Okt. 1954
Mt. Everest, 8848 m, 29. Mai 1953
Lhotse, 8516 m, 18. Mai 1956
Makalu, 8463 m, 15./16./17. Mai 1955
Kanchenjunga, 8586 m, 26. Mai 1955

ENTWICKLUNGSLAND NEPAL

Obwohl Nepal nie kolonialisiert war, gehört es heute zu den ärmsten Ländern der Welt. Es war der eigene Clan der Ranas, der das Königreich bis 1951 gnadenlos unterdrückte und ausbeutete. Über 100 Jahre lang hatte er Nepal hermetisch von der Außenwelt abgeschlossen, die Könige samt ihrer Familien in die Paläste verbannt und sich auf Kosten der Bevölkerung bis ins Unermessliche bereichert. Dienstleistungen für das Volk in irgendeiner Form gab es so gut wie nicht, nur Verbote.

Das Land musste praktisch bei Null anfangen, als die Ranas 1951 gestürzt wurden. Es gelang ihm nicht, im Zeitraffer einen Entwicklungsprozess nachzuvollziehen, für den die westlichen Industrienationen Jahrhunderte benötigt hatten. Insbesondere auf dem Gebiet der Bildungspolitik sind die Auswirkungen der *Ranarchy* bis heute zu spüren, denn noch immer kann die Hälfte der Bevölkerung nicht lesen und schreiben. „Wenn wir nicht zur Welt des Lernens aufschließen", so der angesehene Publizist Kanak Dixit, „werden weder unsere Politiker noch unsere Geschäftsleute, Bürokraten, Diplomaten und Ökonomen über ihr derzeitig bescheidenes Niveau hinauskommen. Statt dessen werden wir als unterentwickeltes Land gar noch weiter zurückfallen und von Tag zu Tag weiter verarmen."

Natürlich gibt es auch sehr gebildete und gescheite nepalesische Experten auf zahlreichen Gebieten, doch sind von ihnen nur wenige an der Macht. Die in den 50er Jahren einsetzende Entwicklungshilfe zog es nach Ansicht nepalesischer Kritiker vor, die alten Eliten sowie die „Unterentwicklung von Eigeninitiativen (*indigenous efforts*)" zu fördern. Dixit, Herausgeber des englischsprachigen Politmagazins *Himal*, zieht heute eine ausgesprochen negative Bilanz der internationalen Entwicklungshilfe und fordert ein radikales Umdenken. „Es macht keinen Sinn, weiter an diesem System festzuhalten, solange es dessen einziges Ergebnis ist, unser Abhängigkeitssyndrom zu verstärken und uns weiter in die Armut zu treiben. Es wird kein bisschen Stolz übrigbleiben, wenn wir das nächste Jahrtausend als eine Nation von Bettlern beginnen." Dixit empfiehlt: „Um ausländische Hilfe richtig zu nutzen – das hieße, alle Gelder außer der Unterstützung für die Bildung zu verweigern – ist übermenschlicher Mut und Willenskraft erforderlich. Bislang haben uns unsere Geschichte und unser Schicksal um den Typ 'visionärer Politiker', die dementsprechend handeln würden, betrogen. Solche Leute müssen erst noch geboren und dann entsprechend ausgebildet werden. Sie können nicht am Schalter mit ausländischer Hilfe gekauft werden."

Statt Kontinuität bieten nepalesische Politiker rasanten Wechsel: Zwischen 1990 und 2004 gab es 14 verschiedene Premierminister. Die Korruption wächst wie ein böses Krebsgeschwür. Maoistische Rebellen nutzten die Instabilität und machten das feudale Königreich schließlich zur Republik.

Auch mit seinen nachfolgenden Schlussfolgerungen steht Dixit durchaus nicht allein: „Die ausländische Hilfe hat die in Kathmandu ansässige Elite vergiftet und machte das gesamte Land wie von einer Droge abhängig. Sie hat die Macht und die Privilegien im Kathmandu-Tal weiter zentralisiert. Sie hat den alten Reichtum hofiert und entscheidend dazu beigetragen, dass eine Gruppe Neureicher entstand. Die Entwicklungshilfe schuf somit ein Abhängigkeitssyndrom, das sich von der Regierungsebene in Kathmandu bis hinunter auf das Dorfniveau erstreckt. Daher erwartet jedermann hierzulande ein Entwicklungshilfe-Team, gleichgültig, ob eine Fernstraße gebaut werden soll

Rechts: Dieser junge Maisbauer in Kagbeni blickt trotz aller Widrigkeiten recht optimistisch in die Zukunft – sein Bergdorf hat neuerdings Straßen- und Internetanschluss.

Foto: Andreas Neuhauser

oder nur ein paar Setzlinge gepflanzt werden müssen."

Pro Jahr erhält Nepal Finanzhilfen von etwa 450 Millionen Dollar, 60% davon als Darlehen. Zum Vergleich dazu beträgt das nepalesische Staatsbudget jährlich rund 1,1 Milliarden Dollar, von denen etwa 40% aus Steuereinnahmen stammen.

Trotz – oder wegen? – der Entwicklungshilfe gehört Nepal immer noch zu den Schlusslichtern unter den Armutsländern. Ein entscheidendes Kennzeichen von Unter- bzw. Fehlentwicklung ist dabei die ständig wachsende interne Einkommenskluft. 10% der Oberschicht, zu der vor allem hochkastige Hindus und Hindu-Newar gehören, verfügen über die Hälfte des gesamten Volkseinkommens, 40% der ärmsten Schicht über weniger als 10%.

Erschwerend kommt hinzu, dass das Binnenland Nepal wirtschaftlich, politisch und kulturell von Indien dominiert wird und dass der gesamte Indische Subkontinent – trotz des erstaunlichen wirtschaftlichen Aufschwungs von Industrie und IT-Branche in Indien – noch immer zu den ärmsten, am stärksten analphabetischen, am schlechtesten ernährten und frauenfeindlichsten Regionen der Welt zählt.

Eine Investition von entscheidender Bedeutung könnte die Förderung von Frauen sein. Die Ausbildung von Mädchen und Frauen erzielt vermutlich langfristig den höchsten wirtschaftlichen und sozialen Gewinn unter allen Investitionen, die einem Entwicklungsland heute zur Verfügung stehen. Studien zeigen, dass mit jedem zusätzlich absolvierten Schuljahr die Löhne für Frauen um 10-20% steigen und die Kindersterblichkeit und die weibliche Fruchtbarkeitsziffer um je 10% abnehmen.

Die Ausbildung eines Mannes kommt nur einer Person zugute, die Ausbildung einer Frau der ganzen Familie. „If you educate a man you educate a person. If you educate a woman you educate a family." Die Entwicklungshilfe hat dieses Potential zwar entdeckt, jedoch noch längst nicht ausreichend gefördert.

Joachim P. Chwaszcza

Die alles sehenden Augen des Buddha über dem Stupa von Bodnath

Ian Tomlinson-Walker

Der schlafende Vishnu in Budhanilakantha erträumt die Welt

Foto: Kay Maeritz

LANDESKUNDE

Mit Nepal betritt der Reisende einen Raum, der an orografischer, botanischer und zoologischer wie an ethnischer Vielfalt seinesgleichen sucht. Bereits die erdgeschichtlichen Ursprünge des mächtigen Himalaya-Gebirges sind eine faszinierende Historie. Durch die Erkenntnisse der Plattentektonik, der die Kontinentaldrift-Theorie vorausging, wissen wir, dass sich die Indische Platte von dem alten Südkontinent (Gondwanaland) löste und nach Norden bewegte, hier auf die alte Eurasische Platte (Alt-Tibet) stieß und sich unter sie schob. Dabei wurde das südlich davon gelegene Tethys-Meer immer weiter eingeengt, und als es an der Berührungslinie der beiden Platten zur Aufwölbung des Himalaya kam, wurden seine Sedimente in den Hebungsprozess einbezogen. Dafür liefern die Fossilien von Meerestieren in über 4000 m Höhe den Beweis.

In dem Maße, in dem sich der Himalaya im Lauf der Zeit aufwölbte, gruben sich die auf dem tibetischen Plateau entspringenden Flüsse in das junge Gebirge ein, und so entstanden die eindrucksvollen Traverstäler, die noch heute das Gebirge für Handel und Verkehr an einigen Stellen durchlässig machen. Mit dem fortdauernden Druck der Indischen auf die Eurasische Platte setzt sich das Höhenwachstum des Himalaya mit einem Millimeter im Jahr fort. Diesem Prozess wirkt jedoch eine ständige Abtragung in Form natürlicher Erosion entgegen.

Der Staat Nepal umfasst ein Gebiet von insgesamt 147 000 km^2 und ist damit nicht einmal halb so groß wie die Bundesrepublik Deutschland. Er erstreckt sich über 800 km von Nordwesten nach Südosten und ist im Schnitt 200 km breit. Durch seinen Anteil an der Ganges-Ebene einerseits und der Himalaya-Hauptkette andererseits reicht Nepal von 60 m im südöstlichen Terai bis auf 8848 m über NN am Gipfel des Sagarmatha (Mt. Everest). Mehr als ein Viertel der Landesfläche liegt höher als 3000 m, und das Land ist durch Ebenen und Höhenzüge, tief eingeschnittene Täler und Becken in einem extrem verkehrsfeindlichem Ausmaß „gekammert".

Es ist beeindruckend, auf einer Horizontaldistanz von rund 200 km in einem Land nahezu alle Vegetations- und Landschaftsformen zu finden, vom Dschungel im Tiefland bis hinauf zum Gletscher. Nach seiner geografischen Breitenlage zwischen 30° und 26° 15'Nord wäre Nepal mit Libyen zu vergleichen, der Sommermonsun jedoch beschert dem Himalayaland Rekordniederschläge. Durch die Ausrichtung von Nordwest nach Südost liegt Nepals Südostspitze 450 km südlicher als die Nordwestspitze. Seiner Lage nach gehört Nepal zwar zu den Subtropen, aber die Höhe wirkt im Hinblick auf Siedlungs- und Kulturobergrenzen seiner Südlage entgegen.

Links: Landschaft im oberen Tal des Kali Gandaki, der hier den gefalteten Hauptkamm des Himalaya durchschneidet.

Terai und Siwaliks

Das Relief des Landes hat zur Herausbildung deutlich unterscheidbarer Landschaften und Naturräume geführt. Die indische Grenze entlang zieht sich das Terai, ein Tiefland zwischen 60 und 280 m über NN, das lange von dichtem Trockendschungel bedeckt und wegen der endemischen Malaria als „Fieberhölle Nepals" gefürchtet war. Seit diese Gefahr unter Kontrolle gebracht werden konnte und viele Urwälder gerodet wurden, hat sich das Terai nicht nur zum Siedlungs- und Einwanderungsgebiet, sondern auch zur Kornkammer Nepals entwickelt. 77 Prozent der Reis-, 80 Prozent der Ölsaaten-, 94 Prozent der Zuckerrohr- und 97 Prozent der Tabakernte werden hier eingebracht.

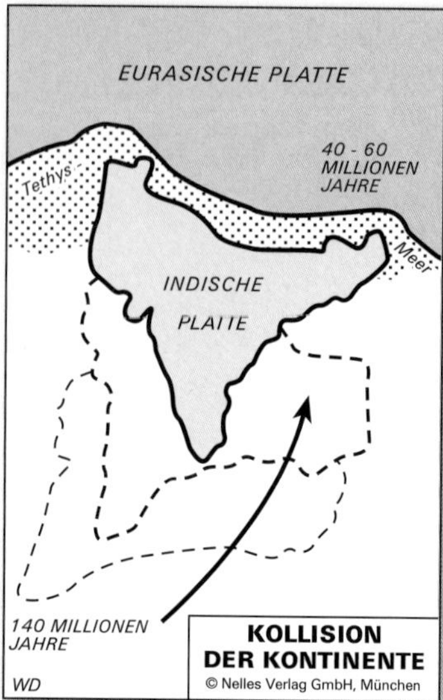

KOLLISION DER KONTINENTE

Im Terai befinden sich auch die Industriestandorte außerhalb des Kathmandu-Tals – die Grenzstädte Biratnagar, Birganj, Nepalganj und Bhairawa (das neuerdings Siddharthanagar heißt) sowie Janakpur, eine durch seinen Tempel als Pilgerort bekannte Stadt. Sie ziehen meist Nutzen aus der nahen, kaum kontrollierten Grenze und den jenseits liegenden Endstationen des indischen Eisenbahnnetzes.

Am Fuß der im Norden anschließenden Hügelkette, den Churia-Bergen oder Siwaliks, liegen die kleinen Industriestädte Dharan, Hetauda und Butwal. Die früher ausschließlich nach Indien oder zum Kathmandu-Tal hin orientierten Terai-Städte sind durch den Bau einer Ost-West-Fernstraße miteinander verbunden. Musste man noch bis vor wenigen Jahrzehnten das indische Straßen- oder Eisenbahnnetz benutzen, um auf dem Landweg von der Hauptstadt ins östliche oder westliche Terai zu reisen, so ist das jetzt über das nationale Fernstraßennetz möglich. Neben den alten Zucker-, Zigaretten- und Streichholzfabriken haben sich inzwischen Zementfabriken, metallverarbeitende und auch andere, moderne Branchen etabliert.

Mit den Siwaliks, die Höhen um 1500 Meter erreichen, tritt man in das Himalayavorland ein. Es handelt sich hier um ein sehr erosionsanfälliges Gemisch aus weichen und harten Gesteinen, Kiesen und Sanden, ohne landwirtschaftlichen Nutzwert und daher kaum besiedelt. Die von breiten Kiesbetten der Himalayaflüsse durchbrochene und von Wäldern bedeckte Gebirgswelle ist allerdings inzwischen auch ein Ziel der Holzfäller geworden. Die saisonalen Überschwemmungen im Terai zur Monsunzeit werden als Folge hemmungsloser Abholzung von Jahr zu Jahr immer katastrophaler.

Die Teile des Terai, die durch niedrige Siwalik-Hügelketten gegen die Weite der Gangesebene abgeschlossen sind und flache Becken bilden, werden als Inneres Terai bezeichnet. Hierzu gehört beispielsweise das östliche Rapti-Tal, in dem auch der Chitwan-Nationalpark liegt, wo man ebenso Reste geschützten Dschungels mit Wildbestand wie auch systematisch angelegte Siedlungszonen findet. Auch das Tal von Dang im Westen und die Täler von Sindhuli und Udaipur im Osten werden zum Inneren Terai gerechnet.

Flora und Fauna Nepals umfassen eine Fülle von Arten, von denen allerdings einige gefährdet sind. Im südlichen Nepal bis zu einer Höhe von 1000 m bestimmen Salbaum und Limba neben Bambus- und Rohrarten sowie Galeriewälder mit Schirmakazien die Pflanzengesellschaft. Neben einer Fülle von Vögeln und Schmetterlingen treten auch Großsäuger wie Elefant, Panzernashorn, Königstiger, Wildrinder, Hirsch- und Affenarten auf. Vielen von ihnen wird durch die fortschreitende Kolonisierung der Lebensraum entzogen, so dass sie teilweise in Nationalparks und in Reservaten geschützt werden müssen.

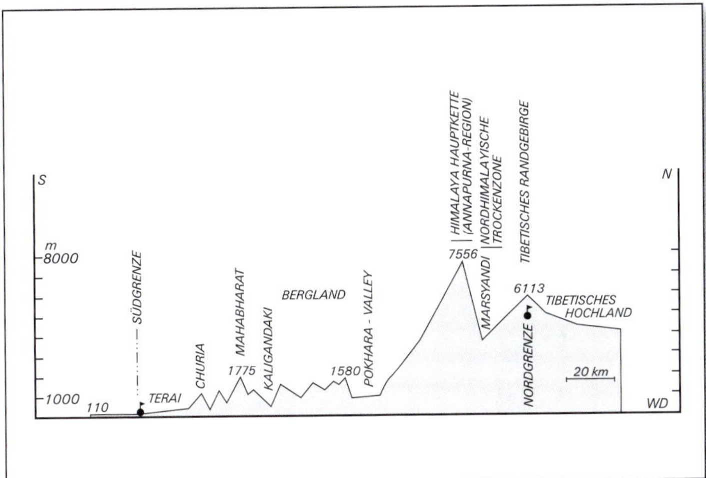

NORD-SÜD-QUERSCHNITT
(bei Pokhara)

Mahabharat-Kette und das Bergland

Nördlich der Siwaliks und über die ganze Länge des Landes verläuft die Mahabharat-Kette als prä-himalayischer Gebirgszug, dessen Gipfel sich auf 2000 bis 3000 m erheben. Mit ihr betreten wir ein altes nepalesisches Siedlungsgebiet, das nach Süden hin durch die Fiebersümpfe und im Norden durch die Himalaya-Hauptkette geschützt und daher als Rückzugsgebiet hervorragend geeignet war. In der Tat sind feindliche Heere kaum jemals in Nepal eingedrungen.

Die Bergkette besteht aus kristallinem Gestein im Zustand gleichmäßiger natürlicher Verwitterung und Abtragung. Die Flusstäler sind steil und eng und bieten wenig Siedlungsraum, weshalb sich die Menschen auf den Talflanken niedergelassen, die Wälder gerodet und Terrassen als Kulturflächen abgegraben haben. Beim Überfliegen der Mahabharat-Kette erkennt man die Besiedlungsdichte deutlich am Grad der Entwaldung und Terrassierung. Man erkennt aber auch die Bedrohung der Landschaft durch Bodenabtragung und Erdrutsche.

Nördlich der Mahabharat-Kette erstreckt sich bis zum eigentlichen himalayischen Hochgebirge das Bergland, das in Nepali *pahar* genannt wird. Hier haben wir es mit dem Wohngebiet der Nepalis im engsten Sinne zu tun, denn hier liegen die Täler von Kathmandu und Pokhara mit bedeutenden städtischen Siedlungen. Die weitgehend entwaldeten Hänge und die in ihrer Ausdehnung begrenzten Talauen tragen viele Distrikthauptorte, Dörfer und Streusiedlungen der in Nepal zusammenlebenden Volksgruppen. Hier haben sie über viele Jahrhunderte hinweg ihren täglichen Bedarf erwirtschaftet, bis der Bevölkerungsdruck auf die Böden zu groß wurde und Bodendegradierung sowie Abwanderung die unausbleibliche Folge waren. Noch in den sechziger Jahren des 20. Jahrhunderts ermöglichte dieser Raum nahezu zwei Dritteln der Bevölkerung wirtschaftlich das Überleben.

Das Bergland, das sich in einer Breite von 50 bis 100 km von der Ost- zur Westgrenze erstreckt, setzt sich hauptsächlich aus den Ausläufern der Himalaya-Hauptkette zusammen, die überwiegend in nord-südlicher Richtung verlaufen und stellenweise Höhen von über 4500 m erreichen. Ihnen folgen die Flüsse, bis sie durch die Mahabharat-Kette in west-östliche Richtung gezwungen werden und es ihnen gelingt, das Gebirge zu durchbrechen.

Diese Zone, die ursprünglich mit einem dichten Laubwald aus Chilaune, Scheinkastanie, Rhododendron, Eiche und Erle bedeckt war, wurde im Lauf der Zeit das bevorzugte Rodungsgebiet und endlich das Land der Kleinbauern und Pächter. Zum Schutz der gerodeten Flächen entstanden hier wahre Fluchten von terrassierten Hängen, die von dem fast übermenschlichen Einsatz vieler Generationen zeugen. Auf ihnen wird Nassreis bis auf rund 2000 m, Hirse bis auf 2350 m, Mais, die Hauptkultur des Berglandes, bis auf 2500 m und Weizen bis auf 2800 m angebaut. Um die meist sehr ansprechenden Gehöfte stehen Obstbäume, und in den Gärten wächst Blatt- und Wurzelgemüse.

Durch die gebietsweise weitgehende Vernichtung der Bergwälder jedoch wird nicht nur die Beschaffung von Brennholz, der wichtigsten Energiequelle, immer schwieriger. Die Zunahme von Bodenabtragungen und Erdrutschen zeigt, dass das geologisch junge, instabile Gebirge einem weiter wachsenden Bevölkerungsdruck nicht länger standhalten kann und einer Katastrophe zutreibt. Dennoch wird die Kulturfläche alljährlich weiter ausgedehnt. Die Flächenerträge sind seit Jahren rückläufig, die Menschen führen ein kärgliches Dasein. 60 Prozent von ihnen leben selbst nach nepalesischen Maßstäben unterhalb der Armutsgrenze. 47 der 55 Distrikte des Berglandes können sich nicht aus eigener Produktion ernähren. Nur wenige Autostraßen durchdringen das Bergland, der größte Teil des Gütertransports erfolgt noch immer mühsam auf dem Rücken von Trägern oder Packtieren.

Die Zurückdrängung der Wälder hat natürlich auch hier den Lebensraum des Wildes stark eingeengt, aber es soll in den verbliebenen Hainen noch Schneeleoparden, Wildschweine, Bellhirsche, Blauschafe und den Roten Panda geben.

Himalaya-Hauptkette

Die Himalaya-Hauptkette erhebt sich abrupt aus dem Bergland. Über der Schneegrenze, die im Mittel bei 5200 m angesetzt wird, tragen die Gipfel Firnfelder. Die Gletscher speisen die großen Flüsse. In dieser Region liegen acht der zehn höchsten Gipfel der Erde, allen voran Sagarmatha (Mt. Everest) mit 8848 m.

Das Hochgebirge ist nur an wenigen günstigen Stellen und auch dort nur dünn besiedelt. Am bekanntesten ist die Volksgruppe der Sherpas, deren Sommersiedlungen bis auf 4500 m und höher hinaufreichen. Aus anderen Landesteilen wird von Siedlungshöhen um 4900 m berichtet. Natürlich hängt die Höhe der Besiedlung von den Anbauhöhen der Kulturpflanzen ab, wobei die Kartoffel bis über 4200 m und die Gerste bis 4500 m gedeiht. Die Baumgrenze wird bei 3800 m angesetzt, doch hängen alle diese Angaben wesentlich von der Hangexposition und anderen mikroklimatischen Verhältnissen ab. Zu den wichtigsten Spezies des Berglandes treten hier Ahorn und Birke, Kiefer und Tanne, ehe Gestrüppvegetation das Bild bestimmt.

Als Klimascheide spielt die Himalaya-Hauptkette eine bedeutende Rolle, denn sie trennt die monsunfeuchte Südabdachung des Gebirges von der kontinental-trockenen Hochfläche Tibets. Paläoklimatische Untersuchungen haben gezeigt, dass das Klima Alt-Tibets vor der Aufwölbung des Himalaya wesentlich feuchter war. So erklärt sich

auch die Tatsache, dass einige nepalesische Flüsse in Tibet oder am tibetischen Randgebirge entspringen, bevor sie die Hauptkette durchbrechen. Die Traverstäler des Kali Gandaki, des Arun, aber auch des Buri Gandaki und des Karnali sind dafür sehr eindrucksvolle Beispiele. Wenn heute im Tal von Pokhara mittlere Jahresniederschläge von mehr als 3800 mm gemessen werden, während sie nur 70 km nordwestlich davon in Jomsom weniger als 250 mm betragen, so zeigt das wohl am deutlichsten die abschirmende Wirkung der dazwischen gelegenen Annapurna-Kette, deren Gipfel meist höher als 7000 m über NN aufragen.

Der Umstand, dass im westlichen Nepal die Nordgrenze 50 bis 60 km nördlich der Hauptkette verläuft, schlägt einen Teil dieser nordhimalayischen Trockenzone zum nepalesischen Staatsgebiet. Hier, wo auch vom Inneren Himalaya gesprochen wird, finden wir die hochgelegenen, dünnbesiedelten Gebiete Nepals, wo die Landwirtschaft sich auf bewässerte Oasen beschränkt und die Schafzucht auf Wildweiden von besonderer Bedeutung ist: Mustang, Dolpo, Jumla und Humla, soweit sie von der Hauptkette abgeschirmt sind. Nach Norden hin wird dieses Gebiet von dem alten tibetischen Randgebirge abgeschlossen, das keine 7000 m mehr erreicht, unbewohnt ist und von einigen wenigen heute kaum noch benutzten Handelspfaden überquert wird. Die Wildweiden setzen sich in Tibet fort und werden traditionell von beiden Völkern genutzt. Die vorherrschende Hochgebirgsvegetation mit Wacholder, Rhododendron und Birken reduziert sich hier auf Gräser (Seggen) und kissenbildende, oft dornige Spezies; die Tierwelt umfasst Bergziegen, Yaks, Füchse, Wölfe und Hasen. Diese Gebiete sind nur zu Fuß oder mit dem Flugzeug zu erreichen.

So ist die Heimat der über 28 Millionen Nepalesen ein faszinierender Raum voller Formen- und Artenreichtum, landschaftlicher Vielfalt und Schönheit, aber auch ökologischer und sozialer Probleme.

Foto: Joachim P. Chwaszcza

GESCHICHTE

Die Wiege der künstlerischen und kulturellen Entfaltung Nepals liegt im heutigen Kathmandu-Tal. Dessen Geschichte ist eng verknüpft mit der Volksgruppe der Newar, die dem Land auch seinen Namen gab. Sie gelten als die ursprünglichen Bewohner des Tals, die sich zum Teil mit anderen Volksgruppen vermischten und schließlich – auch bedingt durch die Einführung des Kastenwesens aus Indien – eine eigenständige Kultur entwickelten, die ihresgleichen sucht.

Geprägt wurde das Land durch die verschiedenen Religionsrichtungen mit ihren orthodoxen Regeln, wie dem Hinduismus und dem Buddhismus, außerdem von einer Vielzahl sektiererischer Gruppen mit ihren Kulten im Spektrum dieser Hochreligionen, z. B. dem Shaktismus, dem Tantrismus und dem für Nepal spezifischen Shiva-Linga-Kult.

Diese verschiedenen religiösen Einflüsse, verbunden mit Legenden des alten Volksglaubens, lieferten schon immer eine Fülle von Motiven für Maler, Bildhauer, Architekten, Gold-, Silber- und Kupferschmiede, Holzschnitzer und Steinmetze.

Das erst 2008 zur Republik umgewandelte frühere Hindu-Königreich wurde neben Einflüssen aus Tibet vor allem durch den politisch-sozialen, religiösen und kulturellen Einfluss Indiens geprägt. Dennoch behielt Nepal sein eigenes Gesicht.

Aus dem überaus komplexen ethnischen Erbe entstand in einem steten, jahrhundertelang währenden Entwicklungsprozess ein Vielvölkerstaat, der sich nach außen hin relativ homogen präsentiert. Erst von König Prithvi Narayan Shah wurde 1768 das in verschiedene Fürsten- und Königtümer aufgegliederte Land geeint, und die bis vor wenigen Jahren währende Vorherrschaft der Shah-Dynastie – die so genannte „Gurkha-Macht" – setzte ein.

Links: Die Newar, die vor allem im Kathmandu-Tal siedeln, haben dort die Holzschnitzkunst und den Pagodentempel-Baustil perfektioniert.

Legende zur Entstehung des Kathmandu-Tals

Im Lauf der Jahrhunderte änderten sich zwar die Geschicke des Landes, aber der Lebensrhythmus der Nepali veränderte sich bis in die jüngste Zeit kaum.

Bestimmt von Faktoren wie dem Wetter, der Landwirtschaft und vor allem dem Glauben hielten sich Legenden und Mythen schon immer besonders gut in einem Land, das von Naturgewalten und Göttern regiert wird.

So geht auch der Ursprung des Kathmandu-Tales auf eine mythische Erzählung zurück. Demnach war das Tal ursprünglich ein See, in dessen Mitte eine Lotosblume emporspross, auf der sich der Ur-Buddha, der so genannte Adi-Buddha, als Svayambhu – „der durch sich selbst Seiende" – offenbarte. Um diesem seine Verehrung darzubringen, kam der Bodhisattva Manjushri aus China und spaltete den Felsrücken im Süden des Sees. Durch den so entstandenen Durchbruch konnte das Wasser abfließen und das Tal besiedelt werden. Sichtbares Zeichen dieses Schwertstreiches ist heute die Chobar-Schlucht, durch die der heilige Fluss Bagmati, der Hauptstrom des Tales, sich seinen Weg bahnt.

Laut Überlieferung soll Manjushri im Tal geblieben sein, bis die erste Siedlung von den Bauern der Umgebung angelegt war, die sich vom Hügel des Svayambhu bis in die Gegend des heutigen Pashupatinath-Tempels erstreckte. Manjushris Begleiter Dharmakara wurde der erste König dieser Stadt, die nach dem Bodhisattva Manjupattana benannt wurde. Bis heute wird auf dem Svayambhu-Hügel der Ur- oder Adi-Buddha von den buddhistischen Gläubigen verehrt.

Foto: Peter Hinze

Frühe Herrscher

Zur Geschichte der Herrscherhäuser im Kathmandu-Tal gibt es reichlich Quellen. Anfangs in Sanskrit oder Newari, später in Nepali, wurden sie von *Pandits* (Brahmanen) oder buddhistischen *Vajracharyas* aufgeschrieben. Es ist aber nicht einfach, zwischen Legende und Wirklichkeit zu unterscheiden.

Die frühesten Inschriften aus dem Jahr 464 n. Chr. auf einer Garuda-Säule im Tempelbereich von Changu Narayan verweisen auf das Herrscherhaus der Licchavi (5.-9. Jahrhundert n. Chr.). Für die Zeit davor ist unklar, ob die Gopala (Kuhhirten) oder die Kirata das erste Herrscherhaus im Kathmandu-Tal stellten. Die Kirata-Dynastie hat fast 1000 Jahre über das Tal geherrscht, bevor sie von den Licchavi abgelöst wurde. Gautama Buddha soll während ihrer Herrschaft als Fürstensohn im 6. Jahrhundert v. Chr. in Lumbini, im Süden des heutigen Nepal, gelebt haben.

Auch der indische Maurya-Herrscher Ashoka (268-233 v. Chr.) wird mit den Kirata in Verbindung gebracht. Unbewiesen ist, ob er, wie die Legende berichtet, um 250 v. Chr. ins Kathmandutal kam, um in Patan vier Stupas zu errichten. Aufgrund von Inschriften auf einer Steinsäule in Lumbini weiß man zumindest, dass Ashoka als gläubiger Buddhist diesen Ort aufsuchte, um Buddha an dessen angeblicher Geburtsstätte seine Verehrung darzubringen.

In den beiden großen indischen Epen *Mahabharata* und *Ramayana* werden die Kirata erwähnt. Man nimmt an, dass sie 1500-1000 v. Chr. aus den nordöstlichen Bergregionen in das Kathmandu-Tal vordrangen. Die heute im Osten Nepals lebenden Rai und Limbu werden mit ihnen in Zusammenhang gebracht. Zuletzt hatten die Kirata ihre Residenz wahrscheinlich in Gokarna.

Oben: Statue des Buddha Shakyamuni, des „Weisen aus dem Geschlecht der Shakya", mitten in Kathmandu; unter den Newar gibt es bis heute viele Buddhisten. Rechts: Traditionelle Gebetsmühlen in Nepal mit dem heiligen Mantra „om mani padme hum".

Foto: Peter Hinze

Die Licchavi-Dynastie

Die Licchavi, die über vier Jahrhunderte lang das Kathmandu-Tal regieren sollten (464-897 n. Chr.), stammen mit großer Wahrscheinlichkeit aus Nordindien. Sie wurden dort wohl von expandierenden Nachbarn bedroht und zogen sich darauf ins verkehrstechnisch günstig gelegene Kathmandu-Tal zurück. Da das Tal eine Durchgangszone zwischen den kulturellen Einflussbereichen von Tibet, China und Indien darstellte, geriet die Bevölkerung dort ständig unter neue Kultureinflüsse, so dass Kunst und Kunsthandwerk einen völlig eigenständigen Charakter entwickelten. Diesen Kulturaustausch förderte im 7. Jahrhundert der mächtige tibetische König Songtsen Gampo, indem er die Handelswege über den Himalaya durch das Kathmandu-Tal nach Indien ausbauen ließ und eine Licchavi-Fürstentochter zur Frau nahm. Noch heute wird die nepalesische Prinzessin Brikuti in der Gestalt der so genannten „Grünen Tara" sowohl in Tibet als auch in Nepal verehrt. Sie soll zur Verbreitung des Buddhismus in Tibet mit beigetragen haben. Eine andere Gattin des tibetischen Königs Songtsen Gampo war die chinesische Prinzessin Wen-Cheng, die heute als „Weiße Tara" verehrt wird. Durch diese Doppelheirat wurde die Stellung Tibets und Nepals als unabhängige Durchgangsländer zwischen China und Indien gefestigt. Seither galten die Handelsrouten als die beste Verbindung über den Himalaya und sollten auch später zur kulturellen Blüte Nepals beitragen.

Der chinesische Pilger Hsüan-Tsang beschrieb eindrucksvoll das Alltagsleben der Licchavi-Zeit sowie die Kunstfertigkeit der Newar im Umgang mit Metall, Stein, Holz und Farbe. Die heute noch bedeutenden Tempelanlagen wie das Shiva-Heiligtum von Pashupatinath und der Vishnu geweihte Tempel von Changu Narayan sowie die Stupas in Svayambhunath und Bodhnath waren damals bereits erbaut.

Die Herrscher tolerierten während der Licchavi-Zeit die verschiedenen religiösen Praktiken der Talbevölkerung, obwohl sie durch ihre eigene Herkunft in besonderem Maße dem Hinduismus zugeneigt waren. Der Buddhismus war weit verbreitet. Während das Volk neben verschiedenen Dialekten vor allem Newari sprach, war Sanskrit die Sprache des Hofes, der auch das Zentrum der kulturellen Aktivitäten bildete. Auch Wissenschaftler, Theologen, Astrologen und Mediziner fanden sich bei Hofe ein. Heute wird diese Periode als „Goldenes Zeitalter" gerühmt. Zu dieser Zeit wurde auch die bis dahin übliche indische Zeitrechnung durch die heute noch gültige nepalesische ersetzt.

Die Thakuri-Epoche

Es schließen sich mangelhaft dokumentierte Jahrhunderte an, die im allgemeinen als die Thakuri-Periode bezeichnet werden (ca. 879-1200 n. Chr., einige sehen den Beginn der Thakuri-Zeit schon ab 602). *Thakuri*, ein Sanskritwort, bedeutet soviel wie „vornehmer Herr" und galt als Ehrenname. Schriftlichen Quellen zufolge beherrschten damals verschiedene indische Fürstenhäuser das Tal, meistens Rajputen, und wenn auch die politischen Zustände verworren waren, so zeugen doch viele Schriften in Sanskrit und in der Newari-Sprache von einer angeregten religiösen und kulturellen Atmosphäre.

Seit dem achten Jahrhundert hatte sich der geheime oder auch tantrische Buddhismus, Vajrayana, durch den indischen Lehrmeister Padmasambhava in Tibet ausgebreitet und hielt nun auch seinen Einzug in Nepal. Er wirkte besonders anziehend durch seine magischen Praktiken und Geheimlehren, die zumeist verbunden waren mit Elementen der vorbuddhistischen und vorhinduistischen Volksreligion, dem Schamanismus, und den verschiedenen Fruchtbarkeitskulten.

Rechts: Die golden leuchtende Statue des Bhupatindra Malla in Bhaktapur.

Die Muttergestalten, die *matrikas*, in Nepal hochverehrt, entstammen diesen Vorstellungen; sie werden mit den Urkräften gleichgestellt, die alles Werden bewirken und die man mit Opfergaben erfreuen oder besänftigen muss. Unberechenbare Naturgewalten, zumeist mit Dämonen und Göttern assoziiert, konnten so mittels magischer Zauberformeln – *mantras* – gebannt werden. Den Kultritualen wurde eine immer größere Bedeutung beigemessen. Auch die in der künstlerischen Gestaltung von Skulpturen und Tempelstelen anzutreffenden erotischen Darstellungen haben u. a. in den tantrischen Vorstellungen ihren Ursprung. Tibetische und indische Mönche kamen in das Kathmandu-Tal, um die neuen religiösen Lehren aufzunehmen und in andere religiöse Zentren Indiens, Tibets oder Chinas weiterzutragen.

Zu kriegerischen Auseinandersetzungen wegen unterschiedlicher religiöser Glaubensvorstellungen oder Kastenfragen ist es im Kathmandu-Tal selten gekommen. So redet man zwar oft von der großen Toleranz der verschiedenen Volksgruppen in Nepal mit ihren unterschiedlichen Religionen; wer jedoch das Quellenmaterial kennt, weiß, dass es nicht so gewesen sein kann. Laut Legende hat beispielsweise ein Schüler des indischen Gelehrten und Yogis Shankara gegen 800 n. Chr. in Nepal vielerorts buddhistische Schriften verbrennen lassen und auf diese wenig tolerante Art zu einem Aufschwung des Hinduismus in Nepal mit beigetragen. Auch hört man öfter, dass buddhistische Mönche gezwungen wurden, buddhistische Nonnen zu heiraten – von Toleranz kann also in Wirklichkeit keine Rede sein. Damals suchten zahlreiche Mönche Zuflucht in Tibet und kehrten nach dem Abebben der Gewalttätigkeiten in Nepal wieder dorthin zurück – mit neuen religiösen Vorstellungen vertraut, nämlich dem tantrischen Buddhismus.

Foto: Ian Tomlinson-Walker

Die Malla-Dynastie

Die Macht der Thakuri-Dynastie endete im 1182; seitdem nannten sich die Herrscher des Kathmandu-Tals Malla. Sie sollten bis 1768 die Geschicke des Landes bestimmen. Der Name *Malla* bedeutet im Sanskrit „Ringer" – der erste Malla-Fürst des Kathmandu-Tals, Arideva, soll während eines Ringkampfs die Nachricht von der Geburt seines Sohnes erhalten haben.

Schon zur Zeit Gautama Buddhas – im 6. Jahrhundert v. Chr. – taucht dieser Name in Verbindung mit einem Fürstengeschlecht auf, und schon während der Licchavi-Herrschaft lebten Malla-Fürsten im westlichen Nepal. Wahrscheinlich ist, dass auch viele Angehörige dieses Geschlechts nach der Invasion der muslimischen Moguln, die Anfang des 13. Jahrhunderts in Indien begann, nach Nepal flohen, um sich hier eine neue Existenz aufzubauen. Aber auch Nepal sollte von den Invasoren nicht verschont bleiben: Unter der Führung von Shams-ud-din Ilyas eroberten die Moguln kurzfristig 1349 das Kathmandu-Tal, zerstörten dort Tempel und Klöster, u. a. das Heiligtum Pashupatinath, zogen sich aber bald wieder zurück.

Die Malla-Epoche gliedert sich in zwei Perioden, von 1200 bis 1482 und von dieser Zeit bis 1768 – dem Jahr der Eroberung durch Prithvi Narayan Shah. Beide Perioden waren für die soziale, religiöse und kulturelle Entwicklung des Tals von großer Bedeutung. Die Malla-Epoche gilt als die Blütezeit des Kathmandu-Tals; entfalteten doch im zweiten Abschnitt dieser Epoche die drei Königsstädte Patan, Bhaktapur und Kathmandu ihre größte Pracht. Allerdings gab es auch Schattenseiten: 1255 verwüstete ein Erdbeben das Tal, dem ein Drittel der Bevölkerung – auch der König Abhaya Malla – zum Opfer fiel. Etwas später, ab 1288, plünderten immer wieder zu den Khas zählende Fürsten aus Jumla in Westnepal das Kathmandu-Tal. Im 14. Jh. bot sich dort ein Bild der Zersplitterung. Lokale Adelsfamilien hatten sich selbstständig gemacht und herrschten in Orten wie Pharping, Patan

Foto: Ilona Budzbon (iStockphoto)

und in Nachbartälern wie Nuvakot und Banepa.

Mit der Herrschaft Jayasthiti Mallas, der von 1382 bis 1395 regierte, setzte ein Wandel ein. Die Talbewohner wurden in ein am orthodoxen Hinduismus Indiens orientiertes Kastensystem eingeteilt. Die gesamte Struktur des Landes wurde auf eine bis ins 18. Jh. gültige neue Basis gestellt und eine rigorose Hinduisierung durchgeführt.

Jayasthiti Malla formte aus einer relativ offenen Gesellschaft, die in der Lage war, neu angekommene Gruppen zu assimilieren, eine in sich geschlossene Gesellschaft. Er stand den lockeren Formen des Vajrayana und der tantrischen Kulte skeptisch gegenüber und versuchte durch Einführung des Kastensystems die – auch durch die muslimische Mogulherrschaft in Indien bedrohte – alte soziale Ordnung zu retten.

1482 teilte ein Nachfolger Jayasthiti Mallas die Städte Bhaktapur, Patan und Kathmandu seinen Söhnen als selbstständige Herrschaftsgebiete zu. Damals standen die Mallas wohl unter nomineller Oberherrschaft der muslimischen Moguln Indiens. Deren Einfluss zeigte sich u.a. in Kleidung und Haartracht der Mallas sowie darin, dass sie nun Harems unterhielten; die Miniaturmalerei blühte auf; die Wandmalereien bekamen eine vielfältigere Ornamentik. Trotzdem konnte das Kathmandu-Tal dank seiner geschützten Lage sein hinduistisches Erbe vor der Islamisierung bewahren.

Angeregt durch den Wetteifer der Stadtkönige kam es zu einer künstlerischen Blütezeit. Die drei Hauptstädte wurden ausgebaut und reich geschmückt. Steinmetze, Holzschnitzer, Thangka-Maler (*Thangkas*: religiöse Kultbilder) aus der Volksgruppe der Newar schufen besondere Kunstwerke. Verschiedene Kulte entstanden, so der Kumari-Kult der lebenden Göttin. Auch wenn die nördlichen (buddhistischen) und südlichen (islamischen) Einflüsse bedeutend waren, besaß die Kunst der

Oben: Patan ist eine der drei historischen Königsstädte im Kathmandu-Tal. Rechts: Bhaktapur – ein Reisbauer bringt seine Ernte heim (Durbar Square).

Foto: Bernhard Walter Kaempf

Malla-Epoche doch eine starke eigene Kreativität und Ausdrucksvermögen.

Kritiker bezeichnen die späte Malla-Zeit heute als eine Periode der Ausschweifungen auf Kosten des Volkes. Dieses Luxusleben führte dazu, dass der Staatshaushalt der drei Herrscher, die sich inzwischen mit Gottkönigen verglichen, aus den Fugen geriet. Hohe Steuern wurden erhoben, um den Pomp an den Höfen zu finanzieren. Die persönlichen Zwistigkeiten der drei Herrscherhäuser und das Bestreben, sich in Macht und Prachtentfaltung zu überbieten, zehrte einerseits die Staatskassen aus, förderte aber Kunst und Kunsthandwerk enorm. Nie wurde mit so viel purem Gold, Silber und Edelsteinen gearbeitet wie in dieser Epoche. Staatlich subventionierte Kunst wurde, wie auch später in der Rana-Zeit, zum Symbol für Status und Macht.

Unter Jayaprakash Malla aus Kathmandu hatte sich die außenpolitische Situation so verschlechtert, dass der König gezwungen war, Juwelen und Tempelschätze – so auch den von Pashupatinath – zu verkaufen, um Soldaten rekrutieren zu können.

Die Shah-Herrschaft

1768 eroberte Prithvi Narayan Shah das Tal. 25 Jahre hatte er gebraucht, um von Gorkha aus dieses Ziel zu erreichen. Erbost über den erbitterten Widerstand der Einwohner des strategisch wichtigen Kirtipur, ließ er den Männern dieses Ortes die Nasen abschneiden. Von dort nahm er dann die drei Königsstädte ein. Die von Kathmandu zu Hilfe gerufene Einheit der Britisch-Ostindischen Kompanie konnte die Eroberung des Tals nicht mehr verhindern und wurde in die Flucht geschlagen.

Prithvis Vorfahren stammten aus Rajasthan und waren im 15. Jh. vor den islamischen Heeren bis in den westlich von Kathmandu gelegenen Ort Gorkha geflüchtet. Von dort hatten sie die ethnisch unterschiedlichen kleinen Fürstentümer geeint; das Ziel der Shah-Herrscher war die Bildung eines neuen Reichs durch die Einigung Nepals.

Foto: Bishwa Shakya

Foto: Andreas Neuhauser

Immer wieder gab es mit Tibet, das unter der Oberherrschaft der chinesischen Mandschu stand, kriegerische Auseinandersetzungen um Handelsressourcen. Nach den Friedensverträgen mit den Tibetern bzw. Chinesen kam es zu direkten Kontakten mit Peking, was den Shah eine Absicherung gegen die seit Ende des 18. Jh. in Indien herrschenden Briten gab. Gegenüber den Briten unterhielten sie nur zurückhaltend Beziehungen: aus Furcht, Handelsprivilegien mit ihnen teilen zu müssen und aus Geringschätzung für alle, die ihre Hindugötter nicht ehrten.

So führten die Shah im Westen ihre Feldzüge bis ins (heute indische) Lumaon und Garhwal hinein, im Osten bis Darjeeling. Die Eroberungen führten 1814 zum Krieg zwischen Nepalesen und Briten. 1816 kam es zum Friedensvertrag, der u. a. festlegte, dass die Briten in Nepal Gurkha-Soldaten rekrutieren und in Kathmandu eine Residenz einrichten durften. Nun gewannen die Briten aufgrund von Handelsvorteilen an Einfluss. Zudem schwächten Intrigen die Königsfamilie. Die Shah ließen nur noch hinduistische und buddhistische Lehren gelten; Moslems und Christen verwiesen sie des Landes.

Oben links: Als Nepal noch Königreich war – Festwagen mit Bild von König Birendra Bir Bikram Shah (reg. 1972-2001). Oben rechts: Der Maoistenaufstand beendete die Monarchie. Rechts: Schneller zum Everest – 1964 bekam Lukla seinen Flugplatz.

Die Rana-Oligarchie

1846 machte einer der Befehlshaber der Shah-Armee, Jang Bahadur Kunwar (später Rana), den Intrigen am Hof durch ein Massaker ein blutiges Ende. Er baute eine Familienoligarchie auf, die 104 Jahre dauern sollte. Die Ranas eigneten sich die gesamte wirtschaftliche Macht an, während die Shah-Königsfamilie nur noch ein Schattendasein führte. Nachdem Jang Bahadur Rana sich auch noch zum Maharaja von Kaski (Pokhara) und Lamjung hatte ernennen lassen, war er dem König ebenbürtig. Dieser Titel war auch für die Heiratsord-

Foto: Andreas Neuhauser

nung von Bedeutung; bis vor kurzem waren Shah und Ranas auf diese Weise liiert.

Um sich Rückendeckung nach China-Tibet zu verschaffen und um einen Aufstand der im indischen Exil lebenden Opposition zu verhindern, pflegten die Ranas im Gegensatz zu den Shah enge Beziehungen zu den Briten. 1857 schickte Jang Bahadur den Engländern 8000 Gurkha-Soldaten, um den Sepoy-Aufstand in Indien niederzuschlagen. Mit Indien, das seit der britischen Besetzung eine rasche Industrialisierung und Verstädterung erlebt hatte, kam es zu engen Handelsverflechtungen. Nepal exportierte dorthin mehr, als es importierte, die Gewinne flossen den Ranas zu. 1854-1856 besiegte J. B. Rana Tibet und erhielt Handelsprivilegien.

Einen Industrialisierungsversuch unternahm Rana-Herrscher Chandra Shamsher (1901-1929). Er ließ ein Diesel-Kraftwerk und eine Drahtseilbahn zum Lastentransport bauen und schaffte die Sklaverei ab. Die Ranas fanden Geschmack an westlichen Kultur- und Konsumgütern; ihre klassizistischen Paläste sieht man noch in Kathmandu.

Die Ranas nahmen sich vom Volk, was sie brauchten – auch Frauen. Dieses Verhalten ebnete den Boden für die Gegner des Rana-Regimes, denen die Unabhängigkeitsbewegung in Indien Auftrieb gab. Anhänger der Shah-Königsfamilie und Oppositionelle setzten sich 1936 nach Indien ab, um eine Anti-Rana-Bewegung zu bilden, aus der später u. a. die Nepali Congress Party hervorging. Nachdem Indien 1947 seine Unabhängigkeit von den Briten erkämpft hatte, mussten die Ranas 1951, nachdem König Tribhuvan von Nepal nach Indien geflohen war, einer Koalitionsregierung zustimmen, die zwischen der Shah-Königsfamilie, der Nepali Congress Party und Rana-Mitgliedern vereinbart wurde.

Nepal, bisher von der Außenwelt abgeriegelt, öffnete sich. Ab den 1960er Jahren blühte der Tourismus auf; und im Jahr 1964 erhielt Lukla seinen Flugplatz, was den Trekking-Tourismus beflügelte.

Nepal heute

Ende der 1980er wurde die Macht des seit 1972 regierenden Königs Birendra in Frage gestellt. Korruption und Ausbeutung trieben das Volk auf die Straße. Bei Demonstrationen gab es im Jahr 1990 Ausschreitungen. Die Opposition setzte die Abschaffung des Panchayat-Systems durch, Parteien wurden zugelassen; der König musste nun die konstitutionelle Monarchie anerkennen. Am 1.6.2001 gab es ein Massaker im Königspalast: Angeblich tötete Kronprinz Dipendra unter Drogeneinfluss seinen Vater König Birendra, seine Mutter, sieben weitere Angehörige und sich selbst. Neuer König wurde Birendras unpopulärer Bruder Gyanendra; Kronprinz dessen noch unbeliebterer Sohn Paras.

1996 begann die Kommunistische Partei Nepals UCPN(M) der Maoisten („Maobadi") ihren Kampf gegen die Monarchie und die Regierung – von beiden Seiten grausam geführt. Ihr Ziel war soziale Gerechtigkeit und das Ende von Korruption und Polizeiwillkür. 2005 riss König Gyanendra die Macht ganz an sich und verhängte den Ausnahmezustand. Während der 10 Jahre Bürgerkrieg kamen 13 500 Menschen um. Dank UN-Vermittlung gab es 2006 ein Friedensabkommen zwischen Premierminister G. P. Koirala und Rebellenchef Prachanda. Alle Soldaten zogen sich in ihre Kasernen zurück, eine UN-Friedenstruppe überwachte die Waffenablieferung der Maoisten.

2008 wurde die – auch religiös verankerte – Monarchie abgeschafft und Nepal zur Republik, die Wahl gewannen die Maoisten. Rebellenführer Prachanda, eher China nahestehend, wurde Premier, trat aber 2009 zurück wegen des Streits über die Aufnahme seiner Rebellensoldaten in die Armee. Neuer Premier wurde der Marxist-Leninist Madhav Kumar Nepal von der CPN-UML,

Selbst der Bürgerkrieg brachte den Tourismus nicht ganz zum Erliegen; oben: Trekker im Khumbu vor dem Pumori (7161 m); rechts: Eine junge westliche Touristin bei den Sadhus in Pashupatinath.

Foto: Andreas Neuhauser

den 2010 die Maoisten wieder aus dem Amt drängten. 2011 verließen die UN-Soldaten das Land; Regierungschef wurde der Maoist Dr. Baburam Bhattarai von der kommunistischen UCPN(M), der stärksten Partei.

Schon lange versucht Indien, sich im Pufferstaat Nepal politisch stark einzumischen, da es seinen mächtigen Rivalen China so auf Distanz halten will, zumal China an der indisch-chinesischen Himalaja-Grenze immer wieder militärisch provoziert. Chinas wirtschaftlicher Einfluss wächst zusehends, und zugleich verlangt es von Nepal, den tibetischen Flüchtlingen politische Betätigung zu untersagen.

Verheerende Erdbeben forderten im April und Mai 2015 etwa 8800 Todesopfer und zerstörten viele der historischen Gebäude in den Königsstädten. Nachdem im September 2015 endlich die neue, säkulare Verfassung beschlossen wurde, blockierte Indien Treibstofflieferungen, weil es die indischstämmigen Madhesi im Terai benachteiligt sah.

Im Jahr 2018 wurde der Kommunist Khadga Prasad Oli Premierminister, der während der Monarchie 14 Jahre im Gefängnis gesessen hatte. 2021 übernahm der Politiker Sher Bahadur Deuba von der sozialdemokratischen Nepalesische Kongresspartei dieses Amt.

In jedem dritten Haushalt in Nepal, das heute fast 30 Mio. Einwohner hat, arbeitet ein Familienmitglied im Ausland. Das Volk leidet unter der intriganten Elite, Benzinknappheit, Arbeitslosigkeit, Stromausfällen, Streiks, Korruption und Verschleppung des Wiederaufbaus nach dem Erdbeben, obwohl viel ausländisches Hilfsgeld dafür bereits geflossen ist. Bedeutende historische Tempel – UNESCO-Welterbe und wichtige Touristenmagneten – liegen teils noch in Trümmern oder sind nur notdürftig abgestützt oder eingerüstet.

Zudem hat die Hauptstadtregion ein massives Verkehrsstau- und Umweltproblem: In Kathmandu, in dessen Großraum etwa 2,5 Millionen Menschen leben, sind Atemschutzmasken schon vor Covid alltäglich geworden, wegen der miserablen Luftqualität.

Foto: Bhutri (Dreamstime.com)

ETHNISCHE VIELFALT

Das Himalaya-Massiv scheidet zwar als mächtige natürliche Barriere Süd- von Zentralasien, doch seine Pässe boten über Jahrtausende auch Raum für Begegnungen zwischen den „mongoliden" Gruppen tibeto-burmanischer Zunge, die zahlreichen „Naturreligionen" und dem tibetischen Buddhismus anhängen, und den „kaukasischen" Gruppen mit indo-arischen Sprachen und dem Hinduismus als Religion. Hier trafen verschiedene Welten in Kriegszügen, Migrationen und Handelsbeziehungen ständig aufeinander. Sie führten zu einer ungeheueren Vielfalt kultureller und entsprechend sozialer, wirtschaftlicher und politischer Formen, die auf keinen Einheitsnenner „nepalesische Kultur" zu bringen sind.

Der Lebensraum der Menschen Nepals steigt von Süd nach Nord von knapp 150 Metern Höhe nahe der indischen Grenze bis etwa 5000 Meter in Richtung Tibet. Mongolide Gruppen leben hauptsächlich in der nördlichsten, Indo-Nepalesen des kaukasischen Typus vor allem in der südlichen Landeshälfte. Da die Bodenbewirtschaftung im Hochgebirge zum Lebensunterhalt nicht ausreicht, betreiben die mongoliden Gruppen seit Jahrhunderten Viehzucht (Yaks, Ziegen, Schafe) und Handel. Sie tauschten vor allem tibetisches Salz und Wolle über die Himalaya-Pässe gegen nepalesisches Getreide und pflegten dadurch dauerhafte Kontakte zur tibetischen Kultur. In den letzten Dekaden wurde der Handel infolge der politischen Auseinandersetzungen in Tibet und wegen der Konkurrenz indischer Produkte jedoch stark beeinträchtigt.

Die Indo-Nepalesen im fast zur Gänze flachen, fruchtbaren Terai hingegen produzierten landwirtschaftlichen Überschuss, den sie auf die nahen indischen Märkte brachten. In den achtziger Jahren stieg allerdings der Eigenbedarf am landwirtschaftlichen Ertrag, der Warenexport hat sich daher bedeutend verringert.

Links: Die „lebende Göttin" Kumari in Kathmandu stammt traditionell aus der buddhistischen Newar-Kaste der Shakya (Goldschmiede-Kaste).

Mongolide Gruppen und Indo-Nepalesen treffen sich vornehmlich in der dritten Hauptregion Nepals, dem Mittelgebirge, nicht ganz zutreffend als „Hügelgebiet" bezeichnet. Hier wird auf sorgfältig terrassierten Feldern zwischen 500 und 2000 Metern Höhe Reis und Getreide angebaut; der knappe Ertrag wird durch saisonale Migration und Söldner-Dienst in den Gurkha-Truppen aufgebessert. Etwa 44% der Gesamtbevölkerung Nepals lebt im Hügelgebiet und bebaut hier ca. 30% des gesamten Bodens; im Terai stehen ca. 49% der Bevölkerung knapp 70% des Bodens zur Verfügung.

Sind die einzelnen Volksgruppen spezifischen Landesregionen zuzuordnen (freilich ist kein Gebiet Nepals als das ausschließliche Territorium einer Volksgruppe zu sehen), so müssen innerhalb einzelner Territorien erhebliche Variationen festgehalten werden. Einzelne Volksgruppen, wie etwa die *Tamang*, weisen beträchtliche Unterschiede in ihrem ökologischen Verhalten auf; sie pflanzen Reis auf Feldern, die bis zu 700 m Höhe herunterreichen; weiden ihr Vieh hinauf bis zu 4500 m Höhe und bauen Kartoffeln, Weizen, Buchweizen, Hirse und Mais in Höhen bis über 2000 m an.

Unter den ethnischen Gruppen des Terai sind hauptsächlich die *Tharu*, die *Darai*, die *Kumhal*, die *Danuwar* und die *Majhi*, sowie die indienstämmige Hindubevölkerung vertreten.

Diese Gruppen bedienen sich meist des Nepali und der nordindischen Dialekte. Auch sie leben von der Landwirtschaft, hauptsächlich als Pächter auf Ländereien. Die Majhi sind zusätzlich tätig als Fuhrmänner, die Kumhal als Töpfer, die Danuwar als Fischer.

Foto: Andreas Neuhauser

Im Hügelgebiet siedeln in der Nachbarschaft zur Hindu-Bevölkerung zahlreiche ethnische Gruppen. Von West nach Ost fortschreitend kann man die *Magar*, die *Gurung*, die *Tamang*, die *Newar*, die *Sunuwar*, die *Rai* und die *Limbu* antreffen. Zu den kleineren Gruppen zählen die *Thakali*, die *Chantel*, die *Chepang*, die *Raaji*, die *Pahari* (Pahi), die *Thami*, die *Haayu* und die *Dhimal*. Ein Großteil dieser Gruppen gehört zur bodischen Gruppe der sino-tibetischen Sprachfamilie; die Dhimal, die Newar und die Pahari werden zwischen der bodischen und der burmanischen Gruppe eingeordnet. Einige dieser Gruppen (Chepang, Raaji, Kusunda) sind ehemalige Wildbeuter. Einzig die Newar haben eine urbane Kultur hervorgebracht.

Im hohen Norden leben u. a. die *Sherpa*, die *Dolpo pa*, die *Baragaonli*, die *Manangi* und die *Lopa*. Als Führer und Träger bei Bergexpeditionen, als Hochgebirgsbauern, Yak- und Schafzüchter verdienen sie sich ihren Lebensunterhalt. Sie sind sowohl sprachlich wie kulturell Tibet zugewandt. Allgemein werden sie oft als *Bhotiyas* bezeichnet. Vor allem aus diesen Gruppen rekrutieren sich die besagten Händler. Hierzu zählen auch die *Humli-Khyampa*, die ihren Lebensunterhalt als Händler-Nomaden im äußersten Westen des Landes verdienen. Während der kalten Wintermonate begeben sich einige dieser Gruppen auf Handelsreisen in den Süden des Landes, wo sie Produkte ihrer Heimat, Gewürze und Kräuter veräußern, um Waren aus dem Süden kaufen zu können. Einige Bhotiyas kommen sogar bis nach Bangkok und Hongkong, um hier Geschäfte in größerem Maßstab tätigen zu können.

Insgesamt stellen die nepalesischen Volksgruppen ungefähr die Hälfte der Bevölkerung. Gelten sie dennoch als Minderheiten, so deshalb, weil keine Volksgruppe einzeln mehr als 4% der Gesamtbevölkerung ausmacht. Diesen ethnischen Minderheiten stehen in Nepal ca. 45% so genannte Hindus

Oben: Am Annapurna-Massiv leben die Gurung; die Männer dienen oft als Gurkha-Soldaten.

BEVÖLKERUNG

gegenüber, die sich – ungeachtet der Herkunftsunterschiede – als eine Einheit präsentieren und nicht zuletzt dank dieser Einheit Schlüsselpositionen im staatlichen System zu sichern vermochten.

Über die Herkunft und den Migrationsprozess der ethnischen Gruppen in das heutige Nepal-Territorium herrscht keine Klarheit. Eine einzigartige „Karriere" haben die *Khas* vorzuweisen, die aus dem indischen Gebiet (Kumaon) als eine im hinduistischen Kastengefüge relativ tief eingestufte Gruppe nach Fernwest-Nepal kamen, hier ihre Position bedeutend ausbauten und damit einen erheblichen Aufstieg innerhalb der nepalesischen Kastenhierarchie zu bewerkstelligen vermochten. Aus dieser Gruppe rekrutiert sich ein Teil der heutigen *Chetri*.

Als die ältesten Bewohner Zentral- und Ostnepals werden in der Regel die *Kiranti* betrachtet (Vorfahren der heute in Nepal lebenden Volksgruppen der Limbu, Rai, Sunuwar u. a.), über deren Ursprung und Rolle im historischen Prozess zahlreiche Mythen existieren. Es ist allerdings zweifelhaft, ob sich die Kiranti tatsächlich in „früheren" Zeiten teils in Benares, teils in Lhasa und teils im Kathmandu-Tal aufgehalten hatten, wie es ihre Mythen belegen wollen. Auch bei anderen Volksgruppen sind die zahlreichen Mythen über deren glorreiche Vergangenheit als Könige und hohe Würdenträger von der Wahrheit schwer zu unterscheiden. Ihre Herkunft, die Zeit ihrer Ankunft in Nepal und ihr politischer Werdegang sind schwer zu erforschen.

Mit den sich wandelnden Rahmenbedingungen (Unterwerfung durch verschiedene Fürstenhäuser, Integration ins vereinigte nepalesische Reich, wirtschaftlicher Wandel etc.) wurden in Nepal ethnische Grenzen neu gezogen, ein kultureller Wandel fand statt. Einzelne Gruppen und Volksstämme haben so ihre Namen erst im letzten Jahrhundert bekommen. Beispielsweise haben die Tamang, die nördlich und östlich des Kathmandu-Tales siedeln, ihren Namen erst im 19. Jh. von den nepalesischen

Foto: Bodo Bondzio

Herrschern erhalten, als jene die erste zivile Gesetzgebung erließen. Dabei setzen sie sich, heute als eine Volksgruppe betrachtet, aus kulturell heterogenen Untergruppen zusammen, die sich in Sprache und Brauchtum erheblich unterscheiden.

Völkergemisch im Kathmandu-Tal

Das bunte „Völkergemisch" Nepals präsentiert sich dem Reisenden bereits bei der Ankunft im Kathmandu-Tal, wo der Zuzug aus anderen Landesteilen am größten ist. Man begegnet hier Menschen aus allen Regionen; das architektonische Stadtbild ist aber hauptsächlich durch eine Volksgruppe geprägt: die *Newar*. Diese Gruppe, die über Jahrhunderte das Tal regierte, konnte hier dank des fruchtbaren Bodens und der strategisch wichtigen Lage als Handelsmetropole zwischen Indien und China

Oben: Große Ohrringe und Nasenschmuck – Tamang-Frauen zeigen ihren Goldschmuck. Rechts: Eine Newar-Frau in der Tracht der Stadt Bhaktapur.

dem Bild der Städte und Sakralbauten eine faszinierend formenreiche Gestalt geben. Auffallend sind sowohl hinduistische wie auch buddhistische Stätten, denn den Newar ist es in besonderem Maß gelungen, die beiden Religionen zu integrieren, wenngleich die Ausbreitung des Hinduismus die Anhänger des Buddhismus bisweilen mit Bitterkeit erfüllt.

Als die einzige Gruppe, die in Nepal urbane Kultur schuf, sind die Newar zugleich in der Landwirtschaft erfolgreich gewesen. Zur Erntezeit wird die Verknüpfung des städtischen Lebens mit der Landwirtschaft besonders sichtbar, wenn jeder freie Fleck auf Plätzen und Straßen zum Trocknen der Ernte genutzt wird. Die Newar – Regierende, Bauern, Handwerker – haben über Jahrhunderte die Schlüsselrolle im Handel gespielt, was das Handwerks aufblühen ließ. Heute noch sind viele Newar als Handelsleute tätig, indem sie sowohl Tee-Shops und Stoffgeschäfte, aber auch große „Import-Export"-Unternehmen leiten.

Über Jahrhunderte hauptsächlich im Tal ansässig, wurden Newar-Familien auf das Betreiben lokaler Herrscher zur Förderung des Handels in viele Teile des nepalesischen Territoriums eingeladen. Sind die Newar bis heute mit ihrer Kunst und ihrem Handwerk im Kathmandu-Tal stark präsent, so ist ihre Rolle in der Politik in den letzten 200 Jahren erheblich geschmälert worden, obwohl sie heute einen Teil der Beamtenschicht stellen.

Seit der Absetzung der Newar-Könige während der Malla-Dynastie durch die Gurkha-Herrscher in der zweiten Hälfte des 18. Jh. sind Macht und Ämter hauptsächlich an die im hinduistischen Kastenwesen „höheren" indo-nepalesischen Gruppen gefallen, aus deren Reihen sich die bis zum Ende des 20. Jh. herrschende Shah-Dynastie rekrutiert. Mit der Konsolidierung ihrer Macht im Lauf der Vereinigung Nepals (1744-1814) hat eine große Zahl solcher „hochkastiger" Familien das Tal bevölkert und ihren Einfluss geltend gemacht.

Der heute oft genannte Begriff „National-Kultur" wird in erster Linie mit deren Kulturelementen, Werten und Normen assoziiert, was sich besonders in der Sprache zeigt. Das indo-arische, vom Sanskrit abgeleitete „Nepali" (früher *Khas kura* genannt) ist heute die lingua franca, also Amtssprache, und, obwohl nur von der Hälfte der Bevölkerung als Muttersprache gesprochen, alleinige Unterrichtssprache. Dies stößt beispielsweise bei den Newar, die einen großen Schatz an eigenem Schrifttum in ihrem „Newari" vorzuweisen haben, auf bisweilen vehementen Widerstand.

Die Nepali-sprechenden „hochkastigen" Hindus haben dank ihrer politischen Dominanz auch in der Wirtschaft Schlüsselrollen erlangt. Sie sind es vor allem, welche hohe und höchste Positionen im politischen und administrativen Apparat innehaben, und ihnen gehören heute noch ausgedehnte Ländereien. Nicht nur in der Landeshauptstadt, auch in vielen Dörfern des gesamten Hügelgebiets nehmen sie

Foto: hadynyah (iStockphoto.com)

die politischen Schlüsselpositionen ein und besitzen einen großen Anteil des Grund und Bodens.

Nur wenige Mitglieder der ursprünglich nicht-hinduistischen Gruppen sind am politischen Prozess im Zentrum beteiligt. Der Reisende kommt hingegen zunächst mit diesen Gruppen in Kontakt, wenn er sich an Reiseagenturen wendet oder Einkäufe tätigt. In beiden Sparten sind die Gruppen des hohen Nordens vorherrschend – besonders die berühmten Sherpa, die Thakali und die Manangi. Diesen Gruppen kam zugute, dass ihre Lebensräume an den Pässen zwischen Nepal und Tibet lagen, und dass die Herrscher auf ihre Dienste zur Erhebung von Zöllen zurückgreifen mussten. Vielen Familien gelang es so, großen Wohlstand zu erlangen und in ihren wirtschaftlichen Aktivitäten auch räumlich zu expandieren. Besonders nach Schließung der nördlichen Grenze infolge der Annexion Tibets durch China haben sie ihren Wohnsitz und ihre Geschäfte in die südlicheren Regionen Nepals (v. a. ins Terai und Kathmandu-

Foto: rweisswald (iStockphoto.com)

Tal) verlagert, wo sie ihr Kapital und ihr kaufmännisches Geschick erfolgreich einsetzten. Mit ihren Handels- und Reiseunternehmen und Manufakturen haben sie großen Einfluss erlangt, den sie nur mit den Newar und einigen tibetischen Familien teilen.

Die nach der chinesischen Okkupation nach Nepal geflohenen Tibeter wurden zunächst in Flüchtlingszentren zusammengefasst, wo sie begannen, Tibet-Teppiche zu weben und zu handeln. Heute florieren diese Unternehmen, und Teppichknüpfereien werden längst auch von anderen Gruppen wie den Sherpa betrieben. Die tibetischen Klöster in Nepal wurden zur Attraktion für westliche Buddhisten, die hier unter Anleitung berühmter Lamas meditieren. Allerdings sind die rund 20 000 tibetischen Flüchtlinge in Nepal wegen des zunehmenden Einflusses des übermächtigen Nachbarn China heute verstärkt Repressalien und der Bespitzelung durch chinesische Agenten ausgesetzt, und für neue Flüchtlinge wird es immer schwieriger, illegal über die chinesisch-nepalesische Grenze und weiter nach Indien zu gelangen.

Weit herumgekommen sind die Männer, die als Söldner in den Gurkha-Truppen der Briten dienten. Ob in Italien im 2. Weltkrieg, in Südostasien während der Unabhängigkeitskämpfe oder auf den Falkland-Inseln: Die gefürchteten nepalesischen „Gurkhas" haben sich überall durch Mut und Standhaftigkeit ausgezeichnet. Trotz seiner Gefahren war und ist der Gurkha-Dienst begehrt: Mit dem gesparten Sold und den Renten konnten Angehörige verschiedener ethnischer Gruppen, allen voran die Gurung und die Magar, Schulden tilgen und ihre Anwesen vergrößern.

Ausblick und Probleme

Träger – oft ohne jegliche Hochgebirgserfahrung –, Riksha-Fahrer, Kellner, Hotelburschen und Putzleute rekrutieren sich aus den Migrantenströmen, die auf der Suche nach Arbeit ins Kathmandu-Tal kommen, weil das Land im umliegenden Hügel- und Berggebiet immer knapper wird – ein revolutionäres Potenzial, das die Maoisten im Bürgerkrieg zu nutzen wussten. Mit dieser Misere sind alle ethnischen Gruppen konfrontiert, ob Tamang oder Rai, Magar oder Chepang: Mangels guter Ausbildung müssen sie die gesellschaftlich am tiefsten eingestuften, schwersten Arbeiten verrichten. Und die Arbeitslosigkeit nimmt derart zu, dass manchmal paradoxerweise Menschen, die in der Hindu-Hierarchie höhere Ränge einnehmen, jetzt sogar den Unberührbaren ihre angestammten Kastenbeschäftigungen wie das Straßenkehren streitig machen.

Doch auch in der Stadt ist kaum Arbeit zu finden, weshalb viele versuchen,

Oben: Eine Tänzerin der Tharu-Ethnie in Chitwan. Rechts: In den höchsten Himalayaregionen leben tibetischstämmige Ethnien (Sherpa-Mädchen mit einem Korb voller Yakfladen im Khumbu).

Foto: Bartosz Hadyniak (iStockphoto.com)

in Kathmandu über Arbeitsagenturen einen Job im Ausland zu bekommen; aus jeder dritten Familie versucht ein Mitglied sein Glück dort: Über 1,5 Mio Nepalesen arbeiten mittlerweile im Ausland. Viele schuften unter sklavenähnlichen Bedingungen auf Baustellen oder in Haushalten, vor allem in den arabischen Golfstaaten. Und nicht wenige nepalesische Mädchen werden an indische Menschenhändler verkauft und landen in den Bordellen von Mumbai.

Wer es einmal bis Amerika, Australien oder Europa geschafft hat, versucht unter allen Umständen dort zu bleiben. Manchmal schickt sogar die Verwandtschaft aus Nepal Geld zur Unterstützung der im Ausland lebenden Familienmitglieder, damit diese nicht in die Aussichtslosigkeit des nepalesischen Arbeitsmarktes zurück müssen. Nicht nur ungelernte Arbeiter, auch Studenten und gebildete Jugendliche haben nur ein Ziel: das Land zu verlassen, denn bei den gegenwärtigen politischen Verhältnissen fehlt die Hoffnung auf eine bessere Zukunft. Am Flughafen von Kathmandu existiert ein eigenes Terminal für die Nepalis, die in Dubai, Oman, Saudi Arabien, Malaysia oder Afghanistan meist sehr hart arbeiten, sich nur alle paar Jahre einen Heimflug leisten und ihre Familien nur selten sehen. Aus rund 35 Ländern schicken sie als Gastarbeiter etwa 20 Milliarden Euro pro Jahr nach Hause – das macht fast ein Drittel der Wirtschaftsleistung Nepals aus.

Hilfreich für die Menschen in einem Land mit so schwer zugänglichen Regionen ist die weite Verbreitung des Mobilfunks. Dank billiger Handys aus China und dem flächendeckenden Ausbau mit Funkmasten, die jedoch meist von ausländischen Mobilfunkbetreibern aufgestellt werden, hat so gut wie jede Familie selbst in abgelegenen Bergdörfern ein Handy, selbst Träger bekommen heutzutage so ihre Aufträge. Die weite Verbreitung des Internets hat die Lebensgewohnheiten nicht nur wohlhabender Nepalis verändert; ein Profil auf Facebook ist in Nepal heute so selbstverständlich wie in Europa.

Foto: Joachim P. Chwaszcza

LEBENDIGE RELIGION

Fragt man einen Nepali, ob er Hindu oder Buddhist sei, kann es einem passieren, dass er schlicht mit „Ja!" antwortet. Hat er die Frage falsch verstanden, oder wurde falsch gefragt? Beides ist in den meisten Fällen richtig. Ein Nepali, zumal ein Newar, kann Buddha und Shiva verehren, ohne in einen Glaubenskonflikt zu geraten, denn er verdirbt es sich nur ungern mit den Göttern, und zur Sicherheit verehrt er lieber alle. Viele Pilger, die einen Tempel aufsuchen, streuen ihre Gaben (Blumen, Reiskörner, Zinnoberpuder oder Münzen) auf alle Heiligtümer.

Nepal war bei der Abschaffung der Monarchie 2008 das letzte Hindu-Königreich der Welt; der Hinduismus war Staatsreligion, und andere Religionen galten als Formen des Hinduismus. Solche Vereinnahmungen machten statistische Zählungen nach der Religionszugehörigkeit schwer, wenn nicht unmöglich. So sollte es nach dem regierungsamtlichen Zensus von 2001 knapp 80,6 % Hindus geben. Verschwindend gering und nahezu unglaubwürdig fielen demgegenüber die anderen Zahlen aus: 10,7 % Buddhisten, 4,2 % Moslems, 0,2 % Christen und insgesamt 4,0 % andere Religionen. Am nationalen Hauptheiligtum Nepals, dem Pashupatinath-Tempel, hängt, wie auch an anderen Tempeln, ein Schild, das Nicht-Hindus den Zutritt verwehrt. Im Prinzip werden aber nur Ausländer nicht eingelassen. Da Buddha im Hinduismus als eine Erscheinungsform Vishnus gilt, haben auch die Buddhisten Zutritt.

Oft werden in den Ritualen und Festen, vor allem aber in den Mythen, die Trennungen zwischen den Göttern bewusst aufgehoben. Einmal im Jahr etwa wird das *linga* im Pashupatinath-Tempel als Avalokiteshvara verehrt, indem ihm einfach eine Krone des Bodhisattva übergestülpt wird.

Links: Diese beiden zieren auch den Zehn-Rupien-Schein: Vishnu und sein Reittier Garuda, eine Skulptur aus dem 9. Jh., aufgestellt vor dem Tempel Changu Narayan (östlich von Kathmandu).

Shiva und seine Begleiter

Der Hinduismus wird vor allem durch zwei große Götter, ihre Begleitscharen und Verehrungsformen – Shiva und Vishnu – geprägt. Während Shiva mehr als ein wilder, furchterregender Gott auftritt – in klassischen Mythen ist er oft der Weltzerstörer –, hat Vishnu milde, die Welt bewahrende Züge. Der dritte Gott in der alten hinduistischen Göttertrias, Brahma, spielt im Tempelkult heute kaum noch eine Rolle.

Shiva (unter anderem auch *Maheshvar* oder *Mahadev* genannt) wird am häufigsten als *linga* verehrt. Dieses kann ein nur schlichtes, abstraktes Phallussymbol sein, es kann aber auch an den vier Seiten Gesichter von Erscheinungsformen des Gottes haben. Selten fehlen an Shivas Tempeln auch sein Reittier, der Bulle *Nandi*, oder seine Waffe, der Dreizack namens *Trishul*.

In den klassischen Mythen Indiens erscheint Shiva ebenso boshaft und gefährlich, wie gütig und wohlwollend. In Nepal ist er aber meist nur ein friedlicher Gott, den man um Beistand und Hilfe angeht. Viele Votivtempel sind daher in seinem Namen errichtet worden.

Im Kathmandu-Tal sind es eher andere Götter, von denen Gefahr droht und die es daher zu beschwichtigen gilt. Diese bringen sogar Shiva in Bedrängnis, wie sich gut bei einem Fest beobachten lässt, das die Newar im Frühjahr vor allem in Kathmandu feiern:

Es ist der Tag im März oder April, wenn man die Innenhöfe von Schutt und allem Müll reinigt. Dabei gräbt man unter den Müllhaufen ein kleines *linga* hervor und verehrt es in der Nacht. Dieses *linga* wird *Lukumahadyo* genannt, was wörtlich „Versteckter Mahadev" (= Shiva) bedeutet. Den mündlich überlieferten Mythen zufolge hat Shiva hier

Foto: Bodo Bondzio

Schutz gesucht, weil ihn (je nach Erzähler) wilde Göttinnen, bösartige Dämonen oder gar ignorante Buddhisten bedrohten.

Wie sehr andererseits Shiva selbst örtliche Götter überlagert hat, zeigt sich besonders an dem Gott *Nasadyo*. Die newarischen Musiker kennen nämlich einen Schutzgott, dessen Wege man nicht behindern darf. Daher sind an vielen Mauern und auch in gesonderten Schreinen Schlitze angebracht, durch die der Gott ziehen kann, ohne Umwege machen zu müssen. Weder der Kult noch die Erscheinungsform hatten ursprünglich etwas mit Shiva gemein. Nun ist aber Shiva in der indischen Hochtradition auch der Gott des Tanzes (*Nateshvar* oder *Nataraja*). Es lag also nahe, beide Götter zu vereinen, zumal damit eine Statusaufwertung für die Musiker verbunden war. Daher erhielt der Schutzgott den Namen Nasadyo, die Newari-Version für Nateshvar („Gott des Tanzes").

Obwohl in der hinduistischen Mythologie der elefantenköpfige Gott *Ganesh* (ein anderer Name ist *Vinayaka*) als Sohn von Shiva gilt, hat er in Nepal doch einen ganz eigenen Charakter. Auch bei ihm haben sich vorhinduistische Züge mit dem so beliebten, populären Gott Indiens verbunden. Viel öfter als in Indien werden ihm zum Beispiel Blutopfer und Alkohol dargebracht. Ganesh behütet nicht nur jedes Stadtviertel, sondern von Bhaktapur, Chabahil, Kathmandu und Chobar aus auch das ganze Kathmandu-Tal.

Als *Ganesha* werden auch bestimmte unbehauene, grobe Steine bezeichnet, bei denen der sonst für diesen Gott typische Rüsselkopf allenfalls mit viel Fantasie zu erkennen ist. Auch *Bhairava* (im klassischen Hinduismus eine schreckenerregende Form Shivas) ist nicht immer als Maske oder Statue repräsentiert, sondern oft nur als bloßer Stein. In diesem Phänomen zeigen sich noch

Oben: Der Elefantengott Ganesh erfreut sich in Nepal besonderer Beliebtheit (hier: Muktinath, in der Nähe des Shiva-Tempels). Rechts: Die Göttin Taleju thront über dem „Goldenen Tor" von Bhaktapur.

Foto: Kay Maeritz

deutlich vorhinduistische Gottheiten, die im Zuge der Hinduisierung dadurch aufgewertet wurden, dass sie prestigevolle Sanskrit-Namen erhielten.

Die Göttinnen

Begleitet wird Shiva mitunter von seiner Gefährtin in ihrem wohlwollenden Aspekt. *Parvati* („Bergtochter"), *Uma* („Morgenröte") oder *Gauri* („Goldene") sind ihre häufigsten Namen. Sie kann isoliert auftreten wie etwa bei einem großen Gauri-Stein im Bagmati-Fluss nördlich des Pashupatinath-Tempels, oder zusammen mit Shiva. Dann heißt das Bild meist *Umamaheshvara* und stellt das Paar in friedlicher Umarmung dar.

Shivas Gefährtin kann auch wild und bedrohlich erscheinen. Sie gilt dann als *Shakti*, als Verkörperung der weiblich-kosmischen Energie Shivas. Oft ist allerdings kaum ein Bezug zu Shiva auszumachen, so dass sich um so mehr die vorhinduistischen Züge solcher Göttinnen andeuten. Ihre Namen und Erscheinungsformen, ja auch ihre Tempel und Schreine sind kaum zu zählen im Kathmandu-Tal.

Eines der häufigeren Motive ist die den Dämon *Mahisha* tötende *Durga* (in Nepal auch oft *Bhagavati* genannt). Besonders an Torbögen über Tempeleingängen oder in den holzgeschnitzten Dachstreben taucht es immer wieder auf. Dabei steht Durga meist auf dem Dämon, der die Form eines nicht zu bändigenden Büffels angenommen hat, und durchbohrt ihn mit einem langen Spieß. Dieses Motiv wird geradezu lebendig, wenn im *Dasain-Fest*, das unter anderem auch Durga gewidmet ist, kleinen Wasserbüffeln am Hanuman Dhoka zu Hunderten der Kopf abgehauen wird.

Von herausragender Bedeutung ist die Manifestation der Göttin als *Taleju*. Dabei handelt es sich um eine in geheimen Ritualen verehrte Schutzgöttin der Malla-Herrscher, deren *Mantra* (eine magische Schutzformel) den Königen die Macht garantieren sollte. In allen drei Königsstädten des Kathmandu-Tals sind der Taleju die prächtigsten Tempel geweiht.

Auch in weniger herausragenden Orten ist die Göttin unter verschiedenen Namen vertreten. Oft liegt ihr Tempel oder Schrein dann außerhalb der Siedlung, von wo aus sie die Bewohner schützen soll. In der Regel wird in der Stadt selbst ein bewegliches Kultbild von ihr aufbewahrt, das man bei besonderen Festen hervorholt und auf genau festgelegten Wegen herumträgt.

Man kann am Kult, der Mythologie, den Verehrungsformen und der Ikonografie sehen, dass es sich immer um eine Göttin handelt, die in verschiedenen Manifestationen erscheint. Auch bei bestimmten, in kosmischen Diagrammen *(Mandala)* arrangierten Gruppen von Göttinnen handelt es sich im Grunde immer um die eine Große Göttin. So tauchen immer wieder Acht Mütter *(Asthamatrika)* oder Neun Durgas *(Navadurga)* auf, die eine Siedlung oder einen Tempel umgeben. Die häufigste Gruppierung besteht aus den acht Göttinnen *Brahmani, Mahesvari, Kaumari, Vaishnavi, Varahi, Indrani, Camunda* und *Mahalaki*. Dazu kann sich eine neunte Manifestation gesellen.

Nicht nur, dass eine Göttin verschiedene Namen hat, es kommt auch vor, dass unter einem Namen die Göttin sehr unterschiedlich repräsentiert ist. Einen eigenen Tempel hat zum Beispiel die Göttin *Lakshmi* nirgendwo, aber sie ist auf vielen Plastiken Vishnus als seine Gefährtin vertreten. Ihr Bildnis wird auch in den Privathäusern als weitgehend unabhängige Göttin *Shri* verehrt, als die sie für Reichtum und Wohlergehen sorgen soll. Und schließlich erscheint sie in tantrischen Ritualen als Vishnus Shakti und als Vaishnavi, eine Form der Acht Mütter.

Ähnlich verhält es sich mit *Sarasvati*, der Göttin der Künste und Wissenschaften. Sie gilt als Vishnus Gefährtin und als die Gefährtin des Bodhisattva Manjushri. Aber auch sie erscheint in tantrischen Ritualen, in denen man dann oft von der Dunklen oder Blauen Sarasvati im Unterschied zur Weißen Sarasvati spricht.

Rechts: Nonnen des tibetischen Klosters Thubten Choling (nahe Junbesi / Solu).

Vishnu, Rama und Krishna

Anders als Shiva und sein *linga* wird Vishnu, der oft auch *Narayan* genannt wird, kaum symbolisch-abstrakt dargestellt. Die schlichteste Form seiner Präsentation neben dem schwarzen Ammoniten sind seine stilisierten Füße *(Vishnupadaka)*.

Um so häufiger ist Vishnu in menschen- oder tierähnlichen Formen repräsentiert. So erscheint er mal als *Budhanilkantha*, als der er auf einer Schlange in den Urwassern liegt, mal als *Narasimha* („halb Mann, halb Löwe"), als der er die Widersacher der Götter besiegt, mal als Eber *(Varaha)*, mal als Zwerg *(Vamana)*. Der Mythologie nach ist Vishnu in insgesamt neun Manifestationen *(Avataras)* auf der Erde erschienen. In seinem zehnten Avatar, dem Pferd *Kalki*, soll er erst bei der Zerstörung der Welt am Ende des derzeitigen *Kaliyuga*-Zeitalters kommen. Einige der Skulpturen, die solche Szenen darstellen, gehören zu den frühesten Kunstwerken Nepals. Überhaupt scheint nach neueren Erkenntnissen der Vishnuismus in der ersten Hälfte des 1. Jahrtausends stärker in Nepal verbreitet gewesen zu sein als bislang angenommen.

Die Attribute Vishnus – hauptsächlich Muschel und seine Waffe, die Wurfscheibe *(Cakra)* – sind nicht selten auf eigenen Säulen vor den Vishnu-Tempeln aufgestellt. Sie umgeben dann meist Vishnus Reittier, den mythischen Vogel *Garuda*.

Auch *Hanuman*, ein Gott in Affengestalt, taucht oft an vishnuitischen Heiligtümern auf. Er ist äußerst beliebt, da er einer weiteren Erscheinungsform Vishnus, nämlich dem heroischen Gott *Rama*, in vielen Nöten half. Rama selbst

Foto: Andreas Neuhauser

geweihte Heiligtümer sind freilich weitaus weniger im Kathmandu-Tal anzutreffen, die meisten noch in Bhaktapur, das sich mitunter als Stadt Ramas bezeichnet, und ansonsten in Deopatan.

Hingegen ist das an sich buddhistisch geprägte Patan eine Stadt der Verehrung *Krishnas*. Dort hat dieser beliebte Gott viele Tempel und Schreine. Krishna ist ein Gott mit pastoralen und heroischen Zügen. Seine Popularität beruht aber vor allem auf seiner romantischen Liebesbeziehung zu Radha. In der Verehrung von Krishna und auch von Rama kommen solche hingebungsvollen Aspekte zur Geltung. Man betet in innigen Formen zu ihnen und besingt sie mit Liedern und Gedichten, die voller Gottesliebe sind.

Die buddhistische Welt

Bekanntlich ist der historische Buddha in der Mitte des 6. Jahrhunderts vor Christus im heutigen Gebiet von Nepal geboren worden – und zwar in Lumbini an den südlichen Ausläufern des Himalaya. Es dauerte freilich noch mehr als ein Jahrtausend, bis die ersten buddhistischen Relikte im Kathmandu-Tal nachweisbar waren. Dazu gehören auch frühe Statuen des *Buddha Shakyamuni*, so benannt nach dem Familiennamen Buddhas.

Der Urbuddhismus ist in erster Linie eine Erlösungslehre, aber nur wenig davon hat sich in Nepal erhalten. Dort ist vor allem der *Vajrayana-Buddhismus* lebendig, eine sehr stark vom (tantrischen) Ritual geprägte Form des *Mahayana-Buddhismus*. Bei dieser „Großen Laufbahn" (oder Fahrzeug) des Buddhismus herrscht die Vorstellung vor, dass jeder ein *Bodhisattva* werden kann. Bodhisattvas sind Wesen, welche die Erleuchtung erhalten haben, die aber auf den Lohn, nämlich den Einzug ins Nirwana, verzichten, um anderen Menschen zur Erleuchtung zu verhelfen.

In Nepal sind die Bodhisattvas zu regelrechten Göttern geworden, die in Tempeln mit aufwändigen und teils geheimen Ritualen verehrt werden. Die Bodhisattvas gelten in Nepal auch als

Foto: Bodo Bondzio

Söhne oder Emanationen der *Dhyani-Buddhas*. Bei diesen handelt es sich um mystisch-transzendente Buddhas, die unter anderem die fünf Elemente Äther, Luft, Wasser, Feuer und Erde verkörpern. Ihnen jeweils zugeordnet sind weibliche Aspekte, die *Buddhashaktis*.

Einer der bekanntesten Bodhisattvas ist *Padmapani Avalokiteshvara* (der auch *Lokeshvara* oder *Lokanatha*, „Weltherr", genannt wird), der zugleich der Schutzpatron Tibets ist. Avalokiteshvara bedeutet wörtlich „der Gott, der nach unten blickt", ein Ausdruck für Mitleid, wodurch dieser Bodhisattva vor allem charakterisiert ist. So lautet auch ein anderer buddhistischer Name *Karunamaya*, „der Mitleidvolle". Sein Charakter zeigt sich vor allem in Sagen des Macchendranath-Kults, in denen er nach einer langen Dürreperiode endlich den ersehnten Regen bringt. In diesem Kult hat sich eine ursprünglich vorhinduistische und vorbuddhistische Gottheit namens *Bungadyo* (wörtlich: „der Gott von Buga", ein Dorf, das heute Bungamati heißt) mit „Göttern" beider Pantheons vereint. Denn Avalokiteshvara ist für Hindus *Macchendranath*, von dem es verschiedene örtliche Erscheinungsformen gibt. So kennt das Dorf Chobar einen solchen Gott, Kathmandu einen Weißen Macchendranath, Patan einen Roten Macchendranath und einen *Minanatha*, der mal als Kind, mal als andere Erscheinungsform des Macchendranath gilt.

Trotz dieser verschiedenen Namen und Formen wird kaum ein Gott so geschlossen von den verschiedenen Bevölkerungsgruppen verehrt wie der Rote Macchendranath in Patan.

Auch ein anderer Bodhisattva, *Manjushri*, ist eng mit einer hinduistischen Gottheit, nämlich der Göttin *Sarasvati*, verbunden worden. Zum Beispiel gilt sie im Vajrayana-Buddhismus als seine Gattin. Beide sind unter anderem Götter der Weisheit und Künste, und erstaunlich ist, dass sie in diesem Fall

Oben: Hindu-Asket auf Pilgerrreise nach Kathmandu zu Pashupati, einer Erscheinungsform Shivas. Rechts: Fröhliche Buddhisten in Mustang.

Foto: Andreas Neuhauser

sogar trotz ihrer unterschiedlichen geschlechtlichen Identität gleichgesetzt wurden.

Religiöse Toleranz

So wie buddhistische Gottheiten zu hinduistischen Erscheinungsformen werden können, nimmt umgekehrt der newarische Buddhismus zum Beispiel auch Shiva und Vishnu als Bodhisattvas in seinen Pantheon auf. Im allgemeinen ist aber der Hinduismus die mehr vereinnahmende Religion. Das lag sicher zum Teil daran, dass die Könige den Hindu-Göttern näherstanden und ihre Verehrung in einem größeren Maße förderten.

Für die meisten Newar sind derartige Unterscheidungen allerdings unerheblich. Sie verehren fast alle Götter gleichermaßen. So kann in dem Hauptheiligtum eines „buddhistischen" Klosters durchaus ein Hindu-Gott stehen, wie andererseits Hindus auch Buddha als eine Erscheinungsform Vishnus in ihren Pantheon aufnehmen. Nur die orthodoxen Priester betonen mitunter ihre Zugehörigkeit zu einer Religion und lehnen den Besuch von Festen oder Tempeln der anderen Religionsgemeinschaft ab.

Ungewöhnlich, aber für den newarischen Buddhismus typisch, ist, dass es keine eigentlichen Mönchsorden mehr gibt. Statt dessen gibt es „verheiratete Mönche" in zwei Gruppierungen: *Vajracharyas*, die buddhistische Priester sind, und *Shakyabhikhus*, eine Gruppe, die ihren Ursprung auf den Familiennamen Buddhas zurückführt. Jedes männliche Mitglied dieser Kasten wird nur während der Initiation für vier Tage ein Mönch. Danach aber bleibt er ein Leben lang in seiner Klostergemeinde tätig, auch wenn er längst geheiratet hat.

Im Glauben und in den religiösen Anschauungen besteht eine große Toleranz. Es ist Sache der Familientradition, welcher Gott als Schutzgott verehrt wird, und es ist Sache des einzelnen, welchen Gott er zu seinem persönlichen Gott erklärt. Weitgehend ist es auch dem einzelnen überlassen, ob er

Foto: Ian Tomlinson-Walker

täglich zum Tempel geht, ob er nachts religiöse Lieder singt oder ob er religiöse Verdienste erwirbt.

Rituale und Feste

Ganz anders verhält es sich bei lebenswichtigen Ritualen oder Festen der Familie, der Kaste oder der Siedlung. Dann gibt es kaum Freiheiten, weil Priester, Teilnehmer, Zeitpunkt, Ablauf und Materialien kodifiziert sind.

So müssen wichtige Veränderungen im Leben wie Geburt, Jünglingsweihe, Heirat oder Tod durch einen Priester mit überlieferten religiösen Zeremonien abgesichert werden, damit nicht Unheil und rituelle Verunreinigung die Familie oder den Clan befallen. Für diese Zwecke ruft man den Familienpriester, einen hinduistischen Brahmanen oder einen buddhistischen Vajracharya, herbei. Nur Niedrigkastige oder Angehörige der ethnischen Minderheiten haben ihre eigenen Priester, aber auch diese versuchen oft, einen Brahmanen für sich zu gewinnen, um ihren Status aufzuwerten.

Oben: Der Tod gilt bei den Hindus als unrein – deshalb werden die Leichen verbrannt (Pashupatinath).

Die Geburt ist ein Ereignis, das rituelle Verunreinigungen nicht nur für die Mutter, sondern für das ganze Haus einschließt. Sie bedarf daher besonderer Reinigungsrituale. Dazu gehören Gebete ebenso wie Waschungen und Beschränkungen in der Nahrung. Eine erfreulichere Zeremonie ist die erste Speisung des Babys mit gekochtem Reis im Alter von etwa sechs Monaten. Da geht es eher festlich zu, und um das Wohlergehen des Kindes zu feiern, kommen viele Verwandte zusammen.

Bei der Initiation erhalten die Hindu-Knaben der oberen Kasten die Heilige Schnur. Sie gelten erst dann als vollwertige und heiratsfähige Kastenmitglieder. Auch die buddhistischen Gruppen feiern eine ähnliche Jünglingsweihe, bei der die Anwärter formell in ihren Orden aufgenommen werden.

Das aufwändigste Ritual ist die Heirat. Dazu müssen nicht nur die meisten Verwandten eingeladen werden, es muss auch der Heiratspartner nach ahnenbezogenen und kastenspezifischen Kriterien sorgfältig ausgewählt werden. Für höhere Kasten ist es sehr teuer, eine Hochzeit auszurichten, bei der die Familie der Braut mit Geschenken und Geld „zahlt", um einen möglichst angemessenen Bräutigam zu finden.

Der Tod ist das unreinste Ereignis. Er betrifft in Abstufungen die ganze Verwandtschaft, am meisten aber den ältesten Sohn. Denn dieser führt die Verbrennungszeremonie durch und muss sich dabei unter anderem die Haare scheren lassen und manchmal ein Jahr lang ausschließlich weiße Kleider tragen. Noch Jahre danach muss für den Verstorbenen an seinem Todestag ein Ritual zelebriert werden, und kein wichtiges Ereignis wird begonnen, ohne der Ahnen zu gedenken.

Während die lebenszyklischen Rituale auf die Verwandtschaft beschränkt sind, kommen bei vielen Festen die Kasten oder gar die ganze Siedlungsgemeinschaft zusammen. Das gilt besonders, wenn die Schutzgötter einer Stadt ihr Hauptfest halten. Da die Götter Missernten, Epidemien, Erdbeben oder andere Katastrophen von der Bevölkerung abhalten sollen, ist ihre regelmäßige Verehrung besonders wichtig. Gleichwohl liegt die Organisation dieser Feste meist in den Händen von wenigen Spezialisten, die oft in einem religiösen Verband, *Guthi* genannt, vereint sind. Mitglied einer Guthi kann man nur aufgrund seiner religiösen Spezialisierung, seiner Kastenzugehörigkeit und seines Wohnortes werden. Für fast alle rituellen Verpflichtungen gibt es eine solche Guthi – sei es für die Bezahlung der Opfermaterialien, für das Besorgen des Opfertieres oder für den Bau des prächtigen Prozessionswagens.

Während solche Stadtfeste, die in der Regel den Göttinnen gelten, obligatorisch sind, bleibt es bei anderen Feierlichkeiten dem einzelnen überlassen, ob und in welcher Form er daran teilnimmt. Das gilt etwa für *Shivaratri*, der Zahl der Teilnehmer nach das wohl größte Fest Nepals. An diesem Tag im Frühjahr kommen besonders viele Pilger auch aus Indien, um Shiva im Tempel von Pashupatinath aufzusuchen und durch Fasten oder nächtliches Wachen zu verehren.

Es besteht ein deutlicher Unterschied zwischen beiden Arten von Festen: Die Stadtfeste werden zum Wohl der Gemeinschaft durchgeführt, indem man die Götter meist um die Siedlung herumträgt. Die anderen Feste werden zum eigenen Wohl zelebriert, und man geht zu den Göttern hin. Daher sind die Stadtfeste auch an bestimmte Daten des Kalenders gebunden, die viel mit dem Erntezyklus zu tun haben. Dagegen richtet sich bei Familienfesten und religiösen Gelübden der jeweils beste Zeitpunkt nach bestimmten glückverheißenden Wochentagen oder nach dem persönlichen Geburtshoroskop des einzelnen.

Formen der Verehrung

Wie die Feste unterscheiden sich auch die Formen, mit denen man die Götter verehrt. Die häufigste Art, Respekt zu erweisen, besteht in der *Puja*. Diese Verehrungsform kann ganz schlicht ausfallen, etwa als eine bloße Verbeugung mit aufeinander gelegten Handflächen oder auch durch das Verstreuen von Reiskörnern. Die Puja kann aber auch ein aufwändiges Ritual sein, bei dem Blumen, Weihrauch, Wasser, Lichter, Zinnoberpuder, Nahrung (Reis, Süßigkeiten oder Früchte), Münzen, Stoffe oder kleine Schirme dem Gott dargebracht werden.

Die Gaben müssen unverbraucht, nach Möglichkeit sogar neu und unbeschädigt sein. Auch die Reiskörner sollten unzerbrochen und noch nicht enthülst sein. Essbare Gaben erhält der Spender meist vom Priester zurück. Darin drückt sich die Unterlegenheit des

Foto: Ludwig v. Savigny

Gläubigen gegenüber dem Gott aus, denn in der Regel darf man nur von einem Höheren (gekochte) Speise annehmen. Der Priester gibt auch ein Teil des Zinnobers zurück, indem er dem Tempelbesucher einen kleinen roten Punkt, die *Tika*, auf die Stirn drückt. Besonders beliebt ist es zudem, sich eine leuchtende geweihte Blüte hinter das rechte Ohr zu stecken.

Alle Gaben müssen vor Unreinheit geschützt werden. Als verunreinigend gelten zum Beispiel alle Körperausscheidungen (Exkremente, Speichel, Menstruationsblut), Leder, Hunde, aber auch Menschen – die Unberührbaren.

Die Puja ist ein Zeichen des Respekts, mit dem man um Schutz und Wohlergehen bittet. Sie wird nicht nur Gottheiten, sondern auch Älteren, dem Priester, dem Guru, einem Mönch oder einem Asketen dargebracht. Bei einem beliebten Fest, der *Bhai Tika*, verehren allerdings ältere Schwestern ihre jüngeren Brüder. Hier zeigt sich, dass im hinduistischen Südasien der Status des einzelnen eben nicht nur von der Kastenzugehörigkeit und dem Alter abhängt, sondern auch noch vom Geschlecht. Nur bestimmte Götter nehmen Tieropfer und Alkohol an. Dazu gehören viele Manifestationen der Göttin, besonders die Acht Mütter oder Neun Durgas, sowie Bhairava, Ganesha und Bhimsen. Solche Gaben etwa Shiva oder den Bodhisattvas darzureichen, wäre ein schlimmes Sakrileg. Als Opfertiere kommen Ziegen, Schafe, Hühner, Enten und in besonderen Fällen Wasserbüffel in Frage. Auch die Opfertiere sollten makellos und möglichst männlichen Geschlechts sein. Sie müssen das Opfer „freiwillig" annehmen und dies durch ein Schütteln des Kopfes bezeugen. Es heißt, damit würden die Tiere ihren Wunsch ausdrücken, als ein höheres Wesen wiedergeboren zu werden. Meist helfen sich aber die Opfernden dadurch, dass sie dem Tier etwas Wasser ins Ohr träufeln, woraufhin es sich natürlich sofort schüttelt.

Oben: Glocke und Donnerkeil – bei tantrischen Zeremonien unabdingbar. Rechts: Beim Dasain-Fest werden der Göttin Durga Tieropfer gebracht.

Nur Männer aus der Schlachterkaste töten die Tiere, nicht aber die Priester oder Stifter. Während der Kopf für die Gottheit und anschließend für den Priester bestimmt ist, erhält der Stifter den Rumpf geweiht zurück. Er bereitet das Fleisch später zu einem Festessen auf.

Die Rituale, bei denen Tiere geopfert werden, folgen meist ausgeklügelten Regeln des Tantrismus. Nur wenn die Beteiligten eine geheime Weihe *(Diksha)* bekommen haben, kann das Opfer überhaupt ausgeführt werden. Es gilt als lebensgefährlich, wenn einer ein Opfer veranstaltet, der nicht in den Kult der betreffenden Gottheit initiiert wurde.

Bei einem tantrischen Ritual wird zunächst ein Bildnis mit der Gottheit beseelt, indem der Priester sie auf einen eigens gereinigten Sitz *(Asana)* ruft. Dann wird die Gottheit in ihren wesentlichen Merkmalen gewissermaßen zusammengesetzt, wobei der Priester zahllose

Foto: Joachim P. Chwaszcza

Gaben auf rituelle Diagramme *(Yantra)* legt und von wechselnden Handgesten begleitet *(Mudra)* bestimmte Geheimformeln *(Mantra)* murmelt. Danach opfert man das Tier, mit dessen herausspritzendem Blut die Schlachter einen magischen Kreis um den Opferplatz ziehen. Anschließend verteilen die Priester Gaben an die Opfernden, und diese geben ihrerseits dem Priester einen Opferlohn *(Dakshina)*, heute meist in Form von Geld. Zum Schluß wird der Opferplatz rituell aufgelöst und die Gottheit wieder entlassen. Solche Rituale dauern mitunter die ganze Nacht hindurch.

Als Angehöriger der höheren Kasten kann man sich auch privat in den Kult einer tantrischen Gottheit initiieren lassen. Nur dann ist man berechtigt, sie direkt, das heißt ohne Priester, zu verehren. Hinzu kommen Geheimlehren, wie man dem höheren Wesen einer Gottheit möglichst nahe kommt. Diese Lehren beziehen sich nicht nur auf die rechten Gaben und die Art der Darreichung, sondern auch auf die Kontrolle des Körpers, des Atems, und auf eher esoterisch-sexuelle Ausdeutungen des Kultes.

Zu den populären Formen des religiösen Ausdrucks gehören schließlich die vor allem unter Frauen beliebten Gelübde. Man legt sie ab, um religiöses Verdienst zu erwerben, um sich den Segen des Gottes für dieses und das nächste Leben zu sichern, oder um den Gott durch ein besonders gefälliges Verhalten gnädig zu stimmen. Manchmal fastet man nur einen Tag lang, oder man beschließt, auf eine lange Pilgerreise zu gehen. Mitunter wird auch ein aufwändiges Feueropfer *(Homa, Yajna)* oder ein Festessen zum Ruhm eines Gottes spendiert. Auch ist es möglich, die Rezitation heiliger Texte oder Gesänge *(Bhajan)* zu veranstalten, beziehungsweise daran teilzunehmen.

Die ganze Vielfalt an Ritualen und Verehrungsformen im Kathmandu-Tal ist aber nicht bloß eine rituelle Vermischung von Religionen, sondern Ausdruck dafür, dass es viele Götter gibt und dass mehrere Wege zum religiösen Heil führen können.

Foto: kertu_ee (iStockphoto.com)

DAS KASTENWESEN

In den letzten 1500 Jahren sind ins nepalesische Hügelland Hindu-Gruppen aus Indien eingewandert, unter deren Einfluss viele einheimische, vormals animistische oder buddhistische Gruppen den Hinduismus und dessen hierarchisches, diskriminierendes soziales System übernommen haben. Das Nebeneinander von Hindu-Gruppen und ursprünglich nicht-hinduistischen Stämmen hat hier ein eigenes nepalesisches Kastensystem entstehen lassen.

Das korrekte Sanskrit-Wort für die – erstmals von Portugiesen um 1500 verwandte – Bezeichnung Kaste ist *Varna*: „Farbe". Mit den Brahmanen wird die Farbe Weiß in Verbindung gebracht, mit den Kshatriyas Rot, mit den Vaishyas Gelb und mit den Shudras Schwarz. Jede Kaste gliedert sich nochmals in unzählige *Jati* (Untergruppen auf), in die man hineingeboren wird.

Die Angehörigen der unterschiedlichen Kasten und Volksgruppen Nepals leben, je nach Gegend, in eigenen Weilern oder in Mischsiedlungen. Auf den ersten Blick kann man Menschen unterschiedlicher Kastenzugehörigkeit kaum voneinander unterscheiden. Sie treffen sich in den gleichen Geschäften; bei allen Anlässen verkehren Menschen miteinander, die verschiedenen sozialen Gruppen angehören. Und nur ein geübter Beobachter bemerkt, dass ihr scheinbar zwangloses Verhalten durch viele rituelle Reinheitsregeln und Tabus geleitet wird – etwa anlässlich einer gemeinsamen Mahlzeit.

Die Bewohner des nepalesischen Hügelgebietes sind streng hierarchisiert. Sie teilen sich in über- und untergeordnete Gruppen auf, und ihr Rang hängt mit dem Grad an ritueller Reinheit zusammen. Zuoberst in diesem Gefüge stehen die *Tagadhari*-Kasten, die rituell reinsten Hindu, deren männliche Angehörige die Heilige Schnur tragen. Sie werden auch als die „zweimal geborenen" Kasten bezeichnet, denn nach ihrer physischen Geburt kommen sie durch aufwändige Initiationsrituale nochmals als volle soziale Mitglieder ihrer Kaste zur Welt. Zu ihnen werden die Brahmanen und die Chetri gezählt.

Die *Brahmanen* (im Bergland Nepals *Bahuns* genannt) leiten die Hindu-Rituale, die *Chetri* stellten früher die Krieger und die Regierenden; ihr Rang entspricht demjenigen der indischen *Kshatriya*-Kategorie. Ihnen untergeordnet sind die *Matwali*-Gruppen, wörtlich: „die Alkohol trinkenden Kasten", zu denen in erster Linie die nicht-hinduistischen Ethnien zählen.

Aus Sicht der Hindu gelten alle nepalesischen Ethnien als Kasten. Die Angehörigen der ethnischen Gruppen sehen sich vor allem dann als Kasten, wenn sie sich weitgehend hinduisiert haben. Die meisten Gruppen sind soweit mit dem Hinduismus in Kontakt gekommen, dass sie einige seiner Regeln übernommen haben. Nur wenige Ethnien ganz im Norden konnten der Hinduisierung standhalten; generell gilt die Regel, dass der Hindu-Einfluss in Nepal von Süd nach Nord und mit zunehmender Höhe abnimmt.

Die im Norden Nepals lebende Bevölkerung befand sich jahrhundertelang im Einflussbereich einer anderen „großen Tradition": der Tibets und des tibetischen Buddhismus. Weitab von den Zentren der Hindu-Bevölkerung, weisen diese Gruppen vielfältige tibetische Merkmale auf. Zu den stärker hinduisierten Gruppen zählt ein Teil der Magar-Gruppe (nicht aber die Kham-Magar); im Einflussbereich beider Traditionen befinden sich die Tamang und Gurung, während die berühmten Sherpa größtenteils die tibetisch-buddhistischen Glaubensformen und Kultur beibehalten haben – wobei die Bräuche und religiösen Übernahmen innerhalb

Links: Ein Wasserverkäufer aus der Ethnie der Newar in Bhaktapur.

Foto: Tuayai (iStockphoto.com)

Foto: Bodo Bondzio

einer Volksgruppe von Gegend zu Gegend beträchtlich variieren können.

Die Newar, die im urbanen Milieu, besonders im Kathmandu-Tal, ein eigenes, äußerst differenziertes Kastensystem aufweisen, gelten in den Dörfern des Hügelgebiets, wo sie verstreut leben, als eigene Kaste.

Kastendiskriminierung ist zwar seit 1963 verboten, und die Gesetzgebung sollte theoretisch alle nepalesischen Bürger als ebenbürtig behandeln. Doch selbst in der Führungsriege der Maoisten überwiegen Brahmanen.

Ganz unten – die Unberührbaren

Ganz unten im hinduistischen Kastengefüge stehen die *Dalits*, die sozial stark benachteiligten Angehörigen der „unberührbaren" Kasten. Dazu gehören rd. 20 % der Nepalesen, u. a. die *Kami* (Schmiede), die *Sarki* (Schuster) sowie die *Damai*, die zugleich Schneider und Musikanten stellen; sie begleiten wichtige Hindu-Feste mit ihrer Musik. Diese drei Gruppen stellen die überwiegende Mehrheit der unberührbaren Kasten im nepalesischen Hügelgebiet. Im urbanen Milieu sowie im Terai findet sich eine weit größere Vielfalt an rituellen Spezialisten bzw. religiösen Heilern *(Jhankri)*, die als unberührbar gelten. Im Kathmandu-Tal werden viele der unreinen Beschäftigungen wie das Latrinenreinigen von den Unberührbaren der Newar-Ethnie ausgeführt. Viele Hindutempel dürfen Dalits nicht betreten. In manchen Lokalen gibt es für Dalits und Nicht-Dalits unterschiedliches Geschirr. Armut, Schuldknechtschaft, Analphabetentum und Prostitution kennzeichnen die Misere der Dalit-Gruppen.

Die Maoisten fordern die Abschaffung des Kastensystems für alle Zeiten – nicht nur auf dem Papier, sondern auch in der Praxis, was ihnen Sympathie und Unterstützung seitens der Dalits, z B. im Bürgerkrieg, einbrachte.

Oben: Das Straßenreinigen ist die Aufgabe der unteren Kasten. Ein Newar mit der Tika, dem rituellen roten Segenszeichen der Hindus auf der Stirn. Rechts: Für Brahmanen ist Hühnerfleisch tabu.

Foto: Heinz Grosse

Bei der Speisenzubereitung gelten für Oberkasten-Hindus übrigens alle Nichthindus als rituell unberührbar – also nie, auch nicht bei einer lockeren privaten Einladung, den Europäerfinger in einen Hindukochtopf stecken!

Kastenregeln und Tabus

Dem hierarchisierten Gefüge liegt das Konzept der rituellen Reinheit zugrunde. Jeder Mensch und praktisch jeder Gegenstand und jede Handlung sind diesem Prinzip unterworfen. Die strenge Hierarchisierung hat Absonderung zur Folge. In Dörfern, in denen mehrere Kasten leben, baut man die Häuser in einiger Entfernung voneinander. Nur Angehörige der gleichen Gruppe leben in enger Nachbarschaft.

Schon geringe Unterschiede im Aussehen der Gehöfte lassen jeweils die Kastenzugehörigkeit ihrer Bewohner erkennen. Farbe ist kein Indiz für die Kastenzugehörigkeit. Dort, wo weiße Farbe rar und teuer ist, kann ihre Benutzung über den relativen Wohlstand eines Haushalts informieren. Nur in den Gehöften der hohen Kasten befinden sich die Tonsockel mit der heiligen Tulasi-Pflanze. Auch die Heiligenbilder, die über den Hauseingängen hängen, sind hauptsächlich bei den hohen Kasten zu finden. In die Häuser der hohen Kasten ist der Einblick verwehrt. Die Eingänge werden deshalb nie direkt an Wanderwegen angebracht, was hingegen niedrige Kasten oft praktizieren.

Die Kastenzugehörigkeit der Hausbewohner kann man auch an den Haustieren erkennen, denn in der Regel hält man keine Tiere, deren Fleisch man nicht essen darf. Das Vorhandensein von Hühnern in einem Hof lässt vermuten, dass die Bewohner nicht der höchsten Kaste angehören, weil die Brahmanen Hühnerfleisch und Eier nicht essen. Erst in der jüngsten Zeit begannen Brahmanen-Frauen, mit der Hühnerzucht ihr Einkommen aufzustocken, was aber auf großen Widerstand traditionalistischer Hindus stößt.

Kasten, die höher stehen als die Magar, dürfen in ihren Höfen keine Schwei-

Foto: Jaroslav Poncar

ne halten. Diese wären für Höherkastige rituell verunreinigend. Die Quellen, aus denen man Wasser holt und in denen man sich wäscht, sind jeweils nur bestimmten Gruppen zugänglich: Die Unberührbaren dürfen die Quellen höherer Kasten nicht benutzen. Unberührbaren ist der Eintritt in die Häuser der höheren Kasten verwehrt. Sie dürfen sich nur auf der Veranda aufhalten oder müssen sich – falls dort schon Höherkastige anwesend sind – weiter weg setzen. Die Unberührbaren dürfen vielerorts auch nicht das Innere von Tee-Shops betreten.

Die Regeln der rituellen Reinheit äußern sich in vielen weiteren Vorschriften: Die reinsten Brahmanen dürfen nicht pflügen und müssen zum Bestellen ihrer Felder tieferkastige Personen anstellen. Das betrifft auch die brahmanischen Bergbäuerinnen, die keinen Pflug in die Hand nehmen dürfen. Als im Bürgerkrieg viele Männer vor den Maoisten geflohen waren, mussten jedoch manche in der Not diese Vorschrift ignorieren. Hochkastige dürfen auch nicht die Sänfte mit Brautleuten tragen; diese Aufgabe erfüllen niedrige, jedoch berührbare Kasten.

Die rituelle Reinheit äußert sich ferner in den Speisevorschriften, besonders beim Reichen von gekochtem Reis, der nur von einer höheren an eine ebenbürtige oder tieferkastige Person weitergegeben werden darf. Anlässlich großer Feste, zu denen sich Angehörige verschiedener Gruppen versammeln, wird Reis aus diesem Grund nur von den Brahmanen-Köchen zubereitet. Er wird zuerst den Brahmanen serviert. Erst danach dürfen die übrigen Gruppen speisen. Während sich die hochkastigen Hindu zum Essen umkleiden müssen, essen die Unberührbaren in ihrer Alltagskleidung. Unberührbare müssen sich auch bei der Nahrungsaufnahme von den übrigen Gruppen fernhalten. Werden sie in die Häuser von Höherkastigen zum Essen eingeladen, so müssen sie draußen vor der Tür essen.

Oben: Die Tika ist nicht nur religiöses Merkmal, sondern bei Frauen oft auch Schmuck.

Die rituellen Reinheitsgebote äußern sich auch beim Rauchen. Im Hügelland rauchen häufig mehrere Männer an einer Zigarette. Da aber der Speichel eines Tieferstehenden verunreinigend ist, werden die Zigaretten stets vom Höheren zum Tieferen gegeben. Auch beim Rauchen der Wasserpfeife wird das Reinheitsgebot beachtet. Die ganze Pfeife dürfen nur ihre Besitzer und Angehörige der gleichen Kaste benutzen. Tieferkastige müssen hingegen den Holzstiel vorher entfernen.

Die Rituale der Hindus

Ehrerbietung gegenüber den Höherkastigen wird durch Verbeugungen ausgedrückt. Man verbeugt sich tief bis zu der Hand des Höherstehenden. Gegenüber den religiösen Würdenträgern, wie früher auch gegenüber den Großgrundbesitzern üblich, verbeugt man sich aber bis hinab zu den Füßen.

Der hinduistische Glaube äußert sich auch in mannigfaltigen Zeremonien, die von den Brahmanen-Priestern geleitet werden, sei es durch die besser ausgebildeten *Pandit* oder durch die weniger kundigen *Purohit*. Zu diesen Zeremonien gehören beispielsweise reinigende Rituale wie das *OM*, Jahreszykluszeremonien wie das Dasain-Fest oder Lebenszykluszeremonien wie Initiation und Hochzeit (wobei diese beiden Rituale von Brahmanen-Priestern nur für die „zweimalgeborenen" Oberkasten geleitet werden) sowie Toten-Rituale. Zu manchen der hinduistischen Rituale, je nach den Gottheiten, die angerufen werden, gehört das Opfer. Die Hindu schreiben eine besonders reinigende Wirkung dem Bad im heiligen Fluss zu. Die oft nächtelangen religiösen Feste sind für die Dorfbewohner Hauptanlässe für Zusammenkünfte.

In den hohen Kasten werden die Kinder nicht als volle Mitglieder anerkannt. Die ersten Lebensjahre sind nicht von Kastenvorschriften geregelt. Erst nach der Initiation werden die Knaben als volle Kastenmitglieder zum zweitenmal „geboren". Erst nach diesem Ritual dürfen sie heiraten; die Heirat findet innerhalb der gleichen Kaste statt. Für die Frau wird erst die Hochzeit zu ihrer Initiation. Die Braut trennt sich von ihren Eltern und wird dann in die Familie ihres Mannes aufgenommen.

In der Familie des Mannes hat die Schwiegertochter zunächst einen niedrigen Status; gegenüber ihrer Geburtsfamilie erlangt eine Frau hingegen einen „heiligen" Status wegen des Verdienstes, das ihre Eltern und andere Blutsverwandte durch die „Gabe der Jungfrau" *(kannya dan)* an die Familie des Bräutigams erlangen. Dieser „heilige" Status äußert sich beispielsweise anlässlich des Bruder-Tages, an welchem die Schwestern ihre Brüder besuchen und sie mit einer Tika rituell ehren. Der Zivilstand der Frauen ist aus ihrem Äußeren ersichtlich: Die verheirateten Frauen tragen eine Halskette sowie rotes Pulver *(sindur)* im Scheitel oder auf der Stirn. Aber auch noch ledige Frauen dürfen einen roten „Schönheitspunkt" tragen. Witwen dürfen keine rote Kleidung, keine Heiratskette und auch keinen Schönheitspunkt mehr anlegen. Die Trauerfarbe ist Weiß. Insbesondere nach dem Tod von Mutter und Vater tragen die Kinder ein Jahr lang weiße Kleidung. Viele lassen sich aus Respekt die Haare abscheren.

Kaste und Beruf

Im Gegensatz zu der indischen Kastengesellschaft hat das Kastenwesen des nepalesischen Hügelgebietes eine strikte berufliche Gliederung nicht gekannt. Traditionelle, nur ihrer Kaste vorbehaltene Berufe üben vor allem die Brahmanen-Priester und die unberührbaren Handwerker aus.

Die meisten Bewohner des Hügelgebietes leben von der Landwirtschaft. Die übrigen Berufe wie der Handel, das Betreiben von Tee-Shops oder Holz- und Bastarbeiten werden von verschie-

Foto: Andreas Neuhauser

denen Kasten ausgeführt. Vor allem die höheren Kasten sind heute im Wandel begriffen. So ziehen junge Brahmanen, die zwar Sanskrit gelernt haben und religiöse Rituale leiten könnten, die moderne Arbeit als Lehrer vor. Andere hochkastige Männer bekleiden gerne politische Ämter. Innerhalb einer Familie kann man unterschiedlich orientierte Männer antreffen. Trotz gesellschaftlicher Umwälzungen in Nepal bleibt die Dominanz der hochkastigen Hindus (Indo-Nepalesen) gegenüber der übrigen Bevölkerung bestehen.

Mythos und Wirklichkeit

Kein gläubiger Hindu würde daran zweifeln, dass es das Kastensystem schon immer gegeben habe und dass es auf göttliche Schöpfung zurückzuführen sei. Dabei ist es erst in vedischer Zeit (1500-500 v. Chr.) entstanden.

Angesichts der Vielfalt der Herkunft und der Bräuche in der nepalesischen Bevölkerung könnte man von mehreren Kasten-Systemen sprechen: dem der Hindus des Hügelgebietes; dem der Hindus im Terai; dem der Newar – wobei hier zwischen Hindu-Kasten und Buddhisten-Kasten unterschieden werden muss – und dem der Moslems, deren religiöse Orientierung zwar die Gleichheit betont, aber dennoch eine starke Anpassung an das Hindu-Brauchtum erfahren hat. Allerdings gelten alle Moslems in der Hindu-Hierarchie als niedrig. Die oben angeführten Prinzipien und Regeln der rituellen Reinheit gelten, mit Einschränkungen, für alle der aufgeführten Systeme.

Wenn die Angehörigen der hohen nepalesischen Kasten (Hügelgebiet) von „einem" Kastensystem sprechen, betonen sie die eigene politische, ökonomische und rituelle Dominanz, die sie im Verlauf eines tausendjährigen historischen Prozesses erlangt haben.

Oben: Brahmanenschule im Kali-Gandaki-Tal (in Ghaleshor bei Beni). Rechts: Die Ranas gehören zur Kriegerkaste und zählen zur Oberschicht; den Garden of Dreams ließ sich Generalfeldmarschall Shumsher Rana um 1920 in Kathmandu anlegen.

Foto: Berthold Schwarz

Foto: Berthold Schwarz

Als Wiege des Kastensystems innerhalb der indo-nepalesischen Bevölkerungsgruppe gilt die Karnali-Region in West-Nepal. Wahrscheinlich trafen sich dort um 1100 n. Chr. drei Migrationsströme: 1. Hindus aus der nord-indischen Ebene, die, wie Mythen besagen, ihre Herkunft als Kriegerkaste Nepals auf die Herrschaftshäuser in Rajasthan zurückführen; 2. die Khas, die vom Westen her kamen; sowie 3. Mitglieder ethnischer Gruppen, die von Tibet her eingewandert sind. Die Khas gelten als die Gründer des Jumla-Reiches (12.-14. Jh.); unter ihrer Herrschaft hat sich dort der Übergang vom Buddhismus zum Hinduismus vollzogen und ein spezifisches Kastensystem herausgebildet.

Von großer Bedeutung ist darüber hinaus der Umstand, dass Gruppen, welche im Jumla-Reich ihre Dominanz etabliert hatten, nach seinem Zerfall von West nach Ost Gebiete eroberten und dabei zwischen dem 14. und 16. Jh. viele Fürstentümer etablierten. Das Gurkha-Reich, das in diesen Eroberungszügen zuletzt entstand, setzte Mitte des 18. Jh. zu einer gewaltigen militärischen Expansion an und eroberte nicht nur die westlichen Territorien samt Kumaon und Garhwal (das heute zu Indien gehört), sondern auch die Reiche des Kathmandu-Tals, die östlichen Gebiete bis zum Fluss Mechi und das Terai im Süden. Nachdem die militärische Expansion der britischen East India Company 1814 weitere Eroberungen der Gurkha stoppte, wurden die Grenzen Nepals zwischen den Flüssen Kali und Mechi gezogen. In den Kriegen mit Tibet wurde dann die nördliche Grenze Mitte des 19. Jahrhunderts festgelegt.

Die Herrscher des so „vereinigten" Reiches, die ihre Herkunft auf die westlichen Fürstentümer zurückführten, unterwarfen die übrigen Herrschergeschlechter, insbesondere die Malla-Herrscher der lokalen Reiche des Kathmandu-Tals. Und es waren diese Gurkha-Herrscher, die im 19. Jh. bestimmten, welche ethnischen Gruppen von der Versklavung befreit und dadurch auch in der Kastenhierarchie aufgewertet wurden.

ndreas Neuhauser

Ballonstart im Kathmandu-Tal

Prozession mit der Kumari, der „lebenden Göttin", am „Haus der Kumari" in Kathmandu, Durbar Square

yna Hromotska (Shutterstock)

Foto: Golf3er (Shutterstock)

KÖNIGSSTÄDTE IM KATHMANDU-TAL

KATHMANDU
PATAN
BHAKTAPUR
KATHMANDU-TAL

KATHMANDU

Die Erdbebenschäden im Kathmandu-Tal sind noch nicht vollständig behoben; etwa 70 % des Weltkulturerbes sind betroffen. Text, Bilder und Pläne in diesem Kapitel beschreiben z. T. den Zustand vor dem Beben.

Als Hauptstadt zieht Kathmandu (rd. 1 Mio. Einw.) Menschen aus ganz Nepal und zudem Inder und Tibeter an. Die ausufernde Großstadt droht an schlechter Luft (Atemschutzmaske sinnvoll), Verkehrschaos, und Müll zu ersticken – eine Dritteweltmetropole mit Schattenseiten. Müllabfuhr, Kanalisation, Wasser- und Stromversorgung und Vekehrswege sind unzulänglich.

In der teils noch aus Ziegelbauten bestehenden Altstadt sind Betonbauten auf dem Vormarsch. Die historischen Kerne der Newar-Städte des Kathmandu-Tals – die Palastbezirke der „Königsstädte" Kathmandu, Patan und Bhaktapur – sind trotz der Erdbebenschäden von 2015 sehenswert. Die einst anmutigen Reisfelder des Tals wurden jedoch ein Opfer der Verstädterung und mit gesichtslosen Neubauten zugestellt.

König Gunakamadeva soll *Kantipur* (Kathmandu) um 989 n. Chr. gegründet haben, am Zusammenfluss von Vishnumati und Bagmati, die heute nur noch vermüllte Abwasserkloaken darstellen. Den Auftrag dazu erhielt er im Traum von der Göttin Mahalakshmi. Die Stadt sollte die Gestalt eines Schwertes (ein Attribut der Göttin) haben. Der König tat dies und platzierte zum Schutz alle wichtigen Götter um die Stadt herum.

Die heutige **Altstadt** geht auf das 16. Jh. zurück, als Kathmandu gegenüber dem älteren Bhaktapur an Bedeutung gewann. Besonders die Herrscher Mahendra Malla (1560-1574) und Pratapa Malla (1641-1674) taten sich durch Palast- und Tempelbauten hervor. Die Grenzen der sehenswerten, äußerst geschäftigen Altstadt sind nicht mehr durch Mauern markiert, aber der alte Stadtkern samt **Basarstraße**, Hindutempeln und buddhistischen Klöstern ist noch erhalten. Die **New Road** jedoch ist eine Zutat des 20. Jahrhunderts: 1934 geschaffen als für Paraden geeignete Zufahrt zum damaligen Königspalast **Hanuman Dhoka**.

Die **„Freak Street"** im Süden des alten Palasts, der Hippiemagnet der 1960er Jahre wegen des damals legalen Haschischhandels, spielt nur noch eine Nebenrolle; Touristenzentrum mit Hotels, Trekkingagenturen, Shops und Lokalen ist nun der boomende nördliche Stadtteil **Thamel** (s. S. 103). Der „neue" Königspalast dort dient seit Ende der Monarchie als **Narayanhiti-Palastmu-**

Links: Spuren des Erdbebens von 2015, vor dem Alten Königspalast in Kathmandu.

» Stadtplan S. 94-95, Info S. 127-129

KATHMANDU
0
200
400 m
© Nelles Verlag GmbH, München
Bisnumati
Kaldhara
KALDHARA
DHOBICHAUR
BIJESWARI
DHALKO
Vajra
Explorer's
Swayambhunath Stupa, Museum of Natural History
DALLUTOL
KANKES-WARI
(Vishnumati)
NARA DEVI
Nara
Devi
YATKHA
Maruhity
TAHACHAL
MARUTOL
BHIMSENTHAN
National Museum
Bhimsen
Tankeshwar
JAISIDEWAL
Kohity
Ram Chandra
KALIMATI
HYUMATA
Naubise, Pokhara, Soaltee Crown Plaza Hotel
Kalimati
Local Bus St.
TEKU
Bisnumati
International Guesthouse
Public Youth Campus
Dhobichaur
Sita Guesthouse
CHHETRAPATI
102
Paknajol
PAKNAJOL
Pilgrims Bookhouse
Tom & Jerry
New Orleans
Kathmandu GH.
THAMEL
Thamel
Barnes & Noble Book House
Excelsior
Yin Yang
Kwabahal
Marco Polo GH.
Kilroy
Nirvana Garden
Weizen Bakery
J. P. School
Tibet GH.
Blue Diamond
Potala GH.
Jyatha
Jagat
KWABAHAL
Nateswar
Musya Bahal
THAHITI
Bhagwan Bahal
Social Welfare Council
Oasis Kathmandu
Dechenling
Kaiser Mahal
Sanchayakosh Bldg.
Tridevi
Marg
Kumarichok
SAARC
Grindlay's Bank
Election Commission
JYATHA
Hotel Mountain
Path
Kanti
Budhanilkantha, and to Hotels Ambassador, Radisson, Manaslu, Shankar, Shangri-La
The Garden of Dreams
Entrance of the Palace Museum
Mercantile Traders
Marg
Police St.
Indosuez Bank
Hotel Annapurna
Gautam
Nanglo
Woodlands Dynasty Plaza
Lal
National Theatre
American Express
Jamal
Tole
KAMALADI
Mosque
Rani Pokhari
Bhanchha Ghar
Clock Tower
Mosque
Durbar
Ganga Ratna Book Centre
French Cultural Centre
Bhotahiti
Bagh
Ratna
Park
Bus St. (to Bhaktapur)
Bus Station (to Barhabise, Charikot, Jiri, Tatopani, Chautara and local busses)
Durbar Marg
City Hall
TENGAL
Raktakali
Tengal
Harati
Tole
Nyokha
Srigha Chaitya Bahal
NAGHAL
Bangemurha
BANGE-MURHA
Dhoka Bahal
KAMALACHI
TYAURA
BHOTAHITI
Ikha Narayan
Ugratara
ASANTOL
Asan
Nara Devi
Narsingh
Tole
Kilagal
KILAGAL
Annapurna
Krishna
Yatkha Bahal
Seto Machhendranath
KELTOL
Kanga Ajima
Akash Bhairav
Tole
MAHABAUDDHA
INDRACHOK
Yatkha
97
MAKHANTOL
Makhan
Otu
PYAPHAL
Degu Taleju
Surkha P.
GUCCATOL
Bir Hospital
Durbar Square
Hanuman Dhoka
Visal Bazar
Mahabandha Stupa
Kasthamandap
Tower
Classic
YENGAL
Military Hospital
Mahakala
Kumari Bahal
Ganga
Path
New
Road
Basantapur
JHOCHE
Century Lodge
Freak Street
Nepal Bank
Tourist Buspark
Bhimsenthan
Atko Narayan
Ihoche
Mount Makalu
Swedish Consulate
Snowman
Annapurna Lodge
Oasis
TEBAHAL
Tourist Service Centre (TSC), Immigration Office
Hari Shankar
Cikamugal
Friendly Home
Supermarket
Bhadrakali
OMBAHAL
Eden
Nepal Bank Ltd.
TUNDHIKHEL
Sundhara
Dharahara (Bhimsen Tower)
(destroyed by 2015 Earthquake)
General & Foreign Post Office
Exhibition Ground
Jaisi Dewal
GANABAHAL
Martyr's Memorial
Prithwi
Path
Prithwi
Bhadra Kali
Tukan Bahal
Machhendranath
Lagan Bahal
Hari Bhawan
Musum Bahal
LAGANTOL
Local Bus St.
BRAMHATOL
Bhote Bahal
Kanti
Valley View
Central Jail
Jagannath
National Sports Council
Army Headquarters
Nava Durga
Tripureswar
Teku Hospital
Veterinary Hospital
Central Telegraph Office
National Stadium
Public Swimming
Ministry of Tourism
Path
Local Bus St.
Marg
TRIPURESWAR
Tindeval
Bagmati
Shivalaya
to Latipur (Patan)
Bus Terminal Bhaktapur

seum, wo der Königsthron, der Raum des königsfamilieninternen Massakers von 2001 und ein von Hitler geschenkter Mercedes zu besichtigen sind.

Der alte Königspalast Hanuman Dhoka am Durbar Square

Hauptattraktionen der drei Königsstädte des Kathmandu-Tals sind ihre alten Palastbereiche. Der **Durbar Square** von Kathmandu (Eintrittsgebühr; Plan: S. 97) verdichtet die Fülle nepalesischer Religiosität und Kultur, und er zeigt die verschiedenen Typen nepalesischer Kunst und Architektur. Der **Alte Königspalast** mit seinen Höfen und vielen Nebengebäuden wurde in seinen Grundzügen von Mahendra Malla (1560 bis 1574) angelegt, dann aber immer weiter aus- und umgebaut. So gehen die beiden (für Fremde verschlossenen) Innenhöfe **Mul Chowk** und **Sundhara Chowk** sowie der Palastgarten (**Bhandarkhal**) auf Pratapa Malla (1641 bis 1674) zurück. Er ließ auch 1672 am Eingangsportal die große, stets mit Zinnober beschmierte und mit einem roten Tuch umhängte **Hanuman-Statue** aufstellen, die dem ganzen Palastbereich den Namen **Hanuman Dhoka** gab. Der Affengott Hanuman soll den Palast vor Geistern und Krankheiten schützen.

Pratapa Malla war ein weltoffener Herrscher. Davon zeugt seine **Steintafel** an der Hauptfront des Palastes, in der in fünfzehn Sprachen die Göttin Kalika verehrt wird. Den Herrscher selbst kann man auf den 1670 errichteten **Säulen** auf dem Vorplatz sowie am **Rani Pokhari** bewundern. Beide Stelen gelten als Vorbild für ähnliche Säulen in Patan und Bhaktapur. Von Prithvi Narayan Shah stammt der 1770 errichtete **Nautalle**, ein ursprünglich neunstöckiger Palastturm am Südrand des Palastbereichs mit besonders reich geschnitzten Fenstern, hinter denen einst die Königinnen aus vornehmer Distanz das Geschehen auf dem **Basantapur-Platz** beobachtet haben sollen.

» Stadtplan S. 94-95, Plan S. 97, Info S. 127-129

Gaddi Baithak, die lange Thronhalle daneben, ließ 1908 Premier Chandra Shamsher Rana nach einer England-Reise errichten und luxuriös ausstatten.

Die Herrscher Nepals ließen sich gern mit einem Standbild verewigen. Acht Reiterstatuen von Rana-Fürsten umgrenzen etwa den **Tundhikhel-Platz**, und als Dokumentation des Protestes gegen diese despotische Periode in der Geschichte Nepals steht dazwischen ein Mahnmal für die Märtyrer der Rana-Zeit. Auch einige Shah-Könige wie etwa Prithvi Narayan (1769 bis 1775), Tribhuvan (1911 bis 1915) und Mahendra (1955 bis 1972) sind hier mit großen **Bronzestatuen** vertreten.

Das gewaltigste Zeugnis der Rana-Herrschaft ist der **Singha Durbar**, 1903 im Pseudobarockstil als Residenz für den mächtigen Rana-Premierminister Jang Bahadur Rana erbaut. Heute ist er Sitz des Parlaments, der Regierung und wichtiger Ministerien.

Votivtempel am Durbar Square

Nicht nur in Palästen und Statuen verewigten sich die Herrscher, sondern auch mit Göttertempeln, die sie zum Gedenken an sich selbst oder nahe Verwandte errichten ließen. Meist waren mit den Stiftungen auch Landschenkungen an Gemeinschaften, sogenannte *guthis*, verbunden, die mit den Erträgen dieser Äcker die Tempel unterhielten.

Der Durbar Square ist voll von derartigen Votivtempeln. So ließ König Parthivendra Malla (1680-87) zum Gedächtnis an seinen Bruder Nripendra Malla den Vishnu geweihten **Trailokya Mohan Mandir** (auch **Narayan-Tempel** genannt) errichten. Die Witwe Parthivendras, Riddhilakshmi, stiftete 1689 an der Westseite des Tempels eine beeindruckende **Garuda-Figur**, die Kopie einer Statue aus dem 8. Jh.

Ihr Minister Lakshminarayan Joshi war daran beteiligt, und er stiftete zum Gedenken an sich selbst einen dreidächrigen **Shiva-Tempel** in **Jaisi Deval**, von dem Königin Riddhilakshmi 1692 eine Kopie, den **Maju Deval** am Durbar Square, errichten ließ.

Den nahen **Shiva-Parvati-Tempel** erkennt man an dem entsprechenden Götterpaar, das sich aus einem Holzfenster im Obergeschoss herauslehnt. Im Inneren birgt der von Rana Bahadur Shah (1777-90) gestiftete Tempel jedoch die Neun Durga-Göttinnen.

Einer der ältesten Tempel am Hanuman Dhoka ist der **Jagannath-Tempel**, der 1797 von Rana Bahadur Shah gestiftet wurde und wegen seiner **erotischen Holzschnitzereien** in den Dachstreben berühmt ist. Nepalis erklären die Kopulationsdarstellungen damit, dass die Blitz-Göttin – eine Jungfrau – aus Scham den Holztempel verschonen solle. Aber der Hauptgrund waren wohl tantrische Fruchtbarkeitskulte.

Sitze der Göttinnen am Durbar Square

Die Könige wollten sich den Beistand mächtiger Göttinnen sichern. Überragt wird der Durbar Square deshalb vom **Taleju-Tempel** im Norden, dem höchsten und größten Tempel des Tals. *Taleju*, eine Erscheinungsform Durgas, war die mit Blutopfern verehrte Schutzgöttin der Malla-Könige.

Als Familiengottheit hat sie noch einen weiteren Sitz auf dem Durbar Square: den dreigeschossigen **Degutale-Tempel**, der von Shivasimha Malla (1578 bis 1619) errichtet, aber von Pratapa Malla (1641-74) vollständig erneuert wurde. Nach den Chroniken soll Ratna Malla (1484 bis 1520), der jüngste Sohn Yaksha Mallas, das magische Diagramm, in dem die Göttin Taleju verehrt wurde, aus Bhaktapur nach Kathmandu gebracht haben, um sich mit ihrer Hilfe dort die Macht zu verschaffen; Mahendra Malla (1560-74) habe den Tempel dann mit drei Dächern versehen und ihn auf einen fünfstufigen Sockel gesetzt, so dass die Göttin und somit auch

» Stadtplan S. 94-95, Plan S. 97, Info S. 127-129

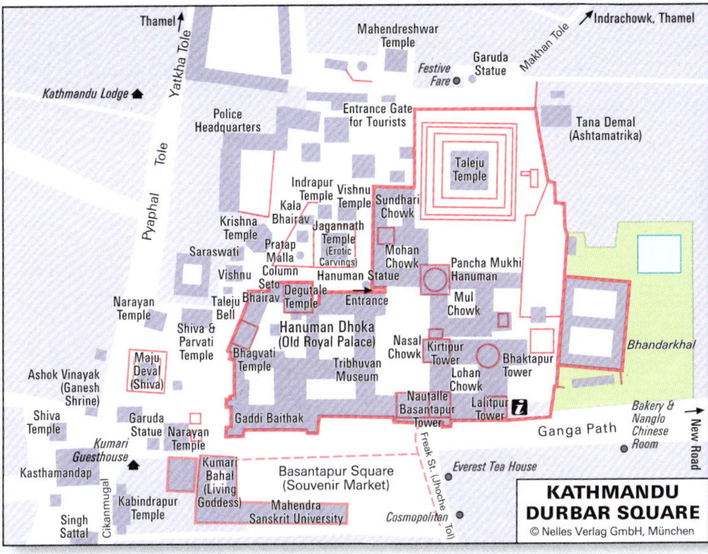

seine Macht bis in die Nachbarstädte sichtbar waren.

Sogar eine lebende Göttin verlieh dem König Autorität: Die *Kumari*, ein Mädchen, das als Erscheinungsform Durgas gilt und alljährlich beim *Indrajatra*-Fest den König rituell in seinem Amt bestätigte. Diese Kind-Göttin lebt das im ersten Stock des **Kumari Bahal**, einem mit reichen Holzschnitzereien versehenen buddhistischen Klosterbau, der 1757 von Jayaprakash Malla (1735 bis 1768) errichtet wurde. Auf Bitten zeigt sich die **Kumari** gelegentlich in einem Fenster des Innenhofs. Heuzutage wird dieser alte Brauch jedoch – vor allem von Maoisten – heftig kritisiert, und es ist nicht klar, wie lange er in dieser Form noch aufrecht erhalten werden kann.

Die Kumari am Palast von Kathmandu ist die prominenteste von mehreren lebenden Göttinnen im Kathmandu-Tal, da sie mit dem Königskult verbunden war. Kumaris werden aus bestimmten, meist buddhistischen Kasten ausgewählt und müssen sich dabei besonders unerschrocken zeigen. So sperrt man sie in einen dunklen Raum oder zeigt ihnen schreckliche Masken von Dämonen, und wenn sie nicht weinen, gilt dies als ein Zeichen ihrer göttlichen Bestimmung; auch lange Augenwimpern „wie eine Kuh" sind von Vorteil.Einmal ausgewählt, bleiben die Mädchen bis zur Geschlechtsreife Kumaris. Nicht alle führen ein so isoliertes Leben wie die Kumari in Kathmandu, die bei ihren wenigen „Ausflügen" aus dem Kumari Bahal getragen wird, um nicht den verunreinigenden Boden zu berühren. Die Kumaris erhalten nach ihrer „Amtszeit" vom Staat oder von Dorfgemeinden eine Pension. Sie heiraten selten, da es Unglück bringen soll, eine Ex-Göttin zur Frau zu nehmen.

Weitere Göttinnen-Heiligtümer

Taleju und Kumari sind Vertreterinnen der zahlreichen Göttinnen des Kathmandu-Tales, die durch Blutopfer und Alkohol verehrt werden müssen. Sie treten oft in Gruppen auf wie die Acht

» Stadtplan S. 94-95, Plan S. 97, Info S. 127-129

Foto: Bodo Bondzio

Mütter (*Asthamatrika*) oder Neun Durgas (*Navadurga*) und haben ihre Tempel nicht selten am Stadtrand, von wo aus sie die Stadt beschützen. Auch ranken sich Geschichten von Menschenopfern um sie.

Über manche Göttinnentempel spricht man mit Schaudern: Sie gelten als Orte, wo Dämonen ihr Unwesen treiben: Etwa über den dreigeschossigen Tempel der **Naradevi** (auch *Shvetakali* genannt), in dem die Göttin auf zwei Menschen thront, oder über den Sitz der **Luti-Ajima** (auch *Indrani* genannt) an den nördlichen Verbrennungsplätzen am Vishnumati-Fluss.

Von *Bhadrakali* heißt es, dass sie Brot (*lumarhi*) in Gold verwandelte, als ein Bauer ihr, da sie die Gestalt eines weinenden Kindes angenommen hatte, etwas Brot gab. Ihr **Lumarhi-Tempel**, einst zwischen Feldern und Wiesen, liegt jetzt auf einer Verkehrsinsel südlich des Tundhikhel-Platzes.

Oben: Prozession in Kathmandu. Rechts: Zum Indrajatra-Fest wird der furchterregende Weiße Bhairava am alten Königspalast in Kathmandu von seinem Gitter befreit.

Bhairava – Schutz und Schrecken

Auch eine andere hochverehrte Gottheit bedrängt der Straßenverkehr auf dem Tundikhel-Paradeplatz: **Mahakala**, dessen erhöhter Schrein gegenüber dem Militär-Krankenhaus steht. Diesen Gott verehren Buddhisten als Beschützer der Klöster und Hindus als *Bhairava* (Shiva in seinem schreckenerregenden Aspekt, zugleich auch ein selbstständiger Gott). Kaum ein Autofahrer, der nicht im Vorbeifahren den Mahakala grüßt, zu dem v. a. samstags Gläubige pilgern. Der Grund: Einst soll ein Priester versucht haben, den Gott für immer in das Steinbildnis zu holen. Mahakala sträubte sich aber, da er als „Große Zeit", so die Bedeutung seines Namens, endlos die Erde umkreisen müsse. Schließlich willigte er ein, zumindest jeden Samstag in dem Stein zu wohnen.

Bhairava ist ein sehr beliebter Gott im Kathmandu-Tal, dem vor allem Schutz-

» Stadtplan S. 94-95, Info S. 127-129

Foto: Andreas Neuhauser

funktionen zukommen. Auch er nimmt Blutopfer an. Am Hanuman Dhoka befinden sich zwei seiner berühmtesten Bildnisse: ein fünf Meter hohes Standbild, der **Kala („Schwarze") Bhairava**, und ein paar Schritte südlich davon der vergitterte Sveta-Bhairava. Herkunft und Alter der Kala Bhairava-Skulptur sind ungeklärt, sie wurde aber von Pratapa Malla im 17. Jh. zum Durbar Square gebracht. Vor dem großen, buntbemalten Bildnis, das den sechsarmigen Gott auf einem Dämonen stehend zeigt, mussten Hofbeamte einst ihr Treuegelöbnis ablegen und Zeugen ihre Aussagen beeiden.

Der **Sveta („Weißer") Bhairava** (irrtümlich auch Akash Bhairava genannt) ist in Form eines großen, vergoldeten Kopfes meist hinter einem Gitter versteckt, das nur während des *Indrajatra*-Festes entfernt wird. Dann strömt mitunter aus dem Mund Reisbier, das die Jugend genussvoll trinkt. Die Statue wurde von Rana Bahadur Shah 1795 zur *Indrajatra* gestiftet. Ebenfalls während dieses Festes wird die große Maske **Akasha** („Luft, Himmel") **Bhairava** aus dem ersten Stock des gleichnamigen Tempels geholt, der nur wenig entfernt am turbulenten Indra Chowk liegt.

Ein wildes Fest, bei dem viel Blut und Alkohol fließen, erhält der **Pacali Bhairava** im Süden Kathmandus. Am fünften Tag von *Dasain* bringen ihn nachts newarische Bauernjungen in Gestalt eines großen Reisbierkruges aus der Altstadt zu seinem offenen Schrein, wo er als schwarzer Stein vertreten ist. Daneben befindet sich ein lebensgroßer liegender *betal* (Dämon) aus Bronze. Pacali Bhairava soll sich dort versteckt haben, als er in einer Liebesnacht mit einem niederkastigen Schlachtermädchen erwischt wurde.

Kleine Götter

Es sind die kleinen Göttersitze, die im Herzen der Bürger eine große Rolle spielen. Fast jedes Haus verehrt zur Abwehr von Dämonen und zur Beseitigung ritueller Unreinheit eine **Steingottheit** im Pflaster vor der Türschwelle, fast jeder

Foto: Berthold Schwarz

Haushalt hat sein Heiligtum zur Ahnenverehrung.

Wie alle alten Newar-Städte setzt sich die Altstadt Kathmandus aus kleinen **Häuserblöcken** (auf Nepali **Tol** genannt) zusammen, in denen man nach Familie und Kaste getrennt in Backsteinhäusern mit teilweise prächtig geschnitzten Holzfenstern und moosbewachsenen Ziegeldächern wohnt.

Jedes *tol* hat seinen beschützenden Ganesh-Schrein, wo der elefantenköpfige Gott mitunter für ganz spezielle Zwecke angerufen wird – so bei dem „**Zahnschmerz-Ganesh**" in der Bangemuda-Gasse, wo man einen Nagel in ein Brett zur Linderung einschlägt, oder beim **Ashoka-Vinayaka** (*Maru-Ganesh*) am Durbar Square, einem kleinen, aber wichtigen Schrein, der von vielen Passanten verehrt wird, um Hindernisse im Leben zu beseitigen.

Oben: Markt am Asan Tol. Rechts: Der malerische Innenhof des Kumari Bahal mit dem Fenster der „lebenden Göttin", am Durbar Square.

Die traditionelle Marktstraße

Meist verbinden die fast rechtwinklig angelegten mittelalterlichen Stadtviertel nur schmale Gassen, doch eine große Fußgängerstraße durchschneidet diagonal die Altstadt: der uralte Handelsweg von Tibet nach Indien. Entlang dieser **Basarstraße** haben die Händler ihre Geschäfte und bieten alles feil, was der Markt begehrt: von duftenden Gewürzen und rostigen Nägeln bis zu Souvenirs für die Touristen.

Aufgelockert wird das enge Stadtbild fast nur durch öffentliche Plätze; besonders am **Indra Chowk** und am **Asan Tol**, wo die alte Handelsstraße eine kleinere Straße kreuzt, herrscht immer buntes Treiben und Geschäftigkeit. Am Asan Tol steht auch der in seiner heutigen Form 1839 von Rajendra Bikram Shah erbaute **Annapurna-Tempel**, wo diese hochverehrte Muttergöttin als ein von Schlangen umgebener Silberkrug dargestellt ist – ein Symbol für göttliche Fülle und Fruchtbarkeit, auf die gerade die Bauern angewiesen sind, die dort ihr Obst und Gemüse ausbreiten.

Vielfach findet man an solchen Plätzen historische Rasthäuser (auf Nepali *sattal* oder *pati* genannt) für Pilger und Handelsreisende. Auch diese zur Straße hin offenen Bauten wurden von Wohlhabenden gestiftet. Allein vier solcher *sattals* stehen am **Maru Tol**, südöstlich von Hanuman Dhoka: **Simha Sattal**, **Lakshmi-Narayana-Sattal**, **Nasa-**(Kavindrapura-)**Sattal** (um 1672 von Pratapa Malla für den Tänzergott Nasadyo errichtet) und Maru Sattal. Dieses Rasthaus ist bekannter unter seinem erstmals 1143 n. Chr. belegten Sanskrit-Namen **Kasthamandapa**, der „Hölzerne Halle" bedeutet und nach dem ganz Kathmandu benannt ist. Der quadratische dreistöckige Bau, der ursprünglich wohl kein Rasthaus war, birgt in der Mitte ein Bildnis des Heiligen Gorakhnath und ist auch eine Kultstätte von dessen Anhängern, den Kanphatta-Asketen. Der Bau wurde vom Erdbeben 2015 zerstört.

» Stadtplan S. 94-95, Info S. 127-129

Foto: idome (Shutterstock.com)

Wasserstellen und -anlagen

Ebenso wie die Rasthäuser wurden die meisten Wasseranlagen Kathmandus von Reichen und Mächtigen gestiftet. Ein Bad reinigt im Hinduismus nicht nur von Schmutz, sondern auch von rituellen Befleckungen. Es war also ein religiöses Verdienst, solche Badestellen anzulegen. Die größte Wasseranlage Kathmandus ist der rechteckige **Rani Pokhari**, der künstliche „See der Königin", den 1670 Pratapa Malla ausheben ließ, um seiner Frau über den Verlust eines geliebten Sohnes hinwegzuhelfen. In die Mitte des Teiches setzte er einen Shiva-Tempel, der nach dem Erdbeben von 1934 durch Jang Bahadur Rana erneuert wurde.

Eine weitere Wasseranlage liegt hinter dem Postamt. Sie wird **Sundhara** genannt, weil das Wasser aus vergoldeten Speiern in der stilisierten Form eines mythischen Wasserdrachens fließt. (*sun* bedeutet in Nepali „Gold"). Die Anlage wurde auf Wunsch der Königin Tripurasundari von Bhimsen Thapa um 1825 gebaut. Dieser ließ 1832 auch den Turm **Dharahara** im Stil eines Mogul-Minaretts hochziehen. Dieser 62 m hohe Turm, durch Erdbeben 1934 und 2015 zerstört, soll künftig rekonstruiert werden.

Buddhistische Klöster und Heiligtümer

Über die Altstadt Kathmandus zieht sich noch eine andere Struktur: die der buddhistischen **Klosterbauten**. Im Unterschied zu den hinduistischen Tempeln sind diese fast nur in Innenhöfen zu finden. Zu ihren Merkmalen gehören eine **Buddha-Shakyamuni-Statue**, mindestens ein Caitya-Kultobjekt und oft eine geheime, tantrisch verehrte Gottheit im ersten Stock. Außerdem fehlen selten Statuen von Mahakala oder Ganesha und Nasadyo, dem Gott des Tanzes, der meist nur als Loch oder Schlitz in einer Mauer repräsentiert ist. Die Toreingänge sind oft von kunstvoll geschnitzten oder in Metall gehauenen **Torbögen** verziert, und auf dem Dach

» Stadtplan S. 94-95, Info S. 127-129

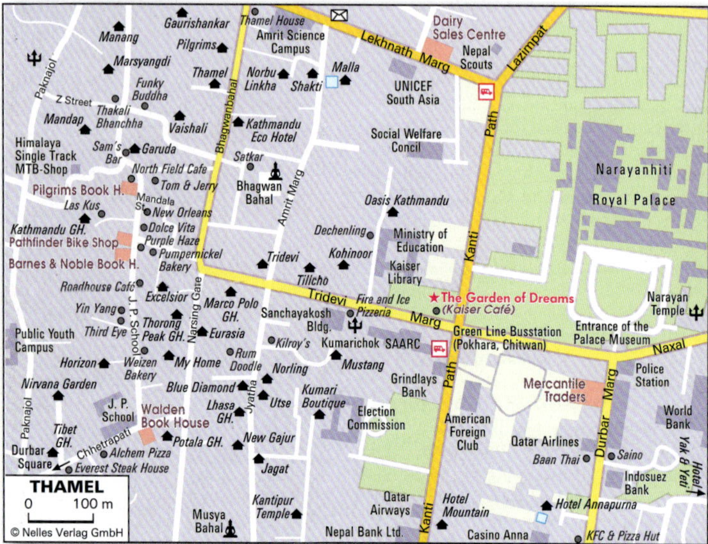

ist oft eine Art Glockenspitze (*gajura*) weithin sichtbar.

Bei den mehr als 50 Klöstern Kathmandus, in Newari je nach Größe *baha* (in Nepali: *bahal*) bzw. *bahi* genannt, unterscheidet man verschiedene Kategorien, je nach Bauart, Funktion und den Kasten, die ihnen zugeordnet sind. Die prunkvollen Klosterbauten, die vielen Stadtteilen ihren Namen geben, beherbergen also keine Mönche mehr, sondern dienen als Tempel und dem rituellen Leben buddhistischer Gruppen. Viele von diesen Klosterbauten bergen kunsthistorische Kostbarkeiten wie seltene Statuen, Dachstreben (z. B. am **Yatkha Bahal** aus dem 14. Jh.) oder **Stupas** und **Caityas**. Diese oft von Privatpersonen gestifteten Bauten, für die neben der Kuppel auch ein senkrechter Schaft im Inneren charakteristisch ist, repräsentieren den Buddha, seine Lehre und die Schöpfung der Welt. Im **Dhoka Bahal** befindet sich eines der ältesten Votivcaityas aus dem 7. Jh. mit Plastiken von Shakyamuni, Avalokiteshvara und anderen. Der **Sighah Bahal** (auch Srigha Caitya oder **Kathesimbhu** genannt) ist durch seine **Nachbildung des Svayambhunath-Stupas** bekannt.

Im **Tukan Bahal** im Süden steht ein großes **Caitya** mit Licchavi-Statuen aus dem 7. Jahrhundert.

Im **Jana Bahal** zwischen Indra Chowk und Asan Tol liegt ein Heiligtum spezieller Art – der von zwei Löwenskulpturen bewachte **Seto** („weiße") **Matsyendranath** (Macchendranath)-Tempel, auch *Sanu* („kleiner") *Matsyendranath* genannt, um ihn vom großen Rato („Roten") Matsyendranath in Patan zu unterscheiden. Vieles haben beide Götter gemeinsam, vor allem die Verehrung auch als *Padmapani Avalokiteshvara* (ein besonders populärer Schutzgott der Buddhisten), und auch ein mehrtägiges Fest, bei dem die Götter auf Prozessionswagen zu einem Nachbardorf gezogen werden.

Rechts: Straßenszene in Thamel, dem Touristenzentrum von Kathmandu.

» Stadtplan S. 94-95, Info S. 127-129

Thamel

Was in Bangkok die Khao San Road, das ist für Kathmandu Thamel. In diesem Stadtteil zwischen dem Ex-Königspalast des 20. Jahrhunderts (heute Museum) und der Altstadt hat sich ein einzigartiger, quirliger Multikulti-Mikrokosmos herausgebildet, der Touristen und Einheimische gleichermaßen anzieht: Hinduistische Sadhus aus Indien treffen hier auf tibetische Mönche; wettergegerbte Everestbezwinger stoßen mit Softtrekkern im **Tom & Jerry** oder im **Sam´s** an; Traveller aus aller Welt feilschen mit einheimischen Trekkingbedarfsverkäufern oder kaschmirischen Schalhändlern um den besten Preis.

In Thamel findet der Rucksackreisende alles, was sein Herz begehrt; von Billig-Guesthouses für Backpacker bis zu gepflegten Mittelklasse-Hotels wie dem legendären **Kathmandu Guest House** oder dem **Tibet Guest House**. Das kulinarische Spektrum reicht von der bayrischen Brezel in der **Weizen Bakery** über italienische Pizza im **Roadhouse** oder **Fire&Ice**, über indische Curries und leckere tibetische Momos auf dem Rooftop von **Helena's** Restaurant bis zum Nationalgericht *dal bhat* aus Reis und Linsen. Dieses Linsengericht steht in seiner erweiterten Form als *Nepali Thali* auf der Karte; im **Kilroys** wird es gar verfeinert zum *Royal Dal Bhat*.

Abends dröhnen die Beats von den Livebands in den angesagten Bars wie **Reggae Pub** oder **Firehouse** und Discos wie dem beliebten **Funky Buddha** bis in die Gassen, wo Rikschafahrer und Straßenkinder versuchen, ein paar Rupien von den Nachtschwärmern zu ergattern. Wer abends eher chillen möchte, kann dies in der **Buddha Lounge** bei einer Wasserpfeife und esoterischen Klängen tun.

Gut für die Nerven ist ein Abstecher in die neu gestaltete **Mandala Street**, die zwischen den hohen Backsteinhäuser hindurchmäandriert: Hier kann man entspannt in modernen Cafés Cappuccino trinken und stressfrei Souvenirs kaufen, ohne ständig auf der Flucht vor rasenden Mopeds, hupenden Taxis und drängelnden Rikschas zu sein.

Foto: Gyi Nsea (iStockphoto)

Eine wunderbare Oase der Ruhe hinter hohen Mauern ist der herrliche, großzügige, aufwändig restaurierte **Garden of Dreams** von 1920 mit seinem stilvollen **Café/Restaurant**.

Neben all diesen Annehmlichkeiten, die man nach einem Trek noch mehr schätzt als davor, ist Thamel ideal, um Trekking, Rafting oder Mountain-Bike-Touren vorzubereiten: Reisebüros, Bike-Verleiher, Rafting-Agenturen, Shops mit Landkarten und Trekking-Equipment – alle zu Fuß erreichbar und nahe beieinander; ideal zum raschen Preisvergleich.

Wem der Thamel-Trubel zuviel wird, wer abends kein Halligalli braucht und Zeit hat, kann sich auch in der Freak Street beim Durbar Square oder – stimmungsvoller – in Bodnath, Patan oder im „mittelalterlichen" Bhaktapur einquartieren, muss dann aber stauträchtige Fahrerei für Erledigungen in Thamel in Kauf nehmen.

» Stadtplan S. 102, Info S. 127-129

Foto: Berthold Schwarz

PATAN

Noch sind nicht alle Erdbebenschäden behoben. Text, Bilder und Pläne beschreiben stellenweise den Zustand vor dem Beben.

Im Gegensatz zum hinduistisch-buddhistischen Kathmandu und dem überwiegend hinduistischen Bhaktapur ist **Patan** (auch **Lalitpur** genannt) eine vorrangig buddhistische Stadt – Patan soll von dem buddhistischen Kaiser Ashoka (268-233 v. Chr.) und seiner Tochter Carumati gestiftet worden sein. Ashoka soll einen zentralen Stupa und vier weitere Stupas als Eckpunkte der Stadt geschaffen haben. In der Tat stehen um die Altstadt herum vier derartige **Ashoka-Stupas**. Sie bezeichnen die vier Himmelsrichtungen am Ende eines Straßenkreuzes, das Patan durchzieht. Der fünfte, zentrale Stupa wird im Inneren des Patuko-Blocks nordöstlich des Palastbereiches vermutet, wo heute nur noch ein Erdhügel zu sehen ist.

Erst unter dem König Siddhinarasimha Malla (1620-61) wurde die Stadt Sitz eines unabhängigen Königreiches. Unter diesem König und seinen Nachfolgern Shrinivasa Malla (1661-84) und Yoganarendra Malla (1684-1705) erlebte Patan einen Aufschwung, der noch an den großen Stiftungstempeln und vor allem dem Palastbereich abzulesen ist. Allerdings gab der Eroberer des Kathmandu-Tales, Prithvi Narayan Shah, Patan zur Plünderung frei, so dass viele wertvolle Kunstschätze geraubt wurden. Zudem richteten Erdbeben 1934 und 2015 große Schäden an.

„Goldener Tempel" und weitere Buddhistische Klosteranlagen

Der buddhistische Charakter Patans zeigt sich in seinen über 150 ehemaligen Klöstern. Nahezu jeder vierte Hofeingang der Altstadt führt in eine solche Klosteranlage. Allerdings handelt es sich dabei meist nicht um Herbergen buddhistischer Mönche, sondern um eher weltliche Wohnplätze für Newar-Familien. Diese nennen sich *Vajracharya* (wörtlich „Meister des Vajra") oder, nach dem Namen des historischen Buddhas, *Shakya*. Sie bilden das Zentrum der Gemeinde *(sangha)* eines Klosters. Mitglied eines *sangha* ist aber nur, wer in dem Kloster seiner Vorväter als Mönch initiiert wurde. Zwar wird man bei dieser Jünglingsweihe nur für wenige Tage ein Mönch, aber Mitglied der jeweiligen Gemeinde und des zugehörigen Klosters bleibt man sein Leben lang.

Die Tradition unterscheidet zwischen 18 Hauptklöstern (*bahal*) und zahlreichen Nebenklöstern (*bahi*). Das bedeutendste Hauptkloster in Patan ist das **Kva Bahal** (oder **Hiranya Varna Mahavihar**). Es hat die größte Gemeinde mit über 2000 initiierten Mitgliedern und eine besonders reiche Ausstattung. Viele Klosterinschriften, die früheste vom Ende des 14. Jh., zeugen von den vielen Stiftungen an das Kloster. Schon beim Betreten des Innenhofes versteht man, warum das Kloster auch **„Golden Temple"** genannt wird, denn man erblickt mehrere vergoldete Statuen und die drei vergoldeten Kupferdächer des Hauptschreins. In diesem Tempel mit seinen beeindruckenden Holzfenstern ist die Hauptgottheit Akshobhya (einer der fünf transzendenten Buddhas) bzw. Buddha Shakyamuni in seiner die Erde berührenden Grundhaltung (Hand auf dem Unterschenkel) zu sehen.

Im Zentrum des Hofes steht ein weiterer Tempel mit vergoldetem Dach. Es ist ein Schrein mit der Clan-Gottheit der Gemeinde, einem Caitya aus der Licchavi-Zeit. Den Hof umgibt ein Wandelgang mit Öllampen, Gebetsmühlen und vielen Heiligtümern, darunter vier lebensgroße Bodhisattva-Statuen in den Ecken. Abgesehen von Wächtern der Götter lebt niemand in den Häusern rund um den Hof. Dort wird gebetet, und es werden heilige Texte gelesen

Links: Patanerin auf dem Durbar Square, vor dem Harishankar-Tempel.

» Stadtplan S. 106, Info S. 127-129

oder religiöse Lieder gesungen. Im oberen Stock des Nordflügels sind schöne tibetische Fresken zu sehen.

Eines der ältesten Klöster ist **Uku Bahal** (auch **U-Bahal** oder **Rudravarna Mahavihara** genannt). Der Hof ist voll mit Votivcaityas und ganz unterschiedlichen Statuen: Manjushri, ein Vajra, Paare von Tierfiguren, ein Bildnis von Premierminister Juddha Shamsher, wie auch ein Mitglied der Gemeinde, das von sich 1716 im Hof eine große Statue aufstellen ließ. Die Hauptgottheit des breiten, zweigeschossigen Haupttempels bildet eine Statue des transzendenten Buddhas Akshobhya, umgeben von Dhyanibuddhas oder Bodhisattvas.

Südlich von Uku Bahal steht das große **Yantarivi Caitya** (auch **Yatalibi Caitya** genannt), das mehr als fünfzig buddhistische Gottheiten beherbergen soll und um 1684 von einer Privatperson namens Ratna Simha gestiftet wurde.

Ebenfalls dem Uku Bahal zugeordnet ist das **Mahabouddha Bahal** mit dem **„Tempel der tausend Buddhas"**, wo jeder der über 9000 roten Backsteine das Bildnis eines transzendenten Buddhas trägt. Es ist ein hoher Bau im Shikhara-Stil, für den ein ähnlicher Tempel im indischen Bodh Gaya (wo Buddha die Erleuchtung fand) das Vorbild abgab. Der Mahabouddha-Tempel soll von einem reichen Münzpräger gestiftet und ungefähr um 1600 geweiht worden sein. Nach dem Erdbeben von 1934 hat man ihn restauriert; in seinem engen Hof befinden sich jedoch heute keine Heiligtümer mehr.

Hingegen ist der Hof des **Tanga Bahal** oder **Jesthavarna Mahavihara** übersät mit Votivcaityas, Steinskulpturen, Gebetsmühlen und Inschriften. Den Mittelpunkt dieser Anlage bildet der **Minanatha-Tempel**, der Jatadhari Lokeshvara, einer Form Padmapani Lokeshvaras, geweiht ist. Es ist ein reich dekorierter Bau im Pagoden-Stil mit zwei Dächern, dessen Alter nicht bekannt ist, obwohl das Kloster schon im 12. Jh. erwähnt wird.

Rechts: Im buddhistischen „Goldenen Tempel" Kva Bahal.

» Stadtplan S. 102, Info S. 127-129

Foto: Berthold Schwarz

Rato-Macchendranath-Tempel

Auch der nahe **Macchendranath-Tempel** ist ein Heiligtum für einen Gott mit vielen Namen und Gesichtern. So wird Macchendranath unter anderem auch *Bungadyo* genannt, denn einer seiner Ursprünge reicht in das Dorf Bungamati zurück. Noch heute wird eine Figur des Gottes über die Wintermonate in dieses 10 km südlich von Patan gelegene Dorf gebracht. Einst wurde dieser Dorfgott mit dem Bodhisattva Padmapani Avalokiteshvara identifiziert. Erst ab der Mitte des 18. Jh. erhielt er auch den hinduistischen Namen **Rato** („Roter") **Macchendranath**, um ihn vom Seto („Weißen") Macchendranath aus Kathmandu zu unterscheiden.

Der Macchendranath in Patan ist zum großen synkretistischen Nationalgott Nepals geworden, weil ihm eine für die Fruchtbarkeit des Landes wichtige Rolle zukommt: Er soll eine zwölfjährige Dürre beendet haben, als einmal der Große Yogi Gorakhnath auf den neun Schlangen meditierte, den Regenspendern. Für die Buddhisten hat Gorakhnath dies nur getan, um Avalokiteshvara nach Nepal zu holen, damit dieser in seiner Güte (einer seiner Namen ist *Karunamaya*, „der Gott voller Mitleid") die Dürre beende. Die Hindus erklären Gorakhnaths Verhalten anders: Macchendranath gilt auch als der Lehrer Gorakhnaths. Und auf Weisung des legendären Priesters Bandhudatta habe man Macchendranath von Assam nach Nepal geholt, damit Gorakhnath aus Respekt vor seinem Guru aufstehen und so die Schlangen entweichen lassen musste.

Die Bedeutung Macchendranaths als Regenspender zeigt sich in seinem großen Fest. Von Sommeranfang des newarischen Kalenders (Ende April) bis zum Beginn der Regenzeit (im Juni) wird Macchendranath auf einem 10 m hohen Wagen durch die Stadt gezogen. Ihm folgt ein kleinerer Tempelwagen, der Minanatha geweiht ist. An sieben festgelegten Punkten Patans werden die Götterwagen ausgiebig von der Bevölkerung verehrt. Der Höhepunkt ist erreicht, wenn der Wagen im Stadtteil

» Stadtplan S. 102, Info S. 127-129

Foto: Kay Maeritz

Jawalakhel im Westen Patans ankommt. Dann zeigen die Priester den Gläubigen ein kleines schwarzes Hemd des Gottes – ein wichtiger Augenblick der Zeremonie, in dem Regentropfen fallen sollten.

Durbar Square, Königspalast und Patan Museum

Der **Durbar Square** (Eintrittsgebühr) vor dem ehemaligen Königspalast Patans zeigt viel mehr eine hinduistische als eine buddhistische Struktur. Die Malla-Herrscher Patans tolerierten zwar die buddhistische Religiosität im Volk, verehrten selbst aber überwiegend Hindu-Götter. Ein Symbol dieser religiösen Toleranz ist das **vergoldete Fenster** in der Palastfront: Gestützt auf verschiedene Reittiere, darunter Vishnus Garuda-Vogel, und umgeben von hinduistischen Göttern wie Ganesh und Shiva-Parvati, ist in der Mitte der **Bodhisattva Avalokiteshvara** zu erkennen. Dieses Fenster konnte man herausnehmen, und zu besonderen Anlässen erschien darin – gewissermaßen anstelle von Buddha und Vishnu zugleich – der König selbst.

Der Platz teilt sich in zwei Bereiche, den nördlichen **Durbar Square** mit dem Königspalast und diversen Heiligtümern, und den südlichen **Mangal Bazaar** mit seinen Geschäften und Händlern. Den Mittelpunkt bildet die Kreuzung der beiden großen Straßen, die Patan durchqueren. Inmitten der alten Anlage des Königspalastes steht der eindrucksvolle dreigeschossige **Degutale-Tempel**. Der Kathmandu-König Shivasimha Malla (1578-1619) gab einem seiner Söhne die Familiengöttin Degutale (eine Form Durgas) nach Patan mit und trug ihm auf, auch den Tempel nach dem Vorbild des Degutale-Tempels in Kathmandu zu errichten.

Unter Siddhinarasimha (1619-1661) wurde der gesamte Königspalast großzügig ausgebaut. So kamen einige Tempel, prächtige Hofanlagen (*chowk*) und mehrere Gärten, darunter der große Palastgarten **Bhandarkhal** im Südosten hinzu. Unter Vishnu Malla (1729-1745)

Oben: Tempelschnitzerei in Patan.

» Stadtplan S. 102, Plan S. 109, Info S. 127-129

erhielt der Durbar Square etwa seine heutige Form.

An den Degutale-Tempel schließen drei Innenhöfe an: Im Norden steht der um 1660 hinzugefügte **Keshav Narayan Chowk**, an dessen Stelle einst ein Licchavi-Palast stand. Heute ist um diesen Hof herum, in mehreren Etagen, das vorbildlich gestaltete, besonders sehenswerte kunsthistorische **Patan Museum** untergebracht, und im benachbarten Palastgarten – lauschig im Grünen – das nette **Museumscafé**. Im Süden grenzt der achteckige **Taleju-Tempel** an (zu dem die mächtige, 1737 aufgestellte **Taleju-Glocke** auf der anderen Straßenseite gehört), und dann der **Mul Chowk** (mit kunstvollen Bronzestatuen der Flussgöttinnen **Ganga** und **Jamuna**), beide 1666 unter Shivasimha Malla erbaut. Und schließlich folgt **Sundari Chowk** mit der wohl schönsten **Brunnenanlage** des Kathmandu-Tals. Es handelt sich hierbei um das alte königliche Bad von Shrinivasa Malla (1661-1684). In die kreisrunde Vertiefung des Bades sind zahlreiche Nischen mit Reliefs überwiegend tantrischer Götter eingelassen; das Wasser fließt aus dem Maul eines Makara-Drachens, auf dem ein **Bronze-Vishnu mit Gattin Lakshmi** im Arm sitzt.

Auf der Westseite der Straße, die den Palastbereich durchquert, stehen vishnuistische Heiligtümer, die die Malla-Herrscher meist als Votivtempel gestiftet haben. So errichtete 1723 die Regentin Yogamati zum Gedächtnis an ihren früh verstorbenen Sohn Yogaprakasha Malla im Süden einen achteckigen **Krishna-Tempel**, auch **Cyasing Deval** genannt.

Weiter nördlich erhebt sich der dreigeschossige Tempel von **Harishankara** (einer gemeinsamen Manifestation von Vishnu und Shiva); auch ihn ließ Yogamati errichten, im Gedenken an ihren Vater **Yoganarendra Malla** (1684-1705), der seinerseits 1693 auf einer **Säule** Statuen von sich und seinem Sohn vor dem Degutale-Tempel hatte

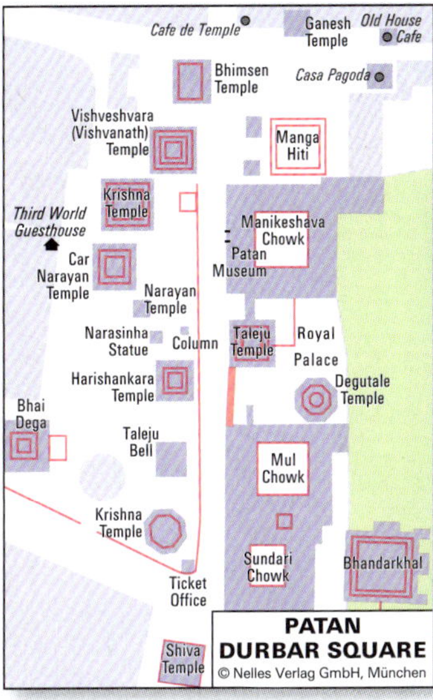

aufstellen lassen. Eine ähnliche Säule, die von Pratapa Malla, steht in Kathmandu, und nur der König von Bhaktapur, Bhupatindra Malla, hatte Anfang des 18. Jh. keine Säule. Aus Neid soll er einen Sohn Yoganarendra Mallas mittels geheimer Methoden getötet haben.

Der älteste Tempel auf dem Durbar Square ist der **Car-Narayana-Tempel** aus dem Jahr 1566. Eindrucksvoll sind seine hölzernen Dachstreben mit Erscheinungsformen Vishnus.

Für das Kathmandu-Tal ungewöhnlich ist der **Krishna-Tempel** (auch nach Krishnas kindlicher Erscheinungsform **Bala-Gopala-Tempel** genannt). Er wurde 1637 von König Siddhinarasimha Malla (1619-1661) gestiftet und nach Vorbildern der islamischen Mogul-Architektur und einem ähnlichen Tempel im nordindischen Mathura fertiggestellt. Um einen Shikhara-Turm sind auf drei Ebenen kleine Pavillons mit Säulen und Arkadengängen eingebaut. Darin werden auf langen Reliefs Szenen aus den großen indischen Epen *Mahabharata* und *Ramayana* wiedergegeben

» Stadtplan S. 102, Plan S. 109, Info S. 127-129

und teils auch in der Newari-Sprache erläutert. Auch die vergoldete **Garuda-Bronze** vor dem Tempel wurde von Siddhinarasimha Malla gestiftet. Dieser Tempel ist das Hauptheiligtum der Krishna-Verehrung, die sich durch religiöse Lieder auszeichnet. An der Geburtstagsfeier Krishnas im August-September nahm früher traditionell der König teil.

Auch Shiva-Heiligtümer zieren den Durbar Square. Siddhinarasimha Malla stiftete 1627 den großen zweigeschossigen **Vishveshvara** (oder **Vishvanath-Tempel**) gestiftet. Einer der beiden Reiter auf den Steinelefanten des Ostzugangs soll den Herrscher darstellen.

Viele Bauten im nördlichen Teil des Durbar Square hängen mit einer anderen Gründungslegende von Patan zusammen: Einst soll dort ein hässlicher Grasschneider aus dem Wald Lalitvana, der ein Verehrer der Göttin Maniyogini war, einen Jungbrunnen gefunden haben. Als davon König Biradeva erfuhr, gründete er an derselben Stelle die Stadt **Lalitpur** (= Patan), indem er einen Teich für die Wasser spendenden Schlangen anlegte und darauf Heiligtümer errichten ließ, die nach dem Namen der Göttin mit „Mani" (Juwel) beginnen: Die große Brunnenanlage gegenüber dem Vishveshvara-Tempel heißt **Manidhara**. An der Treppe zu dem begehbaren Brunnen stehen zwei Pavillons; im nördlichen, dem **Manimandapa**, versammeln sich jedes Jahr die Astrologen, um den glückverheißenden Moment für den Beginn der Macchendranath-Prozession zu ermitteln. In der Halle ist ein steinerner Thron zu sehen, den 1701 Yogendra Malla errichten ließ, wie aus einer Inschrift hervor geht.

Aus der Zeit Shrinivasa Mallas (1661-1684) stammt der dreigeschossige **Bhimsen-Tempel** im Norden des Platzes. Er ist – wie fast immer bei solchen Tempeln, die Bhimsen oder Bhairava geweiht sind – rechteckig und hat keinen Sockel; das Heiligtum befindet sich im ersten Stock.

Oben: Die Flussgöttin Ganga im Hof Mul Chowk des Königspalasts von Patan, der heute ein sehr sehenswertes Kunstmuseum darstellt.

» Stadtplan S. 102, Plan S. 109, Info S. 127-129

Kumbheshvara-Tempel

Als der älteste Tempel Patans gilt der **Kumbheshvara-Tempel** im Norden der Stadt. Jayasthiti Malla (1382-1395) hat das Heiligtum, welches einer Form Shivas geweiht ist, gestiftet, aber der Bau ist seitdem immer wieder ergänzt und durch Yoganarendra Malla (1684-1705) von ursprünglich wohl zwei auf fünf Geschosse erhöht worden. Der Nyatapola-Tempel in Bhaktapur und dieser Kumbheshvara-Tempel sind damit die einzigen Pagoden mit fünf Dächern. Neben diesem Tempel ist ein künstlich angelegtes **Teichbecken** zu besichtigen, das – so erzählt man sich – mit dem heiligen Wasser aus dem Gosainkund-See der Himalaya-Berge gespeist wird. In der Zeit des Vollmondes im Monat Shravana (Juli-August) soll ein Bad in diesem Teich besonders verdienstvoll sein. Dann strömen Hunderte von Pilgern herbei, um gemeinsam das viergesichtige *linga* im Tempel zu verehren. Außerdem wird speziell zu diesem Anlass in der Mitte des Teiches ein kleiner Tempel mit einem weiteren *linga* errichtet. Hier wie an anderen shivaistischen Tempeln wechseln die Männer aus den höheren Kasten ihre Heilige Schnur, die sie bei ihrer Initiation erhalten haben.

BHAKTAPUR

Die Erdbebenschäden sind noch nicht alle behoben. Text, Bilder und Pläne beschreiben stellenweise den Zustand vor dem Beben.

Die drittgrößte Stadt des Kathmandu-Tals ist **Bhaktapur** („Stadt der Gottergebenen"), auch *Bhadgaon* (Reisdorf) genannt. Sie liegt etwa 16 km östlich von Kathmandu an der alten Handelsstraße zwischen Indien und Tibet, die sich auch heute noch als Lebensader durch die Stadt zieht. In der dichtbesiedelten Altstadt wohnen etwa 50 000 Menschen, meist Newar-Hindus, die noch Reisbauern sind.

Von allen drei Königssitzen des Tals ist Bhaktapur am wenigsten zersiedelt. Erst spät sind Neubauten hinzugekommen. Wäre der motorisierte Verkehr in der Altstadt noch stärker eingeschränkt, böte Bhaktapur das Flair einer nahezu intakten mittelalterlichen Stadt.

An der Erhaltung des historischen Stadtbildes war maßgeblich das nepalesisch-deutsche *Bhaktapur Development Project* beteiligt. Es verbindet Maßnahmen zur Verbesserung der Lebensqualität (Wasserversorgung, Kanalisation, Straßenbau) mit der Restaurierung ausgewählter Bauten.

Der Legende nach soll Bhaktapur von König Anandadeva Malla (1147-1166) mit 12 000 Häusern gegründet worden sein, nachdem er die Regentschaft über Kathmandu und Patan seinem älteren Bruder Narendradeva Malla überlassen hatte. Tatsächlich ist Bhaktapur aber wohl aus mehreren kleinen Siedlungen zusammengewachsen und im Lauf der Zeit besonders von den Malla-Königen Jayasthiti (1382-1395), Yaksha (1428-1482), Jitamitra (1673-1696) und Bhupatindra (1696-1722) ausgebaut worden. 1768 verlor Bhaktapur seine Selbstständigkeit, als es nach heftigen Kämpfen den Truppen Prithvi Narayan Shahs nicht mehr standhalten konnte.

Die Stadt ist deutlich in zwei räumliche Bereiche geteilt, die sich auch sozial voneinander abheben: eine Oberstadt im Osten und eine Unterstadt im Westen. Bei bestimmten Festen wie etwa der *Bisketjatra* im Frühjahr prallen diese Bereiche in rituellen, durchaus heftigen Kämpfen aufeinander.

Wie auch in den anderen Newar-Städten des Kathmandu-Tales bilden offene Plätze die Mittelpunkte der 24 Stadtteile. In Bhaktapur sind sie besonders ausgeprägt und geben oft die Namen für die Stadtteile ab. Äußerst lebhaft geht es zum Beispiel auf dem **Potters' Square** zu, wo sich ständig die Töpferscheiben drehen und halbfertige Tonwaren zum Trocknen oder Brennen bereitstehen.

» Stadtplan S. 102 u. S. 112, Info S. 127-129

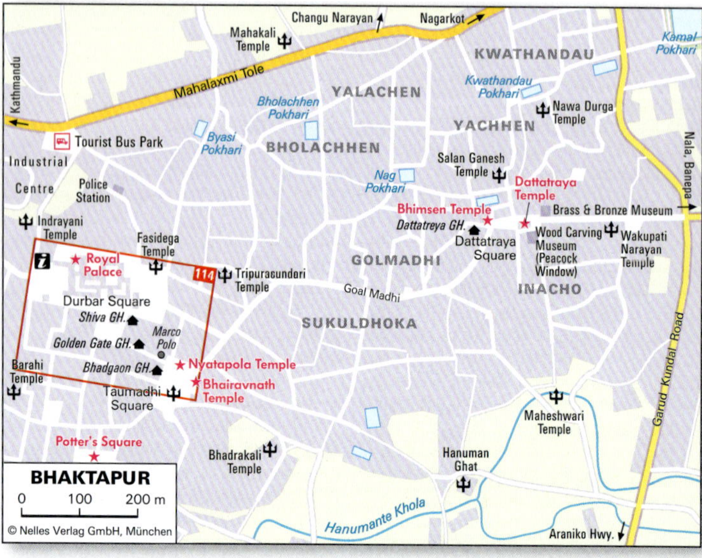

Durbar Square

Anders als in Kathmandu und Patan liegt der alte Königspalast nicht im Zentrum der Stadt, sondern an deren nördlichem Rand. Dadurch ist der Palastvorplatz, der **Durbar Square** (Eintrittsgebühr), in geringerem Maße in das Stadtleben integriert. Die Anfänge der Palastanlage gehen auf Yaksha Malla (1428-82) zurück, aber einzelne Bauten und Skulpturen sind älter.

So ist Taleju, die Schutzgöttin der Malla-Könige, schon Anfang des 14. Jh. in die Stadt gebracht worden. Sie bekam in einem Haupthof, dem **Mul Chowk**, ihren Sitz und Tempel. Er ist für Nicht-Hindus verschlossen, aber man kann einen Blick auf das Holztympanon über dem Eingang, zwei goldene Fenster im Innenhof, Wandmalereien – alles aus dem 17. Jh. – und die 1708/9 datierten Statuen von König Jitamitra Malla nebst Frau werfen. Den Mul Chowk umgeben mehrere Nebenhöfe und der königliche Badeteich **Nag Pokhri**.

Zugang zu dieser Tempelanlage erhält man durch ein reich verziertes **Goldenes Tor**, den **Sundhoka**, im Königspalast, das der letzte König von Bhaktapur, Ranajit Malla, 1753 in die Palastfront einfügen ließ.

Der gleiche Herrscher ließ auch vor diesem Tor eine lebensgroße Statue auf eine Säule stellen, die seinen Vater **Bhupatindra Malla** in ehrfurchtsvoll vor Taleju kniender Haltung und unter dem Schutz eines Schirmes zeigt. Der Königspalast stammt in seinen Grundzügen noch von Yaksha Malla und wurde von Bhupatindra Malla fertiggestellt. Die Fassade des mit roten Ziegelsteinen gebauten Ostflügels mit 55 schwarzen, kunstvoll geschnitzten Holzfenstern kontrastiert deutlich mit dem weiß verputzten Westteil, dessen Stuckdekor und einem von zwei großen Löwenstatuen bewachten Tor. Im Westflügel ist das **Bhaktapur-Museum** untergebracht, das eine Sammlung von newarischen Statuen und tibetischen

Rechts: Das mächtige Ringerpaar am Nyatapola-Tempel in Bhaktapur.

» Stadtplan S. 112, Plan S. 114, Info S. 127-129

Foto: Ian Tomlinson-Walker

Rollbildern (Thangkas) sowie Wandmalereien aus dem 17. Jahrhundert aufzuweisen hat.

Auf dem Vorplatz stehen vergleichsweise wenig Monumente. Wie man auf frühen Zeichnungen erkennen kann, muss er erheblich dichter bebaut gewesen sein. Auch hier hat das Erdbeben von 1934 große Teile zerstört. Ein Zeugnis der Zerstörung bieten etwa die Reste eines nur provisorisch wieder hergerichteten, ursprünglich großen **Shiva-Tempels** im Westen des Palastes. In neuerer Zeit wurde ein rechteckiges Rasthaus nach historischen Vorlagen mit deutscher Hilfe rekonstruiert und an seinem ursprünglichen Standort wiederaufgebaut.

Zu den erhaltenen oder restaurierten Heiligtümern des Palastplatzes gehört auch eine Nachbildung des Pashupatinath-Tempels von Deopatan, der **Yaksheshvara-Tempel**. Er ist nach seinem Stifter Yaksha Malla benannt, der 1478 mit seinem Bau begann, angeblich um Pashupati verehren zu können, ohne den weiten Weg nach Deopatan auf sich nehmen zu müssen. Auch dieser Tempel stürzte bei dem Erdbeben von 1934 völlig ein und wurde restauriert.

Unweit davon liegt der **Vatsala-Tempel** im Shikhara-Stil erhöht auf einer Terrasse. Auch diese Göttin hat ihren Sitz beim Pashupatinath in Deopatan. Jagatprakasha Malla (1643-1672) ließ den Tempel in Bhaktapur errichten. Noch zwei weitere Tempel haben den nordindischen Shikhara-Turm: ein 1696 wahrscheinlich von Bhupatindra Malla gestifteter Tempel, der vermutlich der Göttin *Siddhilakshmi* geweiht ist und dessen Treppe verschiedene Tierstatuen säumen, und ein anderer **Durga-Tempel**, von dem Bauherr und -jahr unbekannt sind.

Der große zweigeschossige Tempel im äußersten Westen des Platzes wird im Ort als **Narayan-Tempel** bezeichnet. Tatsächlich birgt seine Cella aber ein Kultbild von Krishna. Auch bei diesem Bau sind Gründer und Gründungsjahr nicht bekannt. Dem Stil nach zu urteilen, stammt er wohl aus dem späten 17. Jahrhundert.

» Stadtplan S. 112, Plan S. 114, Info S. 127-129

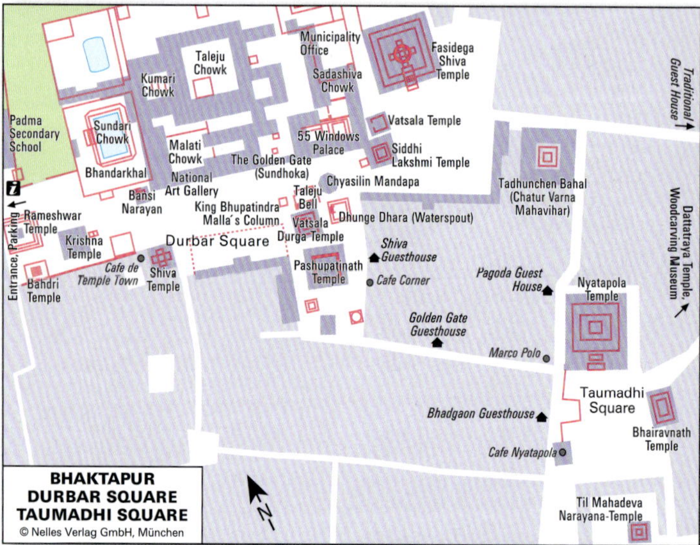

Taumadhi-Platz

Anders als der Durbar-Square liegt der **Taumadhi-Platz** mitten in der Stadt, umgeben von alten Newarhäusern; dort herrscht ein buntes Treiben von Händlern und Passanten. Zwei Tempel prägen das Bild: der Nyatapola- und der Bhairava-Tempel.

Der **Nyatapola-Tempel** ist der größte Tempel in Bhaktapur. Er steht auf einem fünfstufigen Podest, dessen Ecken vier Ganesh-Schreine umgeben. Das fünfgeschossige, über 30 Meter hohe Pagodendach überragt alle anderen Bauten der Stadt. Vermutlich in Konkurrenz zu dem riesigen Taleju-Tempel in Kathmandu hat 1703 König Bhupatindra Malla den Nyatapola errichten lassen und seiner Schutzgottheit geweiht. Das Sanktuarium des Tempels, in dem diese Göttin tantrisch verehrt wird, darf außer dem Priester niemand betreten. Daher ist der Name des Tempels auch nicht nach der geheimen Göttin benannt, sondern bedeutet schlicht „fünfgeschossiger Tempel".

Den Aufgang zum Tempel flankieren Paare von Statuen, die jeweils stärkere Wächterfiguren und -gottheiten repräsentieren: Zunächst sind es zwei legendäre Ringer, die zehnmal so stark wie normale Männer sein sollen, dann Elefanten, Löwen und mythologische Greiftiere mit Löwenklauen. Den Abschluss bilden zwei tantrische Wächtergöttinnen.

Auch der dreigeschossige **Bhairava-Tempel** wurde von Bhupatindra Malla 1717 gestiftet. Es ist ein rechteckiger Bau, bei dem der Gott im Obergeschoss seinen Sitz hat. Das eigentliche Kultbild wird im für Fremde verschlossenen Inneren aufbewahrt. Eine vergleichbare Bhairava-Maske kann man aber in einem Fenster zwischen dem ersten und dem zweiten Dach erkennen.

Eine solche Maske wird auch bei Bhaktapurs großer **Neujahrsprozession**, der *Bisketjatra*, aus dem Bhairava-Tempel geholt und in einen großen

Rechts: Das „Goldene Tor" – der prunkvoll verzierte Eingang zum Palastbereich von Bhaktapur.

» Stadtplan S. 112, Plan S. 114, Info S. 127-129

Foto: Joachim P. Chwaszcza

Prozessionswagen gebracht. Ihm folgt ein kleiner Wagen, in dem die Göttin Bhadrakali untergebracht ist. Beide Wagen stehen auf dem Taumadhi-Platz an der Grenze zwischen Ober- und Unterstadt. Bei Beginn der Prozession ziehen Männer aus den Stadtteilen an langen Seilen in beide Richtungen. Oft kommt es zu heftigen Kämpfen zwischen den Stadtteilen, bei denen alte Rivalitäten aufbrechen. Meist gewinnen die sozial höheren Schichten aus der Oberstadt. Erst wenn Tage später die Wagen einen Platz im Süden erreicht haben, wird das neue Jahr durch die Errichtung eines hohen Baumes rituell eingeleitet.

Auch drei große, etwas erhöhte Plattformen auf dem Taumadhi-Platz geben ein Zeichen von derartigen Festen, von denen Bhaktapur viele kennt. Normalerweise dienen diese Plattformen zum Verkauf von Obst, Gemüse oder Federvieh, aber an manchen Tagen auch als Bühnen für althergebrachte Rituale und religiöse Feste.

Im Südwesten des Platzes ragt ein originelles historisches Gebäude mit Aussichtsterrasse auf, in dem das **Cafe Nyatapola** eingerichtet wurde – einst wohl ein Wohnhaus und Sitz einer Lokalgottheit.

Noch weiter südlich grenzt ein kleiner Tempelhof, der **Narayan Chowk**, an. In ihm befindet sich eine zweigeschossige Pagode, der **Tilmadhav-Tempel** (auch Narayan-Tempel genannt), der Vishnu geweiht ist. Die Kultstätte wird schon 1080 inschriftlich erwähnt, aber der Tempel in seiner heutigen Form stammt wie der Nyatapola- und der Bhairava-Tempel aus dem frühen 18. Jahrhundert. Vor dem Eingang des Tempels sind drei Säulen mit den Attributen von Gott Vishnu aufgestellt: sein Reittier **Garuda** in der Mitte, umgeben von seinem Diskus und seiner Muschel.

Tacapal-Viertel

Ein weiterer großer Platz liegt im Osten der alten Handelsstraße, die Bhaktapur durchquert, im Tacapal-Viertel. Den Mittelpunkt dieses Stadtteils bildet der dreigeschossige **Dattatreya-Tempel**,

» Stadtplan S. 112, Plan S. 114, Info S. 127-129

der ursprünglich als Versammlungsstätte und als Rasthaus diente. Der Name des Tempels bedeutet Dreiheit, denn sein Heiligtum birgt Statuen der Göttertrias Brahma, Vishnu und Shiva-Mahadeva.

König Yaksha Malla soll den Holzbau im 15. Jahrhundert errichtet haben, und einer seiner Nachfolger, Vishva Malla, restaurierte ihn Mitte des 16. Jahrhunderts. Der Vorbau im Westen sowie die beiden Ringerfiguren, Kopien von dem unterem Statuenpaar vor dem Nyatapola-Tempel, stammen aus dem Jahr 1860, ebenso die drei Säulen mit Garuda, Diskus und Muschel.

Ein anderes Heiligtum, der rechteckige zweigeschossige **Bhimsen-Tempel**, steht im Westen des Platzes. Er ist dem wegen seiner Kraft populären Gott *Bhimasena* geweiht, einem vergöttlichten Helden des *Mahabharata*-Epos, in Nepal auch Schutzgott vieler Handwerkerkasten. Hinter dem Bhimsen-Tempel schließt sich eine der größten Brunnenanlagen Bhaktapurs an.

Südöstlich hinter dem Dattatraya-Tempel steht das **Pujari Math**, ein Haus, das ursprünglich der Aufnahme von sektiererischen Pilgern und der Verwaltung von Tempelländereien diente, das aber mit seiner Sanierung zum **Museum für Kunsthandwerk** umgebaut wurde. Berühmt ist das Pujari Math wegen der besonders nuancierten und reichen Holzschnitzereien aus dem 18. Jahrhundert an Türen und Fenstern, darunter ein schönes **Pfauenfenster** in der Gasse an der Ostseite. Die Renovierung des historisch wertvollen Pujari Math war ein Hochzeitsgeschenk der Bundesrepublik Deutschland für den damaligen König Birendra.

Tempelgruppen

Kaum zählbar ist die Anzahl von kleinen Schreinen, Tempeln und Göttersitzen, die sich auch in Bhaktapur in jedem Hinterhof, an jeder Straßenkreuzung oder an den Türschwellen befinden. Oft finden diese unscheinbaren Heiligtümer mehr Beachtung als zum Beispiel die großen Monumente auf dem Durbar-Square. So bestätigt jeder Haushalt allmorgendlich seine Zugehörigkeit zu einem Stadtteil, indem ein Mitglied, meist ein Frau, den nächstgelegenen Göttersitz des Viertels aufsucht. Das kann ein kleiner überbauter Schrein oder auch nur ein unbehauener Stein am Wegrand sein, und er kann Ganesh, Bhairava oder den göttlichen Müttern geweiht sein. Die Götter werden um Beistand für den Tag, aber auch um die Erfüllung konkreter Wünsche wie Geburt eines Sohnes, Erfolg fürs Examen oder Glück beim Spiel gebeten. Zusätzlich ersucht man Weggottheiten um Schutz bei rituellen Verunreinigungen. Bei Geburt und Tod gilt der Hindu zeitweilig als verunreinigt. Nur bestimmte Götter und Dämonen nehmen dann verunreinigte Sachen wie etwa abgeschnittene Haare, Nabelschnur oder Totenkleider an. Meistens residieren sie in so genannten **Chvasa-Steinen**, die jedem Haushalt zugeordnet sind. Man kann sie als lotosförmige Steine im Straßenpflaster auf Kreuzungen oder öffentlichen Plätzen erkennen.

Bestimmten Stadtteilen zugeordnet sind auch die verschiedenen Verbrennungsplätze im Süden der Stadt am **Hanumante-Fluss**. Stirbt ein Mensch, so wird der Leichnam auf genau vorgegebenen Totenwegen durch die Altstadt zu dem Verbrennungsplatz seiner Kaste getragen. An diesen *ghats*, wie etwa **Kalighat** und **Hanumanghat**, befinden sich meist nur kleinere Götterschreine, Votivtempel und Rasthäuser.

Neben den einzelnen Göttern eines jeden Stadtteils beschützen Göttergruppen die gesamte Stadt. Dazu gehören vor allem die Navadurga und die Asthamatrika. Die Neun Durgas haben ein gemeinsames Haus, den so genannten **Navadurga-Tempel**, im Osten der

Rechts: Bhaktapur – Blick über den malerischen mittelalterlichen Taumadhi-Platz.

» Stadtplan S. 112, Info S. 127-129

Foto: Wojciech Zwierzynski (iStockphoto)

Altstadt. In ihm werden Masken dieser Götter aufbewahrt, die bestimmte Kasten bei meist nächtlichen Ritualen aufsetzen, um zum Schutz der Stadt immer an verschiedenen Orten in und um Bhaktapur zu tanzen.

Die **Asthamatrika** („Acht Mütter") haben rings um den Stadtkern ihre Schreine. Einige, wie etwa die von *Mahakali* und *Mahalakshmi* sind besonders reichhaltig ausgebaut. Die Acht Mütter sind Ausdruck von alten Schutzprinzipien, nach denen Götter die Himmelsrichtungen beschützen müssen.

DAS KATHMANDU-TAL

Das Kathmandu-Tal – 25 km lang, 15 km breit und von über 1,5 Mio. Menschen bewohnt – war seit je ein Knotenpunkt zwischen zwei großen Kulturen: der indischen und der tibetisch-chinesischen. Gern warteten Händler, Pilger und Mönche hier die Schneeschmelze im Himalaya oder das Ende der dem Süden die Malaria bringenden Regenzeit ab. Das von Bergen umrahmte, 1300 m hoch gelegene Talbecken bot mildes Subtropenklima und bedrohten Stämmen aus Nachbarregionen Schutz vor Feinden.

Lange gab es nur kleinere Machtbereiche lokaler Newar-Herrscher. Erst unter den Königen Jayasthiti Malla (1382 bis 1395) und Yaksha Malla (1428 bis 1482) wurde das Tal politisch geeint, aber unter den Söhnen Yaksha Mallas zerbrach das Reich schon wieder in die drei Königtümer Kathmandu, Patan und Bhaktapur – und gerade damit begann, dank dem Rivalisieren der Höfe, eine kulturelle Blüte, in der einmalige Kunstdenkmäler entstanden.

Was Kathmandu, Patan und Bhaktapur an Tempelarchitektur präsentieren, findet sich teils auch an kleineren Orten, im Tal verstreut, wieder. So hat etwa, im Südosten des Kathmandu-Tals, **Banepa** – in der Malla-Zeit eine wichtige Stadt – kleinere Vishnu-Tempel und einen **Candeshvari-Tempel v**orzuweisen. Schöner und besser erhalten ist das nahe **Panauti**, das mit dem **Indreshvar Mahadeva Mandir** von 1294 den äl-

» Stadtplan S. 112, Karte S. 118, Info S. 127-129

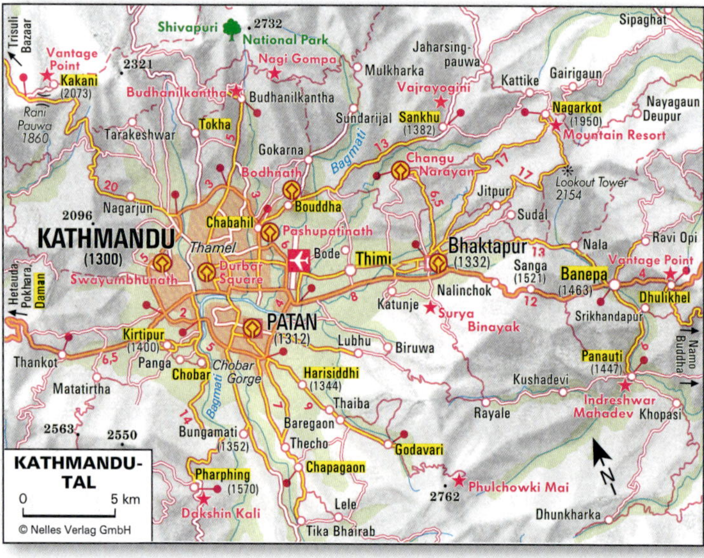

testen Tempel der Gegend besitzt; am Verbrennungsplatz am Fluss steht der **Brahmayani Mandir**.

Im Dorf **Chapagaon** zieht der **Vajravarahi-Tempel** Gläubige an. Dem Avatar Vishnus als Eber geweiht, stammt sein Kultbild aus dem 5. Jh.

Magische Orte für Pilger besitzen auch Harisiddhi und Sankhu: In **Harisiddhi** ist es der **Tempel** der gleichnamigen, angeblich Menschenopfer fordernden Göttin; bei dem alten Newarstädchen **Sankhu** der auf einem Berg gelegene Sitz der Göttin **Vajrayogini**.

Zu Unrecht gilt **Thimi** nur als Stadt der Töpfer. Wenngleich diese Kaste dort eine herausragende Stellung hat, bietet der zwischen Kathmandu und Bhaktapur gelegene traditionelle Ort beachtliche religiöse Bauten, so den **Balkumari-Tempel** aus dem 16. Jh.

Ein wenig begangener 3 km langer Fußpfad führt von Budhanilkantha an einem Bach und Reisfeldern entlang südwestwärts zu dem typischen, vom Tourismus noch nicht entdeckten Newar-Städtchen **Tokha** – ein Spaziergang ins Mittelalter, obwohl Tokha nur 3,5 km von Kathmandus nördlicher Ring Road entfernt ist.

Rechts: In Svayambunath (Kathmandu) offenbarte sich zum erstenmal der Adi-Buddha.

Svayambhunath

Der Ruf des **Svayambhunath-Stupas**, des bedeutendsten im Kathmandu-Tal (auf einem Hügel am Westrand der Hauptstadt), reicht bis nach Tibet. Der Legende nach fand *Manjushri*, ein Bodhisattva und Gott des Wissens, dort einen Lotos, als er mit einem Schwert in die Berge hieb, um den einst das Tal bedeckenden See abfließen zu lassen. Ein Manjushri-Tempel, den Hindus als Sitz von Sarasvati, der Göttin der Weisheit und der Künste verehren, liegt westlich des Svayambhunath.

Auch wenn die früheste Inschrift erst von 1129 stammt, ist der Svayambhunath-Stupa eine der ältesten religiösen Stätten des Tals. Oft wurde er renoviert, besonders umfangreich nach dem Auf-

 » Karte S. 118, Info S. 127-129

Foto: Liu Yue (Dreamstime)

brechen durch Muslim-Invasoren im 14. Jahrhundert; das belegt eine Inschrift von 1372 n. Chr., aus der Zeit stammen die heutigen Grundzüge der Anlage. Weitere Renovierungen wurden nach dem Erdbeben 2015 nötig.

Man nähert sich dem Stupa am besten von Osten über die lange **Treppe** mit 365 Stufen, die Votiv-Caityas und Buddha-Akshobhya-Statuen aus der frühen Shah-Zeit säumen – und höchst lebendige **Affen**. Oben angelangt, schauen einen die **Augen Buddhas** an, die auf alle vier Seiten des Stupaturmes (*harmika*) gemalt sind. Sie sind Teil der Symbolik dieses Sakralbaus: Auf dem quadratischen Grundriss erhebt sich die oben abgeflachte Halbkugel – der Leib des Buddha und Sinnbild seiner Vollkommenheit. Ein Geländer mit 211 **Gebetsmühlen** umgibt den Stupa, jede trägt das Mantra *om mani padme hum* („O du Kleinod in der Lotosblüte"). Auch sind in den Stupa Nischen mit den fünf **Dhyanibuddhas** oder *Tathagatas* nebst bewachenden **Reittieren** eingelassen: im Osten *Akshobhya* auf dem Elefanten sowie *Vairocana* auf dem Löwen, im Süden *Ratnasambhava* auf dem Pferd, im Westen der am meisten verehrte *Amitabha* auf dem Pfau und im Norden *Amoghasiddhi* auf dem himmlischen Vogel Garuda. Zwischen diesen transzendenten Buddhas, die auch die kosmischen Elemente Erde, Wasser, Feuer, Wind und Äther verkörpern, liegen Nischen für vier ihnen zugeordnete weibliche Aspekte, die **Buddhashaktis**.

Den Turm krönen 13 von umliegenden Klöstern gestiftete **Schirme** – sich verjüngende Scheiben, die Stufen auf dem Weg zur Vollkommenheit und Erleuchtung symbolisieren.

Den Stupa umgeben Rasthäuser für Pilger, Wohnhäuser, Souvenirläden, tibetische **Klöster** (*gompas*), aus denen Gebete und Fanfaren klingen, und fünf **Schreine**, die drei Elemente (Wind, Erde und Feuer) sowie zwei mythische Schlangen repräsentieren. Zu den größeren Bauten zählt der viel von Frauen besuchte Tempel, der der vor Pocken und Kinderkrankheiten schützenden Göttin **Hariti** (*Sitala*) geweiht ist.

» Karte S. 118, Info S. 127-129

Von König Pratapa Malla, der die Anlage umgestaltete, stammt der große bronzene **Vajra** von 1667 auf einem großen Mandala mit umlaufendem tibetischem **Tierkreiskalender** am Sockel, im Osten des Stupas. *Vajra* ist in der hinduistischen Mythologie die Donnerkeil-Waffe der Götter, im Buddhismus ein Diamantzepter und Symbol des Absoluten. Pratapa Malla errichtete auch zwei helle, eher turmähnliche Sakralbauten im Stil nordindischer *Shikhara*-Hindutempel: **Pratapapura** und **Anantapura**, die nach ihm und seiner Lieblingsfrau benannt, aber Göttinnen des Vajrayana-Buddhismus geweiht sind.

Pashupatinath

Pashupati, eine Erscheinungsform Shivas, ist schon in frühesten schriftlichen Zeugnissen der nepalesischen Geschichte ein Schutzgott der Herrscher. Bis zu seiner Abdankung 2008 beschloss der König seine Reden mit dem Ausspruch: „Möge Gott Pashupati uns beschützen!" Der **Pashupati-Tempel** im Stadtteil Deopatan, im Nordosten Kathmandus am Bagmati-Fluss, existiert seit dem 5. Jh. und ist das größte, bedeutendste hinduistische Heiligtum Nepals, das zum Shivaratri-Fest unzählige Besucher aus Indien anzieht. Viel wird spekuliert über den Inhalt seiner Schatzkammer. Der Würde der Stätte entsprechend herrscht stellenweise Foto-, Rauch- und Schmuseverbot.

Besonders morgens und abends strömen Gläubige nach Deopatan. **Devotionalienhändler** offerieren an der Hauptgasse Götterbilder, Blumen, Räucherstäbchen; Herbergen bieten Pilgern Unterkunft. Für Touristen vor allem interessant sind die **Ghats**, Badeanlagen am Ufer der Bagmati, an denen auch Leichen verbrannt werden; und die exzentrischen **Sadhus** – wandernde, für Spenden dankbare Asketen.

Einem beliebten Mythos zufolge soll sich Shiva an diesem Ort in Gestalt eines geilen Gazellenbocks vor den anderen Göttern und seiner Gefährtin Parvati versteckt haben. Weil nun die Welt aus den Fugen zu geraten drohte, suchten alle Shiva. Als Parvati ihn in dem (noch heute gerne von Liebespaaren aufgesuchten) **Mrigasthali-Hain** am Ostufer fand, versuchte er über den Fluss zu fliehen, wobei sein Gazellenhorn in vier Teile zersprang. So blieb er hier und wurde fortan als „Herr der Tiere" (Pashupati) und viergesichtiges *linga* (phallisches Zeichen für Shiva) verehrt.

Der **Haupttempel** ist nur für Hindus zugänglich, aber von der Weststraße und vom Mrigasthali-Hügel am Gegenufer kann man einen Blick in den Tempelhof werfen: Der pagodenförmige **Pashupati-Tempel** wurde Ende des 17. Jahrhunderts von König Bhupalendra Malla neu errichtet, nachdem der vorherige Bau von Termiten völlig zerfressen worden war. Westlich davor stehen zwei große bronzene **Nandis** (Shivas

Oben und rechts: Pashupatinath – an den Bagmati-Ghats finden Verbrennungen statt und asketische Sadhus, Anhänger Shivas, warten auf Almosen.

» Karte S. 118, Info S. 127-129

Bulle und Reittier). Das allerheiligste Shiva-Kultbild im Innern dürfen nur vier ausgewählte südindische Brahmanen berühren.

Um diesen zweistöckigen Tempel sind unzählige kleinere Tempel errichtet worden. Könige, Adelige und reiche Händler wollten sich mit Votiv-Lingas in der Nähe des Schutzgottes Nepals verewigen. Besonders ragt die **Pancadevala-Tempelanlage** der Shah-Könige südlich des Pashupati-Tempels heraus. Auch die Rana-Herrscher hinterließen ihre Spuren: Eine Kette von Linga-Schreinen steht am Ostufer des Bagmati, südlich davon eine überwiegend vishnuitische Tempelanlage mit einem **Ram-Tempel** aus dem 14. Jh.

Über 60 weitere Votiv-Linga-Tempelchen befinden sich im Mrigasthali-Hain, in dem sich rund um den **Shikhara-Tempel** des Gorakhnath (Stifter der ebenfalls dort beherbergten Kanphata-Sekte) die **Affen** tummeln.

Foto: vectorx2263 (Sutterstock)

Älter und rituell bedeutsamer sind die Tempel und Schreine der Göttinnen. Den **Sitz der Guhyeshvari** im Nordosten erwähnen schon Handschriften des 11. Jahrhunderts, obgleich der heutige Tempel erst von Pratapa Malla (1641-1674) angelegt wurde. Der Legende nach hatte Parvati sich aufs Opferfeuer geworfen, nachdem Shiva von ihrem Vater als Ehemann schroff abgelehnt worden war. Als daraufhin Shiva mit dem Leichnam der Geliebten über seiner Schulter durch die Lande zog, fielen einzelne Leichenteile herunter, und in Guhyeshvari soll ihr *guhya*, ihre Vulva zur Erde gefallen sein.

Großer Beliebtheit erfreut sich auch der **Tempel der Göttin Vatsaladevi** westlich der beiden Bagmati-Brücken, der mit Menschenopfern in Verbindung gebracht wird. Auf den Außenwänden des Tempels sind Fresken aufgemalt, und an der Ostseite sind Schakale abgebildet, in deren Maul noch menschliche Gliedmaßen stecken. Alljährlich im März/April wird Vatsala in einer großen Stadtprozession zum Pashupati-Tempel getragen, wo sie den Tempel mit ihrer Prozessionslade rammt: Es heißt, Shiva (Pashupati) lehne sie ab, weil sie in ihren Ritualen Blut- und Alkoholopfer annimmt. Nirgends sonst im Tal wird der latente Konflikt zwischen dem reinen, vegetarischen und dem mehr urwüchsigen, tantristischen Hinduismus so offen ausgetragen wie hier.

Etwa 150 Meter weiter südlich steht ein Tempel der Neun Durga-Göttinnen, der **Rajarajeshvari-Tempel** aus dem frühen 15. Jh. (auf dem Weg dorthin liegt eine der ältesten **Buddha-Shakyamuni-Statuen** des Kathmandu-Tales aus dem 7. Jh.). Im Westen der Stadt, jenseits der Ring Road, ist noch ein wichtiger Göttinnensitz: der **Jayavagishvari-Tempel**. An seiner Nordseite prangt ein großes Bhairava-Gemälde, das alle 12 Jahre erneuert werden muss.

Bodhnath

Neben dem Svayambhu-Stupa ist **Bodhnath** („Baudha") das bedeutendste buddhistische Heiligtum des

» Karte S. 118, Info S. 127-129

Foto: Peter Hinze

Kathmandu-Tals. Tibetische Pilger umwandeln den im Jahr 2016 restaurierten Stupa rituell im Uhrzeigersinn und drehen dabei die **Gebetstrommeln**, in die das Mantra *Om mani padme hum* eingeprägt ist. Mit 36 m Höhe ist der **Bodhnath-Stupa** einer der größten seiner Art; sein Stufensockel ist über 100 m breit. Der erste Stupa entstand hier wohl schon um das Jahr 600, an der alten Handels- und Pilgerstraße zwischen Tibet und Indien.

Über dem dreistufigen, fast quadratischen Unterbau erhebt sich die Halbkugel mit der vergoldeten **Harmika** (Reliquienkammer), auf der die **Augen des Buddha** prangen, und dem 13-stufigen Turm mit dem Ehrenschirm – ein dreidimensionales Mandala aus Stein. Das Ganze könnte auch als „sitzend meditierender Buddha" interpretiert werden.

Zwei Elefanten und der kleine Schrein der Schutzgöttin Ma Ajima markieren den **Eingang** im Norden. Auf den breiten Sockelstufen lässt sich der Stupa weiter umwandeln, bis man die runde Basis erreicht, die 80 **Amithaba-Buddhas** in Nischen säumen.

Den Stupa umringen neue, hohe Häuser von Exil-Tibetern – mit **Souvenirshops** unten und **Rooftop-Cafés** auf dem Dach, die einen faszinierenden Stupablick bieten. Seit dem Tibet-Aufstand von 1959 sind hier 50 **Tibetische Klöster** *(gompas)* entstanden, und so ist das „Klein-Tibet" Bodhnath heute mehr ein Pilgerziel für Tibeter und Sherpas als für newarische Buddhisten.

Im nahen Stadtteil **Chabahil** steht ein kleinerer **Stupa**. Kaiser Ashoka soll ihn im 3. Jh. v. Chr. gestiftet haben. Kultisch heute bedeutender ist der viel verehrte hinduistische **Ganesh-Tempel** in Chabahils **Marktstraße**, den alte Skulpturen der Licchavi-Zeit umgeben.

Oben: Junge tibetische Mönche vor dem Stupa von Bodhnath. Rechts: Der Vishnu-Tempel von Changu Narayan ist einer der bedeutendsten Nepals.

Changu Narayan

Während Bodhnath und Svayambhunath Zentren des Buddhismus sind

» Karte S. 118, Info S. 127-129

Foto: Berthold Schwarz

und der Pashupatinath Mittelpunkt des Shivaismus ist, bilden Changu Narayan und Budhanilkantha kulturgeschichtliche Höhepunkte des Vishnuismus.

Changu Narayan (*Dolagiri*) liegt auf einem Hügel, etwa 6 km nördlich von Bhaktapur. Schon im Jahr 464 n. Chr. wird dieser Ort in einer **Säuleninschrift** vor dem Haupttempel, der ältesten überlieferten Inschrift Nepals, erwähnt. Der Inhalt der Inschrift ist höchst aufschlussreich, bringt doch darin der Sohn König Manadevas seine Mutter von ihrem Wunsch ab, sich als Witwe verbrennen zu lassen.

Der Tempel selbst stammt in seiner heutigen Form aus dem Beginn des 18. Jh. **Bronzeporträts** der Stifter, Königin Riddhilakshmi und ihres unmündigen Sohnes Bhupalendra Malla (1687-1700), befinden sich an der Westseite. Allerdings war 1704 bei der feierlichen Einweihung der Sohn nicht mehr dabei. Das zentrale Kultbild des Tempels zeigt Vishnu (Narayan ist ein anderer Name für Vishnu), der auf dem himmlischen Vogel Garuda reitet. Diese Skulptur aus dem 4. Jh. n. Chr. ist nicht immer zu sehen, da der Tempel meist verschlossen ist, aber Nachbildungen – wie das kunsthistorisch extrem wertvolle Standbild **Vishnu auf Garuda** aus dem 9. Jh. vor dem Tempel – finden sich überall im Kathmandu-Tal. Der lebensgroße **Garuda** in Menschengestalt an der Westseite ist möglicherweise ein Porträt König Manadevas.

Der von Rasthäusern umgebene Tempelhof birgt neben einigen meist jüngeren Votivschreinen mit *lingas* und vishnuitischen Skulpturen (Krishna oder Vishnu und seine Gefährtin Lakshmi) noch weitere Kostbarkeiten nepalesischer Skulpturkunst. Eine **Vishnu-Trivikrama-Statue** aus dem 8. Jh. stellt Vishnu in seiner Zwergform dar: Als ihm der Dämon Bali soviel Land versprach, wie er mit drei *(tri)* Schritten *(vikrama)* abmessen könne, wuchs Vishnu zur Größe eines Riesen an und durchschritt Unterwelt, Erde und Himmel. Aus derselben Werkstatt stammt vermutlich die nahe **Vishvarupa-Statue** (8. Jh.), die Vishnu als allgestaltigen Weltenherrscher mit

» Karte S. 118, Info S. 127-129

Foto: mdsharma (Shutterstock)

vielen Armen und Köpfen zeigt, umgeben von seiner Gefährtin und zahlreichen Begleitfiguren. Eine **Narasimha-Statue** des 13. Jh. zeigt Vishnu in seiner Erscheinungsform als „halb Mann, halb Löwe", als welcher er trickreich einen die Welt terrorisierenden Dämon tötet.

Budhanilkantha

Mehr noch als Changu Narayan wird ein vishnuitisches Kultbild im Norden Kathmandus verehrt, das unter dem Namen **Budhanilkantha** bekannt geworden ist. Es zeigt Vishnu, wie er inmitten eines Ozeans, symbolisiert in einem künstlichen Wasserbecken, auf einer zusammengerollten Schlange schläft. In dieser Gestalt ruht Vishnu auch nach jeder zyklischen Zerstörung des Universums aus. Er schlummert aber auch vier Monate im heißen Sommer. Wenn er im Herbst aufwacht, strömen Tausende nach Budhanilkantha, um ihn mit Früchten und Blumen zu begrüßen. Dem nepalesischen König jedoch, der ja selbst als eine Inkarnation Vishnus galt, war der Besuch von Budhanilkantha versagt. Die fünf Meter lange Steinskulptur, von der es im Tal mehrere Nachbildungen gibt, soll von Vishnugupta im 7. Jahrhundert geweiht worden sein.

Oben: Vishnu schlummert in Budhanilkantha auf einem Schlangenbett; eine kunsthistorisch wertvolle Skulptur aus dem 7. Jh. Rechts: Newar-Mädchen in Dakshin-Kali, im Süden des Kathmandu-Tals.

Kirtipur

Auf der Fahrt südwärts nach Dakshin Kali erblickt man zunächst im Westen **Kirtipur**, eine gut erhaltene, mittelalterlich anmutende Newar-Stadt, seit 1959 Sitz der **Tribhuvan-Universität**. Die Stadt ist geschichtsträchtig – sie wehrte 1757 den ersten Angriff Prithvi Narayan Shahs ab, wofür dieser nach der Eroberung allen Männern die Nasen und Ohren abschneiden ließ, weshalb die Bürger auch später nie viel vom nepalesischen Königshaus hielten. Besonders sehenswert sind in den alten Gassen der dreigeschossige **Bagh-Bhairava-**

» Karte S. 118, Info S. 127-129

Tempel und der **Cilanco-Stupa**, umgeben von Klosterbauten. Von Kirtipur führt ein gut zu gehender breiter **Weg** fast eben durch die Reisfelder zu dem alten Newardorf **Panga** und dann weiter nach **Chobar**.

Chobar

Nahe der Straße nach Dakshin-Kali liegt das Dorf **Chobar**, bekannt geworden durch die **Bagmati-Schlucht**, die Bodhisattva Manjushri mit seinem Schwert geschlagen haben soll, um den See, der einst das Kathmandu-Tal bedeckte, abfließen zu lassen. In dem auf einer Anhöhe gelegenen Ort Chobar ist der **Adinath-Tempel** aus dem 16. Jh. interessant. Sein Hauptheiligtum besteht aus einer Figur mit rotem Gesicht und weit aufgerissenen Augen. Sie stellt den Bodhisattva Avalokiteshvara dar – aber den Namen „Adinath" trägt auch der Hindugott Shiva.

Foto: Berthold Schwarz

Pharping

Weiter oben im Straßenverlauf lohnt – kurz vor Dakshin Kali – ein Verweilen in **Pharping**, einem kleinen Bergort mit einem **Tempel der Göttin Vajrayogini** aus dem 17. Jh.; einem Felsenheiligtum, genannt **Sheshnarayan**, mit einer Vishnutrivikrama-Statue des 14. Jahrhunderts; und einer **Einsiedlerstätte** auf dem Hügelkamm, die von Hindus als Heiligtum des Gorakhnath (ein dortiger, diesem Heiligen zugeschriebener Fußabdruck in Stein stammt aus dem Jahr 1390), von Tibetern hingegen als ein Rastplatz Padmasambhavas aufgefasst wird.

Dakshin-Kali

Zu den beliebtesten Göttinen des Kathmandu-Tals gehört *Kali* oder *Camunda*, die ikonografisch in Nepal kaum auseinanderzuhalten sind. Diese Göttin des Todes wird oft als eingefallene, dürre, furchterregende Frauengestalt dargestellt, mit flachen, herunterhängenden Brüsten, geschmückt mit Ketten aus Menschenknochen, Schlangen um den Hals, tanzend auf einem Leichnam. Sie hält sich, nach dem Volksglauben, gerne an Verbrennungsplätzen oder ähnlichen dunklen Orten außerhalb der Siedlungen auf.

Eine ihrer beliebtesten Manifestationen ist die „Kali des Südens", **Dakshin-Kali**, wo sie das Tal von Süden her beschützt. Versteckt in einer Schlucht an einem Bergbach liegt ihr kleiner Schrein, den Bildnisse von anderen Muttergöttinnen umgeben. Einst war hier wohl der Sitz einer vorhinduistischen Göttin, die – wie so oft im Tal – erst allmählich mit der Großen Göttin des hinduistischen Pantheons identifiziert wurde. Während die abseitige Lage der Dakshin-Kali dafür sorgte, dass sie früher nur von Eingeweihten besucht wurde, fahren nun jeden Dienstag und Samstag hunderte festlich Gewandete mit Autos von Kathmandu die Bergstraße hoch, um sie mit einem blutigen **Tieropfer** zu verehren.

» Karte S. 118, Info S. 127-129

Foto: Berthold Schwarz

Aussichtspunkte

Vom alten Newar-Städtchen **Dhulikhel** (1550 m ü. M.; 30 km östlich von Kathmandu) reicht das **Himalaya-Panorama** vom Ganesh Himal im Westen über den Langtang Lirung bis zum Khumbu im Osten. Etliche Hotels gibt es hier und das moderne *Dhulikhel Hospital* des Deutsch sprechenden Chirurgen Dr. Ram Shrestha. Nach einem langen Tagesmarsch (24 km) erreicht man von Dhulikel das alte Newar-Städtchen **Panauti** mit dem **Indreshwor-Tempel** (14. Jh., mit Museum); eine Rastmöglichkeit bietet sich nach etwa 5 Stunden am schön gelegenen kleinen **Stupa Namobuddha**, der von Restaurants und einem Kloster flankiert wird.

Von **Nagarkot** (1950 m), einem quasi zum „Hoteldorf" gewordenen Weiler 10 km nordöstlich von Bhaktapur, eröffnet sich ein **Panorama** vom Annapurna bis zum Everest, wobei letzterer nur als kleine dunkle Felspyramide weit im Osten erscheint.

Oben: Panoramablick bei Dhulikhel; ganz links: Langtang (7234 m), Mitte: Ganchenpo (6387 m), rechts: Shisha Pangma (8046 m) und Dorje Lakpa (6966 m), rechts außen: Purbi Chyachu (6637 m).

Ein weiterer Aussichtspunkt liegt in **Kakani**, rd. 30 km nördlich von Kathmandu, nahe der Straße nach Trisuli. Es gibt dort auch ein ordentliches Hotel.

Den besten **Panorama-Blick** bietet **Daman**, das jedoch weiter entfernt ist und 75 km südwestlich von Kathmandu an der Passstraße Tribhuvan Highway nach Hetauda liegt. Zur Übernachtung laden dort billige wie auch und teure Unterkünfte ein.

Im Frühjahr, wenn der baumhohe Rhododendron blüht, lohnt der Aufstieg zum **Shivapuri** (2732 m) im Norden Kathmandus oder zum (auch per Jeep erreichbaren) **Phulchowki** (2762 m) im Süden, von wo man das ganze Kathmandu-Tal überblickt.

Godavari, am Weg zum Pulchowki, besitzt eine heilige Quelle, eine Brauerei, einen kleinen **Botanischen Garten** und ein stilvolles **Resorthotel** mit Pool und Restaurant.

» Karte S. 118, Info S. 127-129

KATHMANDU (☎ 01)

Die **Eintrittsgebühr** für den **Durbar Square** beträgt 750 Rs.

Große Auswahl an Lokalen, v.a. in **Thamel** und am **Durbar Marg**. Originell: die Dachterrassenlokale, besonders in **Bodnath**.
ROOFTOP: **Helena's**, bewährtes Dachterrassenlokal in Thamel, Blick über die Dächer bis z. Svayambhu-Stupa, schmackhafte asiatische u. internat. Gerichte; Chaksibari Marg.
Himalayan Café, in Bodnath, direkt am Stupa – vom Rooftop fantastischer Blick darauf.
Boudha Stupa, hübsches, gepflegtes Dachterrassenlokal direkt am Bodnath-Stupa, Asiatisches und Westliches, vom Steak über Holzofenpizza bis zum vegetarischen Burger.
NEPALESISCH: **Krishnarpan**, stilvoll speisen in edlem Newari-Ambiente; unvergesslich, in **Dwarika's Hotel**, im östlichen Stadtteil Battisputali.
Nepali Chulo, großes, niveauvolles Restaurant, auf Reisegruppen spezialisiert, Newari- und Nepali-Menü, mit tradition. Tanzvorführung täglich 19 Uhr, reservieren nötig, zwischen Thamel u. Durbar Marg, hinter dem Hotel Le Himalaya, Tel. 4220475.
Paleti Bhanchha Ghar, gute Atmosphäre in einem alten Newar-Haus, Bar, JP Marg.
Bojan Griha, stilvoll, in restauriertem Priesterhaus, mit Folklore, Dili Bazar.
Thamel House, feine Newari- u. Nepali-Küche in hundertjährigem, schön restauriertem Newar-Haus. Großzügiger Ausschank des Reisschnapses *Ayla*, am Rand von Thamel.
Thakali Bhanchha, bei Touristen wie Einheimischen sehr beliebtes, günstiges Nepali-Restaurant, serviert vor allem Dal Bath; in Thamel, nahe Sam's und Funky Buddha.
INDISCH: **Third Eye**, seit 1989: leckeres Chicken Chili und Tandoori-Gerichte, Thamel.
Coffee House, exzellentes indisches Lokal im legendären Yak & Yeti Hotel, Durbar Marg.
TIBETISCH: **Utse**, geschmackvolles Ambiente, niveauvoll, ältestes Tibetrestaurant, Thamel.
THAI: **Yin Yang**, sehr gutes Thai-Restaurant, Thamel. **Baan Thai**, Durbar Marg.
JAPANISCH: **Fuji**, sehr schön in kleinem Park gelegen, gehobene Preisklasse, Kanti Path.
CHINESISCH: **New China Town**, Thamel.
VEGETARISCH: **Traveller's Paradise**, Jhoche, Freak Street.
INTERNATIONAL: **Kaiser Café** (im Garden of Dreams), traumhafte Oase der Ruhe, an verschiedenen lauschigen Plätzen des histor. Gartens wird bis 22 Uhr internationale Küche serviert. Auch gut für einen Cappuccino mit Sachertorte am Nachmittag, 200 Rs Garteneintritt, Tridevi Marg, nähe Thamel.
Roadhouse Café, exzellente Pizza im neapolitanischen Stil, Pasta, Kuchen, WiFi, Thamel.
Fire & Ice, authentische Pizza und gute italien. Küche, seit 1995, Thamel.
La Dolce Vita, gute Pizzas und Pastas, Thamel.
Nanglo, Café und Pub, feine Backwaren, gute Küche, u.a. Momos, Burger, Salate; Ganeshtan Marg/ Kamaladi Road.
Decheling Garden, gemütliches Gartenrestaurant abseits des Trubels, westliche u. einheimische Gerichte, Tri Devi Marg, Thamel.
Cake & Coffee Shop, zum Annapurna Hotel gehörend, bietet eine der besten Patisserien in Nepal, Durbar Marg.
Chéz Caroline, gute französische Küche im Hof des restaurierten Rana-Palasts *Babar Mahal Revisited*, große Dessert-Auswahl.
KFC und **Pizza Hut**:gleich neben dem Coffee Shop des Annapurna-Hotels.
FRÜHSTÜCK: **Pumpernickel Bakery**, Paryatan Marg, ist ein guter Tipp in Thamel.
Kostenlose Frühstückslektüre gibt es im **Pilgrims Feed 'n Read**, Gartenrestaurant neben dem gleichnamigen Bookshop in Thamel.
Am Thamel Chowk verkaufen zwei **Hot Bread**-Bäckereien leckere Backwaren, die auf der Terrasse des zugehörigen Lokals bei Kaffee und Tee genossen werden können.
North Field Cafe, Tex-Mex-Food in großem Garten, Thamel.
Mike's Breakfast, Lazimpat Road, mit Jazzmusik im Garten, gehört zu den gehobeneren Frühstücksdestinationen. Auch Lunch und Dinner.

Purple Haze ist eine professionelle, große Rockbar mit guten Live-Bands, Speisen u. Drinks; weitere etablierte Bars in Thamel sind **Rum Doodle**, **Tom & Jerry**, **New Orleans** und **Buddha Lounge**; cooles Publikum trifft sich im **Sam's**. Die v. a. von Indern besuchten **Kasinos**

befinden sich in Hotels u. heißen **Everest** (Hotel Everest), **Royale** (Yak&Yeti), **Nepal** (Soaltee), **Rad** (Radisson), **Tara** (Hyatt Regency) u. **Casino Anna** (Annapurna), www.casinosnepal.com.

Neben staatlichen Krankenhäusern gibt es gute, teure private Hospitäler („Nursing Homes") u. Arztpraxen (Clinics).**CIWEC Clinic** (Travel Medicin Center), gut, spezialisiert auf Ausländer, Lazimpath, Nähe British Embassy, Tel. 0977/1/4424111, www.ciwec-clinic.com. **Nepal International Clinic**, seriöse Praxis, Lal Durbar, Tel. 4435357. Auch zu empfehlen: **Patan Hospital**, Patan, Tel. 5522295. **Teaching Hospital**, Kathmandu, Maharajgunj, Tel. 4412303. **Krankenwagen** des **Red Cross**, Tel. 4228094. In **Apotheken** gibt es Medikamente billig u. rezeptfrei.

KATHMANDU: Die wichtigsten Einkaufsgegenden sind Thamel, Durbar Marg, Indra Chowk, New Road und Durbar Square. Eine außergewöhnliche Mall in restaurierter, stilvoller Rana-Palastanlage: **Baber Mahal Revisited**, Läden, Galerien, gute Restaurants; südl. v. Singha Durbar. **Mahaguti**, Frauenprojekt/Fair Trade, Kleidung, Interieur, Geschenke; Lazimpat u. Kupondole (Patan). Große, moderne Mall: **CityCentre** beim Kamal-Pokhari-Teich, östl. von Thamel, mit Markenboutiquen, Kino und Food Court.

BODHNATH: Am Stupa tibetische Souvenirs: Textilien, Schmuck, Thangkas, Teppiche.

PATAN: Souvenirs am Durbar Square; in Jawalakhel Tibetisches Camp mit Teppichknüpferei; im Industrial Estate/Lagankhel: Werkstätten der Holzschnitzer u. Bronze- und Metallgießer, Edelsteinverkauf.

BHAKTAPUR: Souvenirs am Taumadhi Tole, Durbar Square und Dattatraya-Platz: Masken, Textilien, Töpferarbeiten, Puppen, Thangkas, Holzschnitzereien.

THIMI (bei Bhaktapur): Kunsthandwerk der örtl. Töpferwerkstätten u. Maskenhersteller.

Narayanhiti-Palastmuseum, seit Auszug des Königs sind u. a. Thron, Schlafzimmer, Raum des Massakers u. Oldtimer zu besichtigen, Do-Mo 11-15 Uhr, 500 Rs Eintritt, am Nordende des Durbar Marg.

National Museum Kathmandu, Waffen, Schmuck, Bronzestatuen, Metallarbeiten aus Patan sowie Thangkas, Mi-Mo 10-16 Uhr, im Chhauni-Viertel nahe Svayambhunath. **Museum für Naturkunde** (Natural History), nepalesische Fauna und Flora, 10-16 Uhr, nahe Svayambhunath.

Galerien für zeitgenössische Kunst: **Indigo Gallery**, über Mike's Breakfast, Tel. 4411724. **Siddharta Art Gallery**, Babar Mahal Revisited. **J Art Gallery**, Sanchaya Kosh Building, Tridevi Marg, Thamel. **Gallery 9** und **Park Gallery**, nahe Mahaguti Shop, Lazimpath.

National Academy of Fine Arts (NAFA), gute staatliche Kunstgalerie, Naxal.

Garden of Dreams von 1920, nahe Thamel am Tridevi Marg, 200 Rs Eintritt, täglich 9-22 Uhr, stilvolles **Restaurant** und **Café**.

KATHMANDU: *Seto-Matsyendranath-Jatra*, Tempelwagenfest zu Ehren des gleichnam. Gottes – Ende März. *Indra-Jatra*, Fest zu Ehren des Gottes Indra und der lebenden Göttin Kumari – Sept., Vollmond.

BHAKTAPUR: Neujahrsfest, *Bisket-Jatra*, Wagenfest. Einwöchiges Fest im ganzen Tal. Die Göttin Bhadrakali und Gott Bhairav werden auf Tempelwagen durch die Stadt gezogen – Mitte April.

PATAN: *Rato-Matsyendranath-Jatra*, Wagenfest, symbolische Einleitung der Regenzeit – Zweite Aprilhälfte bis Juni.

PATAN, KIRTIPUR: *Krishnasthami*, Gott Krishnas Geburtstag – Ende August.

KATHMANDU-TAL: *Holi*, ausgelassenes Frühlingsfest mit **Wasser- und Farbenschlacht** (unbedingt alte Kleider anziehen!) – vor dem Vollmond im Februar/März. *Buddha Jayanti*, Geburtstag Buddhas – Mai, Vollmond. *Gai-Jatra*, Tanz der Toten – Juli/August, Tag nach Vollmond. *Dassain*, wichtigstes Hindu-Fest, fast wie Weihnachten, 10 Tage (an 5 Tagen ist alles geschlossen) – Oktober. *Tihar* o. *Diwali*, Lichterfest zu Ehren der Göttin Lakshmi, 5 Tage – Okt./Nov.

NEWAR-STÄDTE: *Gathamuga*, Geistervertreibung – Ende Juli, Tag vor Neumond. *Gumla*, buddhist. Prozessionsmonat – Anfang August, nach Neumond.

PASHUPATINATH: *Shivaratri*, Großes Pilger- und Asketentreffen zu Ehren des Gottes Shiva, Februar/März, Neumond. *Bala Chaturdasi*, Nächtliches Lichterfest für die Toten – November/Dezember.

BUDHANILAKANTHA: *Haribodhini*, Erwachen des Gottes Vishnu, Oktober/November.

BODNATH: *Magh-Purnima,* Fest der 1000 Lichter – Febr., Vollmond. *Losar,* Tibetisches Neujahr – Anfang/Mitte Febr. *Geburtstag Dalai Lama* – 6. Juli. Prozessionen, Tänze.
THIMI: Neujahrsfest – Mitte April.

TREKKING-BÜROS: **International Trekkers**, Tel. 371694. **Ama Dablam Trekking Ltd.**, Lazimpat, Tel. 415372. **Bhrikuti Himalayan Treks**, Nagpokhari Nayabato, Tel. 413612 (auch Mountainbike-Touren). **Lukla Treks**, Lazimpat, Tel. 417190. **Sherpa Trekking Service**, Kamaladi, Ghantaghar, Tel. 222489. **Sherpa Society**, Chuchepati, Tel. 470631. **Yeti Trekking Ltd.**, Kantipath, Tel. 225982.
RAFTING-AGENTUREN: **Himalaya Waves**, Thamel, Tel. 416831. **Karnali River Expedition**, Thamel, Tel. 225896. **Himalayan River Exploration**, Lazimpat, Tel. 418491. **Drift Nepal**, Thamel, Tel. 0977-1-4700797, www.drift-nepal.com. **Ultimate Descents**, Thamel, Tel. 439525.
MOUNTAINBIKE-AGENTUREN: **Himalayan Single Track**, Verkauf und Verleih von hochwertigen Mountain Bikes, Touren in Nepal mit ortskundigen, ausgebildeten Guides, Thamel, Tel. 1-9700909, www.himalayansingletrack.com. **Dawn till Dusk**, Jyatha Thamel. **Pathfinder Cycling**, MTB Touren in Nepal; Verkauf, Verleih und Reparaturen, Thamel, Tel. 00977/4700468, www.nepalbiking.ch.

BUS: Terminal für **Fernbusse**: Gongabu am Nordwestabschnitt der Ring Road. Teurer, bequemer und schneller sind **Touristenbusse**, z. B. nach Pokhara oder Chitwan (Tickets in Thamel in allen Reisebüros) oder direkt bei **Green Line** am Tri Devi Marg. Tel. 4257544. **Stadtbusse** im Kathmandu-Tal sind immer überfüllt.
TAXI: Erkennbar am schwarzen Nummernschild mit weißer Schrift; die kleinen weißen Taxis sind bis ca. 22 Uhr an von Ausländern frequentierten Orten immer präsent. Preis vorher aushandeln oder auf dem Einschalten des Taxameters bestehen (ca. 50% Nachtzuschlag). Flughafen – Thamel: 500 Rs.

NOTRUF/ WICHTIGE ADRESSEN: **Polizei**: 100. **Tourist Police**: Tel. 4247041. **Flughafen**: Tel. 4472256. **Krankenwagen**: Tel. 4228094. **Immigration Office**, Bhrikuti Mandap, Tel. 4222453. **National Park Office** (Eintrittskarten für Annapurna, Solu Khumbu, Langtang) in Thamel am Tridevi Marg, Sanchaya Kosh Building. Individualtrekker bekommen die **TIMS Card** für 20 $ beim **Nepal Tourism Board** am Bhrikuti Mandap, Exhibition Road, oder bei TAAN im Stadtteil Maligaon.

PATAN (☎ 01)

Die Eintrittsgebühr für den **Durbar Square** beträgt 500 Rs.
Patan Museum, sehr geschmackvoll eingerichtet, 200 sakrale Exponate, Kulturveranstaltungen, ruhiges Garten-Café/Restaurant, tgl. 10.30-16.30 Uhr, Patan Durbar Square.

Am Durbar Square laden gemütliche Restaurants zum Verweilen ein, auf deren Terrassen sich die historische Atmosphäre genießen lässt: **Casa Pagoda**, wunderschön in alten Tempel integriert, und **Cafe de Temple** mit herrlicher Aussichtsterrasse. Teurere Restaurants wie das im **Summit Hotel** oder das im **Greenwich Village** liegen außerhalb der Altstadt Patans auf den Kupondol Heights.

BHAKTAPUR (☎ 01)

Die Eintrittsgebühr für **Durbar Square** und Altstadt beträgt 1100 Rs.
Kunstmuseum, mit wertvollen alten Skulpturen und Malereien der Newar. 10-17 Uhr, im Palast am Durbar Square.

Tempel Town, Durbar Square. **Cafe Nyatapola** (originell in histor. Pagodenbau) und **Marco Polo**, beide am Taumadi Square, bieten eine gute Aussicht auf das bunte Treiben auf dem Tempel-Platz.

Günter Gräfenhain (Schapowalow)

Pokhara –Bootsfahrt am Morgen auf dem Phewa-See, mit Blick auf den Macchapuchare und das Annapurna-Massiv

Foto: master2 (iStockphoto)

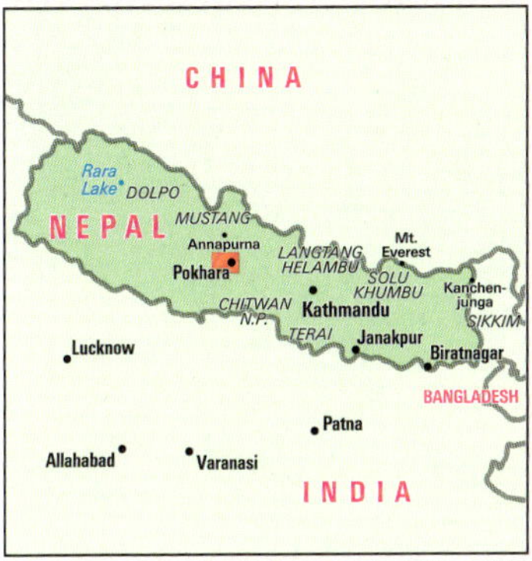

RUND UM POKHARA

POKHARA

Die rund 300 000 Einwohner zählende Stadt **Pokhara** im Herzen des gleichnamigen, 850 m hoch gelegenen Tales, 200 km westlich von Kathmandu, bietet eine etwas ruhigere Atmosphäre als die Hauptstadt. Wer sich vom Trubel Kathmandus erholen will, sollte sich an die Ufer des Phewa-, Begnas- oder Rupa-Sees begeben, wo man bei klarem Wetter ein einzigartiges Bergpanorama bestaunen kann: Die Gipfel des Annapurnamassivs und der Dhaulagiri spiegeln sich im Wasser; besonders prägnant ist das „nepalesische Matterhorns", der Macchapuchare. Er wird auch Fischschwanzberg genannt, weil seine Doppelspitze an eine Fischflosse erinnert – was dann aber erst auf einem Trek in die inneren Himalaya-Täler zu erkennen ist.

Ursprünglich waren es sieben Süßwasser-Seen, *pokhari* genannt, die sich hier im Tal befanden und ihm auch seinen Namen gaben. Der größte ist der 5 km lange **Phewa-See** (Fewa Lake; 790 m ü.M.), der an seiner schmalsten Stelle nur 10 Meter und an der breitesten 2000 Meter misst. An seiner Südostseite befindet sich ein Staudamm mit einem kleinen Wasserkraftwerk.

Links: Tandem-Paragliden über Pokhara – nicht ganz billig, aber sehr beliebt.

Malerische Dörfer, sanfte Hügelketten mit terrassierten Reisfeldern, subtropische Wälder und die einzigartige **Himalaya-Silhouette**, deren Berggiganten – nur 50 km entfernt – zum Greifen nahe scheinen, machen den großen Reiz dieser Gegend aus: Linker Hand taucht der **Dhaulagiri** (8167 m) auf, gefolgt von **Annapurna-Süd** (7219 m) und **Annapurna I** (im Hintergrund, 8091 m); dann der pyramidenartige **Macchapuchare** (6993 m), der **Annapurna III** (7555 m), **Annapurna IV** (7525 m) und daneben der **Annapurna II** (7937 m). Weiter rechts davon erkennt man bei gutem Wetter auch den **Lamjung Himal** (6983 m), östlich davon den **Manaslu** (8163 m) und den **Himalchuli** (7893 m). Dieses Panorama genießt man am besten vormittags beim Rudern auf dem Phewa-See oder frühmorgens vom Hoteldach.

Eine Legende besagt, dass an Stelle des Phewa-Sees einst ein wunderschönes Tal lag, bewohnt von gütigen, wohlhabenden Menschen. Mit der Zeit aber wurden sie immer unbarmherziger und unmenschlicher. Die Götter entsandten einen der ihren in Gestalt eines Bettlers in das Tal, um die Menschen zu prüfen. Nirgends erhielt er Almosen, jeder jagte ihn davon. Nur ein altes armes Ehepaar erbarmte sich seiner. Und so beschlossen die Götter, das Tal zu vernichten. Nur die beiden Armen wurden gewarnt

» Stadtplan S. 134-135, Karte S. 148-149, Info S. 141-143

und flüchteten auf die nahe Anhöhe. Noch auf dem Weg dorthin vernahmen sie ein donnerndes Getöse – riesige Wassermassen strömten in das Tal und überfluteten es gänzlich. Dies hat einen realistischen Hintergrund: Wahrscheinlich lösten Erdbeben oder Erosion vor ca. 600 Jahren eine Katastrophe aus – ein Gletschersee ergoss sich in das Tal und bedeckte die Ebene mit Wasser.

Geschichte Pokharas

Trotz der zentralen Lage und des idealen Klimas erlangte das Tal nie große kulturhistorische und politische Bedeutung wie Kathmandu und seine Nachbarstädte, obwohl hier eine der wichtigsten Handelsrouten zwischen Indien und Tibet verlief. Pokhara wuchs im Lauf der Jahrhunderte zu einem Marktflecken heran, der Sammelplatz für die Menschen der Umgebung wie die Newar, Gurung und Magar war. Besonders im Spätherbst, wenn die Bergbewohner der inneren Himalaya-Täler hierher zum Überwintern kommen, bevölkern Muli-Karawanen der Thakali und Baragaonli die Basarstraßen, und die Lopa aus Mustang verkaufen getrocknete Kräuter und Versteinerungen vom oberen Kali-Gandaki-Lauf.

Vermutlich waren die ersten Siedler im Tal die Gurung. Als Ziegen- und Schafhirten wurden sie ursprünglich bekannt, und noch heute halten viele der in den umgebenden Bergdörfern lebenden Gurung einige Schafe oder Ziegen. Fast jedes Dorf hat eine Herde von 200-300 Tieren. Von April bis September weiden sie auf Hochalmen. Ende September werden die Herden manchmal bis ins Terai hinunter getrieben, um sie zum im Oktober/November stattfindenden Dasain-Fest zu verkaufen. Heute leben die Gurung zumeist als Ackerbauern und Viehzüchter in wohlhabenden Dörfern, deren Reichtum von den Pensionen der als Gurkha-Soldaten verpflichteten Männer herrührt. Daher ist der Schmuck ihrer Frauen meistens auch

Baglung
Kali Khola
Gurkha Memorial Museum
Kali Khola Suspension Bridge
Bhalam Khola
Police Station
BAGAR
Annapurna Regional Museum
Kahun Danda 1444 m
Bindhyabasini Temple
Nadipur Rd.
Seti
Manipal Hospital
DHOBIGAUNDA
Himsagar
Peace Dragon Lodge
Ram Krishna Tole Rd.
Kumari Temple
Maleypatan Rd.
Nayabazar Rd.
Gairapatan Rd.
Pokhara Inn
Chiple Dhunga Rd.
Almond
Mahendra Bridge
RANIPAUWA
Ranipauwa Rd.
The Castle
New Pokhara Lodge
Chhetri Sisters GH.
Radio Station
MALEYPATAN
KHAHARE
136
Camping Ground
Blue Heaven
Full Moon Lodge
MANSWARA
Maleypatan Rd.
Simalchaur Rd.
New Rd.
Tamu Kohibo Museum
Pokhara Museum
Ranipauwa Rd.
Tiger Mountain Pokhara Lodge (8,7 km)
Fewa Prince (1,9 km)
SIMALCHAUR
Nayabazar Rd.
Mansawar Rd.
Barahi Tole
Prithvi Chowk Rd.
Denny's
Celestial Health Care Center
Noble Inn
Anand
Charak Hospital
Tarkari Bazaar
Western Regional Hospital
MULTOK
Barahi
Barahi Temple
Rastra Bank Rd.
NAGDHUNGA
RAM GHAT
Palace (Ratna Mandir)
Nirvana
Mum's Garden Resort
Police Station
Prithvi Rajmarg Rd.
Shiva Temple
Janpriya Rd.
Crystal
Seti
BAIDAM
Basundhara Park
Police Station
Miteri Park
Siddhartha Rajmarg
Tourist Bus Park
Fishtail Lodge
Holiday Inn
Pokhara Airport
HARIYOKHARKA
Phewa Dam
Mona Lisa
PARDI
Pardi Bazaar
The Fulbari Resort & Spa (2 km)
Devi's Fall
Pokhara Grande
POKHARA
0
0,5
1 km
Siddhartha Rajmarg
Swaminarayan Temple
Intl. Mountain Museum
Mahadev Cave
Shangri-La Village Resort (150 m)
© Nelles Verlag GmbH, München

Maya Devi Village
Greenpeace Lodge
1000
METHLAN
Dihi Ko Patan
Godfather's Pizza
Blue Heaven
Himalayan Frontiers
Newari Kitchen
Peace Palace
Chilli Bar
Boat Rental Service
Camping Ground
Local Bus
Full Moon Lodge
Mansawar R.
Pokahara Mountain Bike Club
Camping Chowk
Mamma Mia Rest.
Standard Chartered Bank
Amrit GH.
Sandwich Point
Old Blues Bar
Gurkha Lodge
Butterfly Guesthouse
Mikes Rest.
Paddle Nepal
Fewa
Basanta Baithak
Vidyalaya Path
JAREBAR
Adam Tours & Travel
Tea Time/Bamboostan
Samiko Pattan Marg
The Lakeside Retreat
Pahari Marg
Busy Bee Bar/Restaurant
Once upon a time
Pahari Marg
Celestial Health Care Center
Shree Krishna Marg
Paradise Club
LAKE SIDE
Boomerang Rest.
Meera
Noble Inn
Club Amsterdam
ABC
Snowland
Barahi Tole
Shuvakamana Path
Pragati Marg
Thado Pasal Path
Darbar Marg
Welcome Treks & Exped.
Zip Flyer Office
Barahi
Moondance Rest.
Landmark
Hungry Eye
Landmark Rest.
Gawrighat Marg
Peaceful Path
Barahi Temple
Nirvana
Palace (Ratna Mandir)
Café Concerto
Shanti Path
Atithi Resort & Spa
Gaurighat
Temple Tree Resort & Spa
Shanti Path
Phirke Khola
Police Station
Mum's Garden Resort
Pragati Marg
Lake View Resort
Nanohana Lodge
BAIDAM
Phewa Lake
Shiva Temple
Avia Club
Land Revenue Office
Green Line Bus Office
Dept. of Water & Sewerage
Dept. of Survey
Ammat
•790
Nepal Standard Office
Basundhara Park
Regional Educational Office
Regional Planning Office
Muthok
District Development Commitee
Immigration Office
Ferry
Miteri Park
Kaski District Court
Pokhara Municipality
Mountain View
Fishtail Lodge
Police Station
Ratnapuri
Tourist Bus Park, Airport
NTB (Nepal Tourism Board)/ ACAP Office
DAMSIDE
Mona Lisa
Dragon
Phewa Dam
Intl. Mountain Museum
Peace Stupa, Mountain View
POKHARA LAKESIDE
0
200
400 m
© Nelles Verlag GmbH, München

besonders aufwändig und prächtig. Das **Gurkha Museum** (an der Gyan Marga, nördlich der Seti-Brücke) illustriert die Geschichte der tapferen Elitekämpfer.

Im 14. Jh. flohen hinduistische Rajputen-Fürsten aus Indien mit Chetris und Brahmanen vor der Islamisierung ins Pokhara-Tal. Vom nördlich des Phewa-Sees liegenden Örtchen Kaski-Kot aus drangen die Vorfahren des Eroberers Prithvi Narayan Shah weiter nach Gorkha vor, von wo aus später das Kathmandu-Tal eingenommen wurde. Die darauf folgende Integration des Kaski- bzw. Pokhara-Gebiets in das Königreich Nepal brachte wirtschaftlichen Aufschwung. Nun ließen sich in Pokhara auch Newar aus dem Kathmandu-Tal nieder, bauten mehrgeschossige Häuser und Tempel und richteten kunsthandwerklich orientierte Werkstätten ein, z. B. an der alten **Basarstraße** zwischen **Bindya-Basini-Tempel** und **Bhimsen-Tempel**.

Als 1959, nach der Flucht des Dalai Lama, die Chinesen die alte Handelsroute nach Tibet blockierten, mussten sich die Thakali, die im Kali-Gandaki-Tal vom Handel zwischen Indien und Tibet lebten, umorientieren. Etliche ließen sich als Geschäftsleute und Hoteliers in Pokhara nieder, was die Wirtschaft beflügelte. Diese wurde in den 1960ern Jahre weiter gefördert durch die Eröffnung der **Fernstraße** Kathmandu – Pokhara – Indische Grenze und den Bau des **Flughafens**. Dessen Runway verläuft allerdings Nord-Süd, quer zum Tal auf die Berge zu, was zur Monsunzeit unfallträchtig ist. Ein größerer, sicherer Airport ist geplant.

PHEWA-SEE

Viele Nepalbesucher ziehen für einen längeren Aufenthalt das provinziellere, kleinere Phokara dem hektischen Kathmandu vor. Und fast alle streben direkt nach **Lake Side** (Baidam), ans Ufer des **Phewa-Sees** (790 m ü.M.), wo deshalb ein Trubel wie in Thamel herrscht: Ein überwältigendes Angebot an Guest Houses, Hotels, Reisebüros, Souvenirshops, Cafés, Restaurants und Bars erwartet dort Reisende, die einen Annapurna-Trek planen oder nach dem Trekking ein paar Tage relaxen wollen. Wer es ruhiger und einen guten Himalayablick direkt vom Hotel haben möchte, ist vielleicht in **Dam Side** (Pardi), am Südostende des Sees, besser aufgehoben.

Unter den Hippies der 1970er Jahre kursierte das idyllische Phewa-Seeufer als ein Geheimtipp, wo der Hanf hinter den Hütten als Unkraut wuchs. Ab 1980 boomte der Annapurna-Trekkingtourismus; Pokhara Lake Side wurde zu dessen Drehscheibe und zum größten **Outdoor-Adventure-Zentrum** Asiens. Hier locken außer traditionellem Trekking vielerlei Adrenalin-, Outdoor- und Trendsportarten: Von kleinen **Mountain-Bike-Touren** durch ursprüngliche Dörfer bis zu **Downhill-Abfahrten** aus

Foto: Manit Larpluechai (iStockphoto)

Rechts: Die Ebene um Pokhara ist ein äußerst fruchtbares Nassreisanbaugebiet.

Foto: William Fawcett (iStockphoto)

über 5000 m Höhe, von **Kajakkursen** auf dem See über kurzes, aber heftiges **Whitewater-Rafting** auf dem nahen **Upper Seti** bis zu mehrtägigen Raftings vom Fuß der 8000er bis ins tropische Terai; vom **Canyoning** durch wilde Schluchten bis zum **Ponyritt**. Der letzte Schrei ist der **Zip-Flyer**, der längste Flying Fox der Welt: Zu zweit kann man mit bis zu 140 km/h 1,8 km weit die 600 Höhenmeter hinab ins Tal des Seti Khola sausen.

Sarangkot (1592 m), ein **Aussichtspunkt** erster Klasse (mit Lodges), 800 m über dem See, hat in der Gleitschirmfliegerszene den Ruf einer Weltklasse-Location für **Paraglider**, wegen der konstanten Thermik und des Bergpanoramas; etliche Schulen bieten hier **Kurse** und **Tandemflüge** an. Einzigartig ist **Parahawking**, bei dem ein abgerichteter Schmutzgeier Pilot und Gast in der Luft zu den besten Thermik-Spots begleitet und dem Passagier unterwegs aus der Hand frisst (www.parahawking.com). Vom Flughafen starten motorisierte **Ultraleichtflieger** mit einem Passagier zu luftigen Rundflügen in Richtung Macchapuchare.

Wer nicht zu den Extremsport-Junkies gehört, unternimmt vielleicht einen Einkaufsbummel auf der geschäftigen **Lake-Side-Hauptstraße**, spaziert auf der autofreien **Seepromenade** – oder man trinkt Kaffee im Garten der traditionsreichen **Fishtail Lodge** auf einer ruhigen kleinen Halbinsel am Südufer mit schönem **Himalayablick**.

Oben: Das mächtige Annapurnamassiv in voller Breite, von der Peace Stupa aus gesehen – von links nach rechts: Annapurna South, Annapurna I, in der Mitte der markante heilige Berg Macchapuchare, dann folgen Annapurna III, IV und II.

AUSFLÜGE VON POKHARA

Der Klassiker am **Phewa-See**, der wegen des schlammigen Ufers kaum zum Baden einlädt, ist eine **Bootsfahrt**. An mehreren Stellen werden Ruder- und Trettboote vermietet (1 Std. ca. 300 NR). Während sich die Boote sonst auf dem See gut verteilen, herrscht bei der kur-

» Stadtplan S. 136, , Karte S. 148-149, Info S. 141-143

zen Überfahrt zum **Barahi-Tempel**, der auf einer kleinen, von indischen Touristen überrannten Insel steht, Gedränge. Barahi gilt als Erscheinungsform der Göttin Kali. An Festtagen werden ihr Tieropfer dargebracht.

Das **Südufer** des Phewa-Sees ist nur per Boot erreichbar. Dort gibt es einige einfache Lokale. Ein Wanderweg (aus Sicherheitsgründen nicht alleine gehen!) führt in 45 Min. zur **World Peace Stupa** (1080 m). Dieses strahlend weiße buddhistische Monument steht an einem großartigen **Aussichtspunkt** mit Blick auf Dhaulagiri, Macchapuchare und Annapurna, den Phewa-See und Pokhara zu Füßen. Sie läßt sich auch von der anderen Seite über eine steile Straße erreichen.

Die beiden folgenden Sehenswürdigkeiten, die wegen der verschiedenen Erscheinungen von Shiva viel von Hindu-Touristen besucht werden, liegen nebeneinander, ca. 7 km von Lakeside entfernt. **Devi's Fall**, benannt nach einer Engländerin, die vor vielen Jahren hier ertrunken sein soll, ist eine tiefe Schlucht, durch die sich der Abfluß des Phewa-Sees zwängt – sehr beeindruckend in der Regenzeit. Noch lohnender ist, auf der anderen Straßenseite, die **Mahadev Cave**: Auf dem Weg hinab in die unterirdische Schlucht des Ablaufs des Phewa-Sees liegen zwei Heiligtümer. In einem Labyrinth trifft man auf eine steinerne Kuh (Symbol von Shiva), aus deren Euter regelmäßig Milch tropft, die von den Gläubigen mit der Hand aufgefangen und zur Segnung auf den Kopf geschmiert wird. Weiter unten auf dem Abstieg steht ein Stein in Form eines Lingam (Phallus), der eine dreiköpfige Schlange trägt. Ganz unten tost dann das Wasser durch die Höhle.

Die **Mahendra-Höhle** (Halbtagesausflug) liegt nördlich von Pokhara nahe des Seti-Flusses. Sie ist beleuchtet und knapp 100 m lang. Am Ende steht ein Stalagmit, der die Form eines Elefentenkopfes hat und als Erscheinung des Gottes Ganesh verehrt wird. Daneben sitzt meist ein Bramahne, der Pilger und Touristen mit einer Tika segnet.

Das sehenswerteste Hindu-Heilig-

Foto: Andreas Neuhauser

tum der Stadt Pokhara ist der **Bindu-Basini-Tempel** im Norden. Hier beginnt auch die steile Straße Richtung **Sarangkot**, dem 1592 m hohen, fantastischen **Aussichtsberg** mit Lodges, Lokalen und **Tandem-Gleitschirmfliegern**. Mit dem Taxi oder Motorrad kann man bis 30 Min. unter den Gipfel fahren. Sportlich ambitionierte besteigen ihn in 3 Std. direkt von Lakeside, geführt von Kindern, die einen für ein kleines Entgelt über steile, verschlungene Pfade hinauf führen.

Der beste **Aussichtsberg** ist der **Kahun Danda** (1444 m) im Nordosten der Stadt. Die **Wanderung** beginnt bei der Mahendra-Brücke und dauert insges. 4 Stunden. Die **Burgruine** auf dem Ostgipfel stammt aus dem 18. Jahrhundert.

Einen Besuch lohnen auch die beiden Seen **Begnas Tal** und **Rupa Tal** (*tal*=See), durch einen kleinen Bergrücken von einander getrennt. Hier kann man am Ufer entlang wandern, ein Ruderboot mieten oder den Pachbhaya-Hügel besteigen, wo ein schöner **Himalaya-Blick** lockt. Die Zwillingsseen liegen 15 km östlich von Pokhara, nahe der Straße nach Kathmandu. Zum Ort Begnas fahren Linienbusse; schneller geht es aber mit dem Taxi.

Oben: Erst seit 2008 erlaubt – Rafting auf dem Upper Seti bei Pokhara (im Hintergrund: Annapurna-Süd).

Exiltibeter-Dörfer

Phänomene der jüngeren Zeitgeschichte sind die **Tibetischen Zentren**, ursprünglich Flüchtlingslager für die 1959 vor den Chinesen aus ihrer Heimat geflohenen Tibeter. Nepal stellte den Flüchtlingen damals Grundstücke und Baumaterial zur Verfügung, so dass sie sich hier ein neues Zuhause schaffen konnten. Drei Ansiedlungen gibt es im Raum Pokhara: Im Nordwesten, an der Straße durchs Seti-Khola-Tal, liegt **Tashipalkhel** mit seinem großen **Kloster** (Jangchub Choeling Gompa) und **Teppichknüpferei**. In der Nähe der großen Busstation ist **Chorsanghu**. Im Südwesten, nahe der Mahadev Cave,

» Karte S. 148-149, Info S. 141-143

liegt das tibetische Dorf **Tashiling** mit **Teppichknüpfereien**, Kunsthandwerkstätten, **Souvenirmarkt**, Schulen und tibetischem **Tempel**. Viele Tibeter haben durch Geschick und Fleiß bescheidenen Wohlstand erlangt und Souvenirgeschäfte eingerichtet, wie man sie auch entlang des Seeufers in Baidam und Pardi findet.

Mountainbike-Touren

Phewa Lake: Radtour vom See nach Westen; das Zwischenziel, der kleine Ort **Pame**, ist ebenerdig nach ca. 8 km erreicht; nochmal so weit und mit mehr Auffahrten garniert ist die Weiterfahrt bis **Ghatichhina**, wohin sich auch der Bus über einen wilden Feldweg quält. Entlang des Weges gibt es einfache Restaurants. Zurück muss die selbe Strecke genommen werden. Fahrzeit ca. 2 Stunden.

Sarangkot: Lohnend für sportliche Biker. Von Pokhara auf der asphaltierten Straße Richtung Baglung. Bei dem Ort **Naudanda** (1425 m) beginnt links ein anfangs steiler, unbefestigter Feldweg. An der Südseite eines langgezogenen Bergrückens führt er ohne große Höhenunterschiede über den Ort Kaski bis zu dem beliebten Aussichtspunkt Sarangkot (1592 m). Von dort geht es *downhill* zurück nach Pokhara. Einfache Restaurants am Wegesrand; Strecke ca. 35 km, 800 Höhenmeter Auffahrt, ca. 5 Std. Fahrzeit.

Peace Stupa (1080 m): Kurze Tour mit herrlichem Himalayablick und lohnendem Downhill auf einem Singletrail. Anfangs geht es auf der Hauptstraße Richtung Tansen, in einer scharfen Linkskurve beginnt rechts ein steiler Schotterweg (25 Min.) hinauf zur Stupa (kleine Restaurants). Die Abfahrt erfolgt auf dem Rücken, der Richtung Westen verläuft. Links beginnt ein anspruchsvoller Singletrail, der bis hinab nach Phewa Dam führt. Strecke: ca. 10 km, 250 Höhenmeter, 2 Std. Fahrzeit; Vorsicht bei Nässe – sehr rutschig!

POKHARA (☎ 061)

Tourist Office, am Flughafen, Tel. 20028. **Nepal Tourism Board** (Tel. 535292, www.ntnc.org.np) in Dam Side nahe Rastra Bank Chowk, täglich 10-17 Uhr; Individual-Trekker und Mountain Biker bekommen hier das **Entry Ticket** für die Annapurnaregion (2000 Rs) und das obligatorische **TIMS** (20 $, *Trekkers Information Management System*). 4 Passfotos nötig (gibt es in Shops nebenan). Entry Ticket und TIMS auch in Kathmandu erhältlich.
Immigration Office: nahe Damside, Visumverlängerung; So-Fr 10-16 Uhr. Tel. 521167.

FLUG: Täglich viele Flüge zwischen Kathmandu und Pokhara, ca. 90 $, in jedem Reisebüro kurzfristig buchbar (besser 2 Tage zuvor); Flugzeit 30 Min. Von Pokhara täglich Flüge nach Jomsom (ca. 80 $).
BUS: Täglich fahren zahllose, unterschiedliche bequeme **Busse nach Kathmandu,** Fahrzeit ca. 6 Std.; Abfahrt meist gegen 7.30 Uhr. Am komfortabelsten sind **Touristenbusse** wie Greenline oder Golden Travel (16 $ incl. Lunch und Aircon). **Mikro Vans** (Kleinbusse) sind unfallträchtiger (Abfahrt am Pritivi Chowk), ebenso die **Einheimischen-Busse** (Local Bus, Abfahrt am Old Buspark). Auch zum **Chitwan National Park** fahren täglich Mikro Vans (600 NR, 5 Std. Fahrzeit) und Local-Busse, gelegentlich auch Greenline. Für Touristen ist der Zielort **Chitrasali** bei **Sauraha**, Abfahrt um 7.30 Uhr. Am besten das Ticket in einem Reisebüro oder Traveller-Hostel kaufen. **Jomsom** ist per Bus über Beni zu erreichen, allerdings dauert das 1-2 Tage, ist sehr strapaziös, abenteuerlich u. gefählich; in der Regenzeit nur unzuverlässige Verbindung.
TAXI: Stadtfahrten 300 Rs, weitere Strecken verhandelbar. Die klassischen Ausgangs- bzw. Endpunkte für das Annapurna Base Camp und den Ghandrung-Gorepani-Trek – **Phedi** und **Nayapul** – sind gut per Taxi zu erreichen (Phedi ca. 1000 Rs. Nayapul ca. 2500 Rs.). Taxi **Kathmandu – Pokhara**: ca. 150 $ (Thamel – Lakeside: 207 km).

Einen Garten am Seeufer haben das abends sehr romantische, mit Kerzen-

Rund um Pokhara 4

» Karte S. 148-149, Info S. 141-143

schein, guter Küche und Folklore aufwartende **Fewa Paradise** und Mike's. **Mike's Old Kitchen** ist eine gute Location an der Lakeside-Uferpromenade für Kaffee und Kuchen, ansonsten einfache mexik. Küche.

Caffè Concerto, Pizzeria & Restaurant, herausragend gute, authentische italienische Küche in angenehmem, gepflegtem Nepali-Ambiente, italien. Management, Lakeside.

Boomerang, gepflegtes Gartenrestaurant, mit Bäckerei u. Pub, direkt am See, Lakeside.

Once upon a time, leckeres italienisches und indisches Essen, guter Blick vom 1. Stock auf das Treiben in der Seeuferstraße.

Typical, nettes Lokal, sehr schön direkt am südlichen Seeufer gelegen, nur per Boot erreichbar; ideale Raststätte für Ruderer.

Almond, im Stadtzentrum (Old Bazaar), gutes, alteingesessenes nepalesisches Lokal; mit einer Filiale für Touristen in Lake Side.

Moon Dance und **Hungry Eye** (Bahari Chowk, Lakeside) sind die beiden größten und bestbesuchten Restaurants in Lakeside, gute internationale und nepalesische Gerichte, gemütlich, aber oft sehr voll und laut.

Godfather's Pizzeria (Lakeside), engagierte Nepalis aus dem Terai bieten mit Erfolg italienische, nepalesische u. internat. Küche an.

Shiva Restaurant, chilliges Garten-Restaurant, abends mit offenem Feuer, entspannte Atmosphäre, im Ortsteil Khahare in Lakeside am Seeufer.

Die Hochburg des Nachtlebens in Lake Side ist das **Busy Bee**, hier spielen nepalesische Rockbands Reggae und Klassiker der 60er und 70er Jahre. Auch im **Paradiso** treten Live-Bands auf. Wer ruhigeres Ambiente bevorzugt, wird dieses im **Hotel Peace Palace** (Lake Side) finden – zur Happy Hour gibt es billiges Bier und Popcorn.

REISEBÜROS: Lakeside ist voll mit Reisebüros, die alle recht zuverlässig arbeiten. Der Vorteil ist, dass sich durch die räumliche Nähe aller Büros schnell Leistungen und Preise vergleichen lassen. **Three Sisters Adventure Trekking**, weibliche Guides und Trägerinnen, im **Chhetri Sisters Guest House** in Bangladi (nördl. von Lakeside), Tel. 524066, www.3sistersadventuretrek.com. **Adam Tours and Travels**, professionell arbeitendes Reisebüro, auf In- und Auslandsflüge spezialisiert, doch auch von Trekkingtouren bis Zugtickets nach Indien kann alles gebucht werden, Lakeside, Tel. 461806, www.adamtravels.com.

GELD: Viele private „Money Changer" operieren in Lake Side. Die **Standard Chartered** und die **Nabil Bank** bieten Geldtransfers und Auszahlung auf Kreditkarte an. Entlang der Lake-Side-Hauptstraße stehen **24h-Bankautomaten** (ATM), aus denen mit EC-Karte (Cirrus, Maestro) Nepalesische Rupien gezogen werden können.

Manipal Teaching Hospital: das beste Haus für einen stationären Aufenthalt, 700 Betten, indischer Betreiber, in Phulbari. Tel. 061-5264-16 (-20). Auch vertrauenswürdig: **Celestial Health Care Center** in Lakeside, Tel. 463271.

Annapurna Regional Museum: Pflanzen- und Tierwelt Nepals, sehenswerte Schmetterlingssammlung; im 1. Stock Präsentation des Annapurna Conservation Area Project (ACAP), im Prithvi Narayan Campus im Norden Pokharas, So-Fr 10-16 Uhr. **International Mountain Museum**, interessantes Berg- und Bergsteigermuseum, Rata Paira, Ghari Patan, www.nma.com.np.

Pokhara Museum, Geschichte/Völkerkunde, So-Fr 10-16 Uhr. **Tamu Kohibo Museum**, Volkskunde der Gurung, tgl. 10-16 Uhr.

Das **Post Office** befindet sich nahe Mahandra Pul im Bazar, So-Fr 10-16 Uhr. Die meisten Guest Houses u. Hotels bieten zuverlässigen Postservice. Neben vielen Internetshops in Lakeside bietet die Mehrzahl der Hotels, Bars und Restaurants in Pokhara kostenlos WiFi an. Billige Auslandstelefonate für 20-30 Ruppees die Minute können von allen Internet Shops geführt werden.

Die 3 km lange **Hauptstraße** am See in **Lake Side** ist ein Paradies für skrupellose Schnäppchenjäger: in China gefälschte Leki-Stöcke für 1/10 des Originals; gefakte North-Face-Kleidung zum Spottpreis...

FAHRRAD- UND MOTORRAD-VERLEIH: **Bajaj-Motorräder** (180 cc) werden am

Camping Chok in Lake Side ab ca. 600 Rs. vermietet. Gepflegte **Royal Enfields** verleiht u. verkauft – auch reisefertig mit Kennzeichen zum Heimfahren nach Europa! – **Hearts & Tears** am Busy Bee Café. Die „besten" **Mountain Bikes**, mit oder ohne Guide, bei **Namaste Adventure** (neben Blue Heaven Hotel) und **Pokhara MTB Club** (im Zentrum von Lakeside am Camping Chowk).

BOOTSVERLEIH: **Ruderboote** stundenweise (ab 300 Rs) am Phewa-See zu leihen. **Kajaks** bei Paddle Nepal.

RAFTING UND KAYAK: **Paddle Nepal**, seriös, hohe Sicherheitsstandards bei Rafting und Kajakkursen (Manager Minh ist Kajak-Profi), Lake Side, Tel. 061/465730; www.paddlenepal.com. **Ultimate Decent** und **Himalaya Encounter**.

PARAGLIDING: **Blue Sky** Lake Side, Tel. 061/464737, www.paragliding-nepal.com. **Sunrise** und **Frontiers Paragliding**. **Himalayan Frontiers Nepal**, Adventure Center in Lake Side für Trekking, Paragliding, Rafting und Mountain Biking, Tel. 461706, www.himalayanfrontiers.com.np.

REITEN: Ausritte buchbar in Reisebüros in Lakeside oder unter Tel. 520253.

CANYONING bietet **Paddle Nepal** ab Pokhara an, das Gebiet ist jedoch bei **Mugling**, auf dem halben Weg nach Kathmandu.

ULTRALEICHTFLUG: **Avia Club Nepal**, Motorisierte Paraglider („Ultralight"), verschiedene Flugziele und Optionen, ab 65 € bis 200 €, Office in Lakeside nahe Fishtail Lodge, Tel. 463338, www.aviaclubnepal.com.

Zip-Flyer Nepal, mit großem Aufwand wurde der mit 1,8 km längste Flying Fox der Welt von Sarangkot hinab nach Norden gebaut, Office in Lakeside am Barahi Chowk, Tel. 466349, www.highgroundnepal.com.

In größeren Hotels treten abends **Volkstanzgruppen** auf; gute Shows z.B. im **Dragon-Hotel** und im **Fishtail**.

MANAKAMANA

Vom Prithvi Highway, von der Talstation östlich von Mugling, führt eine **Seilbahn** auf fast 1700 m ü.M. zu dem schön gelegenen Pilgerort mit dem viel besuchten **Bhagvati-Tempel**, 9-17 Uhr, 10 US$.

GORKHA (GURKHA, ☎ 064)

Tägliche Busverbindungen mit Kathmandu (6 Std.) und Pokhara (4 Std.). Hauptattraktion des alten Städtchens Gorkha ist der sehr gut erhaltene **Gorkha Durbar** von 1606, in spektakulärer Lage auf dem Burgberg; mit Palast, Kali-Tempel und schönem Blick auf Ganesh, Manaslu und Annapurna.

Empfehlenswert ist das Restaurant **Fulpati** im Hotel **Gurkha Inn**.

PALPA / TANSEN (☎ 075)

Auf halber Strecke zwischen Pokhara und der nepalisch/indischen Grenze befindet sich der hübsche Höhenort Palpa/Tansen. Busse von Pokhara und Butwal.

Nanglo West, Bäckerei und gepflegtes Restaurant in einem Innenhof.

TANSEN: Batase Danda (Shreenagar Hill); Park auf dem Hausberg (1659 m) von Tansen mit tollem **Bergblick** auf Manaslu, Macchapuchare, Annapurna u. Daulagiri. **Palast von Ranigath** (Rani Mahal); romantisch in Schlucht am Kali Gandaki, nur zu Fuß von Tansen erreichbar (Hinweg 3,5 Std.).

mishra (Shutterstock.com)

Auf der Annapurna-Runde: Im Neuschnee unterwegs zum 5416 m hohen Pass Thorong La

Foto: Zzvet (Shutterstock.com)

ANNAPURNA – TREKKING AUF ALTEN HANDELSWEGEN

ANNAPURNA-UMRUNDUNG
BENI-MUKTINATH-TREK
ANNAPURNA BASE CAMP
GHANDRUNG – GOREPANI – POON-HILL-TREK

TREKKING IN DER ANNAPURNA-REGION

Keine andere Region im Himalaya zieht so viele Trekker in ihren Bann wie das Annapurna-Gebiet. Jährlich bevölkern über 70 000 Wanderer aus aller Welt die verschlungenen Bergpfade und alten Handelswege auf der Suche nach Abenteuer, Erholung und um die Ausblicke auf einige der höchsten Berge der Welt zu genießen. Und keine andere Bergregion in Nepal unterliegt derzeit einem solch raschen Wandel.

Seit 2009 führt eine **Schotterstraße** von **Beni** nach **Jomsom** (und von dort weiter nach Muktinath, s. u.). Sie befindet sich zwar in abenteuerlichem Zustand, aber dort, wo sich früher Trekker und Träger über verschlungene Pfade am tosenden Kali Gandaki entlang mühten, fahren nun vereinzelt rustikale Busse, Jeeps und Motorräder. Die Fahrt in den übervollen Fahrzeugen dauert einen Tag, ist ungemütlich und wegen der ungesicherten Erdstraße entlang tiefer Schluchten und dem Zustand der Fahrzeuge nicht ungefährlich. In der **Monsunzeit** (Mai bis Oktober) ist die Straße wegen **Erdrutschen** oft nicht durchgängig befahrbar.

Links: Heimkehr einer Bergbäuerin in das Gurung-Dorf Ghandrung,

An dem Jomsom gegenüberliegenden Ufer (nur Fußgängerbrücke!) beginnt die **„Straße"** hinauf zum Pilgerort **Mukthinath**, bis 3800 m ü. M. Auf dieser abenteuerlichen Bergpiste verkehren Jeeps und Busse; selbst Allrad-Wohnmobile sind schon gesichtet worden. Auch auf der anderen Seite des Annapurna-Massivs, von **Besisahar** bis über **Manang** hinaus, gibt es nun eine ungeteerte, sehr exponierte **„Straße"**.

Um Trekkern weiterhin angenehmes Wandern zu ermöglichen, hat man als Alternative zur Straße neue Wanderwege ausgewiesen: die **New Annapurna Trekking Trails (NATT)**, blauweiß und rotweiß markiert – im **Gandaki-Ta**l z. B. auf der viel ruhigeren und landschaftlich reizvolleren Ostseite; und auch für den Anmarsch nach Manang gibt es Varianten abseits der Erdstraße. Manche Guides kennen diese allerdings nicht oder marschieren lieber bequemer auf der Jeeppiste.

Nutznießer des Straßenbaus sind Inder auf Pilgerfahrt zum heiligen Mukthinath – darunter viele alte oder körperlich nicht belastbare. Wer von ihnen Geld hat, fliegt zum **Flugplatz** in **Jomsom** und nimmt dann den Jeep zum Tempel. Außerdem profitieren Motorradfahrer mit dem Ziel Muktinath und besonders **Mountain-Biker** auf der Annapurnarunde, die vorher tagelang ihr Rad tragen mussten, um die reizvol-

» Karte S. 148-149, Info S. 161

ANNAPURNA-REGION

5

Annapurna-Region

Foto: Andreas Neuhauser

len Touren um Manang und Jomsom zu erreichen. Der Thorong-Pass-Übergang ist allerdings noch eine Schiebestrecke.

Das Trekkerverhalten auf der Annapurnarunde hat sich verändert: Nach dem knieerweichenden Abstieg vom Thorong-La nach Mukthinath fahren dann viele mit Jeep/Bus über Jomsom nach Tatopani und wandern erst von dort weiter, auf dem Trekkingweg via Ghorepani in Richtung Pokhara.

Kaum beeinflusst sind das Trekking zum Annapurna Base Camp und der Ghandrung-Ghorepani-Trek.

Die Landschaft ist geprägt durch die beiden Flüsse Kali Gandaki und Marsyandi, die sich zwischen den Achttausendern Dhaulagiri, Annapurna und Manaslu eingegraben haben. Dabei schufen sie nicht nur die tiefsten Täler der Erde, sondern auch die einzigen direkten Nord-Süd-Verbindungen durch den Himalaya-Hauptkamm zwischen Tibet und Indien. Seit über 2000 Jahren benutzen Handelskarawanen die Pfade entlang des reißenden Kali Gandaki, um Salzstein, Wolle, Butter und Vieh in Indien zu verkaufen und von dort Reis, Gerste, Zucker, Tabak und Gewürze zurück nach Tibet zu bringen.

Oben: Out of Pokhara – der eine sucht Fun, der andere Shiva (nahe Beni). Rechts: Blick vom Kali-Gandaki-Tal (2800 m) bei Jomsom, auf den Dhaulagiri (8167 m)

Neben der atemberaubenden Gebirgskulisse gehört auch die ethnische Vielfalt der Bewohner zum Erlebnis Annapurna. Um Pokhara besiedeln hinduistische Volksgruppen die hügelige Landschaft. Die meisten gehören zu den hohen Kasten der Bramahnen und Chetris. An den steilen Berghängen zu Füßen der Achttausender leben die Gurung. Sie verehren sowohl hinduistische als auch buddhistische Gottheiten. Ihre Dörfer sind meist wohlhabend, da die Männer von den Briten gerne als Soldaten ins *Gurkha*-Regiment aufgenommen werden, was sie zum Bezug einer relativ guten Pension berechtigt.

In den Hochtälern hinter dem Himalaya-Hauptkamm leben buddhistische Völker: Die Thakali am Oberlauf des Kali Gandaki waren früher erfolgreiche Salz- und Getreidehändler; heute machen sie als Hotel- und Lodgebesitzer ihr Geschäft mit den Touristen. In Muktinath dominieren die tibetisch geprägten Baragaonlis. Auf der Ostseite des Thorong-Passes leben die buddhistischen Manangis, denen das nepalesische Königshaus schon früh Reisefreiheit und Steuerprivilegien gewährt hatte. Das machte diese gewieften Fernhändler reich. Heute wohnt kaum einer von ihnen noch in Manang; die meisten leben in Kathmandu, wo ihnen Hotels, Discos und Bars gehören. Ihre Lodges entlang des Annapurna-Treks haben sie meist an andere Nepali verpachtet.

Trekking in der Annapurna-Region ist leicht zu organisieren, denn die Popularität dieser Region hat eine verhältnismäßig gute Infrastruktur entstehen lassen. Viele Dörfer haben Strom, manche, wie Ghandrung oder Jomsom, ein eigenes Wasserkraftwerk. In vielen Orten

» Karte S. 148-149, Info S. 161

Foto: Kay Maeritz

gibt es Internet, in Jomsom sogar einen Bankomaten. Auch Handyempfang ist entlang der Hauptstrecke meist möglich. Die Lodges werden immer komfortabler, ihre Speisekarten vielfältiger, und etliche bieten gratis W-Lan.

Annapurna Conservation Area Project (ACAP)

ACAP ist eine 1986 gegründeteNichtregierungs-Organisation, die dem National Trust for Nature Conservation untersteht. Sie will den enormen Einfluss, den Tausende von Trekkern auf diese sensible Bergregion haben, regulieren. Besondere Anliegen sind der Umweltschutz, die nachhaltige Nutzung der Wälder und die gerechte Teilhabe der Bevölkerung an den Einnahmen aus dem Tourismus. Nicht der Mensch soll von der Natur getrennt werden, so die Statuten, sondern er soll sie in einem gesunden Miteinander als Lebensgrundlage schützen lernen. Finanziert wird ACAP über die Annapurna-Nationalpark-Eintrittsgebühren.

ANNAPURNA-RUNDE

Dauer: 2 Wochen bei Flug von oder nach Jomsom; 3 Wochen Gehzeit von Dumre / Besisahar via Ghorepani bis Naya Pul / Pokhara (ohne Bus/Jeep-Benützung zwischendurch).

Höchste Übernachtungsmöglichkeit: Thorong Phedi High Camp, 4404 m. Höchster Punkt: Thorong-Pass 5416 m.

Die Marschrichtung zum Pass im Gegenuhrzeigersinn, via Manang, ist günstiger für die Höhenanpassung als der Thorong-La-Aufstieg von Muktinath. Die Tagesetappen können in 5-6 Stunden Gehzeit bewältigt werden. Wer dem Straßenbau bzw. der„Masse" aus dem Weg gehen möchte, kann stellenweise dem markierten **New Annapurna Trail** folgen bzw. statt der hier genannten Übernachtungsorte in den Dörfern dazwischen nächtigen.

1. Tag: Ausgangsort zur Annapurna-Umrundung ist der Ort **Dumre** (400 m) an der Hauptstraße Kathmandu-Pokhara, per Bus zu erreichen. (Tipp für einen längeren Aufenthalt: das malerische

Foto: Berthold Schwarz

Bergstädtchen **Bandipur** mit netten Guesthouses und Himalayablick; von Dumre 7 *km*.) **Busse** fahren weiter nach **Besisahar** (800 m), dem letzten größeren Ort am Marsyandi-Fluss. Unterwegs sieht man Himal Chuli (7893 m) und Manaslu (8163 m) zur Rechten und Annapurna II. und IV. (7937 m) zur Linken.

2. Tag: Über **Khudi** bis nach **Bhulbhule** (850 m), wo der erste **ACAP-Checkpost** die Tickets kontrolliert, schlängelt sich ein Fahrweg an der steilen Flussuferflanke entlang; diese holprige **Jeep-Straße** führt bis Manang. Ab Bhulbule verläuft der Fußweg jedoch auf der anderen Seite des Marsyandi. Nach der großen **Hängebrücke** geht es auf einem Pfad weiter, der durch Dörfer und Reisfelder nach **Bahundanda** (1250 m) hinaufführt (Polizeiposten).

3. Tag: Der Weg folgt dem Marsyandi, der sich hier ein so tiefes Tal gegraben hat, dass es nur selten möglich ist, einen Blick auf einen der eisstrotzenden Gipfel zu erhaschen. Viele Auf- und Abstiege über rutschige Stufen, über Hängebrücken und an drängelnden Ponykarawanen vorbei. In **Chamje** (1400 m) wird übernachtet.

4. Tag: Der Weg hinauf nach Bagarchap ist eine der schweißtreibendsten Etappen der ganzen Tour. Surrealistische Landschaft mit gewaltigen Wasserfällen, die von unsichtbaren Gletschern gespeist werden, entschädigt für die Strapazen. ACAP-Checkpost in **Dharapani**. Übernachtung in **Bagarchhap** (2184 m) mit schönen Lodges und Blick auf **Peak 29** (7871 m) und **Manaslu** (8163 m).

5. Tag: Bei einer Holzbrücke, kurz hinter Bargachap, teilt sich der Weg. Nach links geht es über **Temang** (2100 m); dieser ist anstrengender, wird aber mit einer besseren Aussicht belohnt. Der andere – vorbei an einem schönen Wasserfall – verläuft tiefer im Tal und wird häufiger begangen. **Chame** (2680 m), das Tagesziel, liegt unterhalb einer im-

Oben: Braga mit seiner alten Gompa. Rechts: Schöne Aussicht von einer Lodge in Ghusang (3900 m, oberhalb von Manang) auf die Gangapurna (7455 m).

» Karte S. 148-149, Info S. 161

Foto: Berthold Schwarz

posanten Felswand. Beeindruckender Blick auf **Annapurna II.** (7937 m) und **Lamjung Himal** (6983 m). Die besten Lodges sind im Ortszentrum. Hier findet man eine Bank, ein Telefon für Auslandsgespräche und Shops für Lebensmittel und Trekking-Utensilien.

6. Tag: Landschaftlich sehr reizvolle Etappe. Ohne große Höhenunterschiede schlängelt sich der breite Weg unter Nadelbäumen am Marsyandi entlang. Ab der großen Hängebrücke wird rechts der Blick auf eine spektakuläre 1000 Meter hohe konkave **Wand** aus riesigen glatten Felsplatten frei.

Pisang hat zwei Ortsteile. Der untere (3180 m) liegt direkt am Annapurna-Rundweg; gute Lodges. Ein Abstecher zum historischen Oberdorf **Upper Pisang** (3380 m), das 200 m höher am Steilhang klebt, lohnt, denn der Blick auf den majestätischen Gebirgsstock mit **Annapurna II.** (7937 m) und **IV.** (7525 m) ist grandios, und die Lodges hier oben sind deshalb schnell voll. Pisang ist auch Ausgangspunkt für die Besteigung des **Pisang Peak** (6091 m).

7. Tag: Ein Tag ohne große Anstrengung (falls man nicht den schönen Höhenweg über **Ngawal** nimmt). Auf halber Strecke liegt **Hongde** (3340 m), das **Flugfeld** der Region. In **Braga** (3450 m) lohnt die über 900 Jahre alte **Kargyupa Gompa** einen Besuch. Aus Akklimatisationsgründen sollte man in **Manang** (3500 m) einen Ruhetag einlegen. Großartiger Blick auf die Annapurna-Gruppe und viele Ausflugsmöglichkeiten. Um 15 Uhr findet während der Hauptsaison im Office der **Himalaya Rescue Association** ein Briefing über Höhenkrankheit statt. Die westlichen Ärzte hier helfen bei Unfällen und Erkrankungen und organisieren Rettungsflüge.

8. Tag: Ruhetag; Gelegenheit zu passiver oder aktiver Höhenanpassung. Das **ACAP Office** in **Manang** hat weniger kontrollierende als repräsentative Aufgaben. Hier gibt es Infos über die Situation am Thorong La, über Wanderungen um Manang, die Tier- und Pflanzenwelt im Annapurna-Gebiet und die Projekte des ACAP. Lohnend ist der Ausflug zum **Ngawal-See** (4600 m), nordöstlich von

» Karte S. 148-149, Info S. 161

Foto: Berthold Schwarz

Braga, oder – für Abenteuerlustige – ein **Rafting** unten auf dem Fluss, oder auch der mehrtägige Ausflug zum 4919 m hoch gelegenen **Tilichio-See** am Fuß des Tilicho Peak (7134 m). Auch von dort kann man nach Jomsom absteigen.

9. Tag: Maximal bis zum Ort **Lattar** (Leddar; 4200 m) aufsteigen. Überwältigende Blicke auf die Annapurna-Gipfel. In der Hauptsaison sind die Unterkünfte vor dem Thorong La ausgebucht! Ein lohnender Akklimatisationsspaziergang sind die **Yakweiden** oberhalb von Lattar, über die auch der Weg zum **Chulu Basecamp** führt. An den steilen Grasflanken lassen sich mit etwas Glück die ziegenähnlichen Himalaya-Thars beobachten.

10. Tag: Als Ausgangspunkt für den Thorong La bieten zwei große Lodges den Horden von Trekkern und Trägern Unterkunft. Die Mehrheit steigt in **Thorong Phedi** (4450 m), auch **Base Camp** genannt, ab – meist überfüllt und qualvolle Enge im Speisesaal (Auslandstelefonate möglich u. Organisation von Hubschrauber-Rettung). 1 ½ Std. weiter oben liegt das **High Camp** (4810 m); wegen der großen Höhe sollte dort aber nur übernachten, wer bereits sehr gut akklimatisiert ist!

11. Tag: **Thorong La – Passüberschreitung** (5416 m). Wettervorhersage beachten (Okt. 2014: 43 Tote wg. Schneesturm!) und gegen 4 Uhr morgens von Thorong Phedi los gehen. In der Saison gibt es auf halber Strecke und auf dem Pass **Teehäuser**. Der Aufstieg (knapp 1000 Höhenmeter) dauert ca. 5 Std.; der Abstieg (1600 Höhenmeter) nach **Muktinath** (3800 m; s. S. 157) ca. 5 Std. (strapaziös für die Knie: Stöcke benützen). Bei Nebel und Schneefall ist die Gefahr groß, sich zu verlaufen, dann unbedingt in der Hütte besseres Wetter abwarten; auch an die Träger denken, die schlechtere Ausrüstung haben!

Von Muktinath nach Pokhara gibt es mehrere Varianten. Der schnellste Weg: mit dem **Sammeljeep** für etwa

Oben: Chörten bei Lattar (dahinter: Tilicho Peak, 7134 m). Rechts: Atemlos in 5416 m Höhe – der Thorong La fordert Tribut.

» Karte S. 148-149, Info S. 161

Foto: Berthold Schwarz

800 Rs in einer knappen Stunde hinab nach **Jomsom** (2743 m; s. S. 156) und dann per **Flugzeug** nach Pokhara.

Wer **zu Fuß**, aber ohne Jeep-Staub die Berge genießen möchte, kann entweder über den urigen Ort **Jhong**, der einst zu Upper Mustang gehörte, ins berühmte **Kagbeni** absteigen (nette Lodges), oder den einsameren, landschaftlich schönen Weg über den Thakali-Ort **Lupra** nach **Jomsom** nehmen.

Die meisten Annapurna-Umrunder fahren die Strecke von Jomsom nach **Tatopani** mit **Jeep** oder **Bus** statt auf der Straße zu laufen und hängen dort noch zwei Tage Trekking über **Ghandrung** an. Die Tour endet dann in **Naya Pul**, wo Busse und Taxis (ca. 1500 NR) nach Pokhara fahren. (Nähere Beschreibung: siehe Beni-Muktinath-Trek und Gandrung-Ghorepani-Trek.)

BENI-MUKTINATH-TREK

Ein leichter Trek für Einsteiger: durchs tiefste Tal der Erde zur Hindupilgerstätte Muktinath. Entlang des heiligen Flusses Kali Gandaki von den Monsunwäldern zu den Trockengebieten des inneren Himalaya, von den Hindus zu den Buddhisten. Der Straßenbau in der Annapurna-Region hat diesen Trek am meisten beeinflusst. Die ursprüngliche Wanderstrecke entspricht heute fast durchgehend der neuen Straße. Was für „harte" Trekker ein Gräuel, ist für **Softtrekker** und **Mountain-Biker** angenehm, denn die „Straße" gleicht eher einem Feldweg, und das Verkehrsaufkommen ist bescheiden.

Der beste Ausgangspunkt ist die sympathische Kleinstadt **Beni** (850 m) am Kali Gandaki. Bis dorthin fahren große Busse oder auch Taxis von Pokhara aus (80 km). Als Ziel für den ersten Tag empfiehlt sich **Tatopani** (1189 m, 25 km) mit seinen heißen **Schwefelquellen** und hübschen Orangenbäumen. Nun beginnt die Straße langsam zu steigen und passiert eine exponierte, absturzgefährdete Passage hoch über dem Kali Gandaki, der sich durch eine tiefe Schlucht zwängt. Die ursprüngliche Trekkingroute verläuft auf der an-

deren Seite. Im Ort **Ghasa** (2012 m) gibt es einen Busbahnhof und einen **ACAP Checkpoint**. Doch es lohnt, noch bis hinauf nach **Kalopani** (2500 m, 21 km) zu steigen, denn von dort ist der Blick auf Tilichio Peak (7134 m) und Nilgiri (7061 m) am besten. Die 28 km nach Jomsom (2743 m) lassen sich auch zu Fuß an einem Tag schaffen. Die Straße steigt kaum mehr an, und der Klimawechsel von den Almwiesen zur wüstenartigen Steppe, über die am Nachmittag thermische Sandstürme fegen, ist beeindruckend. Nicht nur die Landschaft ist interessant, auch die Menschen: Sie verehren keine Hindugötter – buddhistische Klöster, Manimauern, Chörten und Mönche prägen das Bild. Auf dem Weg ist das wohlhabende Thakali-Dorf **Marpha** einen Besuch wert – die Apfelhauptstadt Nepals, in der Obstler und guter Aprikosenschnaps gebrannt wird.

Jomsom (2743 m) ist die Hauptstadt des Mustang-Distrikts und beherbergt das sehenswerte **Mustang Eco-Museum**. Entlang der verkehrsarmen, windigen alten Basarstraße finden sich nette kleine **Hotels** (u. a. *Mustang Taj*); daneben der schwierig anzufliegende **Flugplatz**. Überquert man die **Gandaki-Brücke** (nur Fußgänger und Motorräder), erreicht man den Startplatz der Jeeps und Busse nach Muktinath. Vom Ostufer lässt sich auch eine Tagesrundwanderung – teils auf dem rotweiß markierten Annapurnaweg – machen: Aufstieg zum Dorf **Thinigaon** und dem **Dhumba-See**, mit Abstecher zu dem altehrwürdigen **Kloster Samle**, dann Abstieg via Dhumba und über eine neue Brücke zurück nach Jomsom.

Archaisch mutet die Dorffestung **Kagbeni** (2820 m) an, die 3 ½ Std. weiter an der Grenze zum noch bis 1992 „verbotenen Königreich“ **Mustang** (Lo Manthang) liegt. Hier begegneten sich früher die Karawanen aus Tibet und Indien, um ihre Waren auszutauschen.

Die bewegte Geschichte der Region Kagbeni/ Muktinath reicht weit zurück;

Oben: Blick über Kagbeni und das Kali Gandaki-Tal zum Nilgiri (7061 m). Rechts: Ein Sadhu am Ziel seiner Pilgerschaft in Muktinath.

» Karte S. 148-149, Info S. 161

Foto: Ian Tomlinson-Walker

1000 Jahre vor Christus kamen die ersten Pilger nach Muktinath. Bis ins 20. Jh. führte das Ringen um die Kontrolle der Handelswege immer wieder zu kriegerischen Auseinandersetzungen unter den Volksgruppen. Das alte Fort bei **Khingar** (3359 m) ist Zeuge dieser unruhigen Epoche. Es wurde um 100 v. Chr. gegründet, mehrfach zerstört und wieder aufgebaut. Zu jener Zeit bedeckten dichte, wildreiche Wälder die heute versteppten Hänge.

Auch ab Kagbeni fahren Jeeps nach **Mukthinath**. Die verkehrsfreie Alternativroute führt zuerst ein Stück Richtung Mustang hinein und bei der ersten Kreuzung rechts über **Jhong** zu dem Pilgerort (ca. 3 ½ Std., kein Upper Mustang Permit notwendig).

Das **Heiligtum von Muktinath**, in 3800 m Höhe, wird von Buddhisten und Hinduisten gleichermaßen verehrt. Der Grund für die mystische Bedeutung dieses Ortes ist eine unscheinbare, kleine, bläuliche **Erdgasflamme**, die in einer Felsnische auf einer Wasserquelle tanzt und unter dem Altar eines Klosters fahl vor sich hin flackert. Im August findet das wichtigste Pilgerfest in Muktinath statt: Zum *Janaipurnima* kommen die Angehörigen der hohen hinduistischen Kasten hierher, um ihre heilige Schnur zu wechseln. Zur äußerlichen Reinigung müssen sie unter den **108 Wasserspeiern**, die als Kuhköpfe gestaltet sind, hindurchlaufen.

Für trittsichere Trekker und gute Mountain-Biker ist der wenig begangene, aber gut markierte Abstieg **über Lupra nach Jomsom**, der über einen kleinen Pass (1 Std. Aufstieg) führt, eine äußerst lohnende Alternative zur Straße (3-4 Std.).

ANNAPURNA BASE CAMP

Die Szenerie im Annapurna Base Camp, dem größten Naturtheater der Erde, gehört zu dem gewaltigsten, was der Himalaya zu bieten hat. Der große Vorteil des „ABC-Treks" liegt darin, dass man sich relativ schnell und ohne zusätzlichen Flug inmitten der eisgepanzerten Bergriesen wiederfindet. Dauer:

» Karte S. 148-149, Info S. 161

Foto: estivillml (iStockphoto.com)

Je nach Kondition und Variationen 8-14 Tage, höchste Übernachtung und höchster Punkt: Annapurna Base Camp (ABC) 4130 m; durchgehendes Angebot an Lodges.

Der beste Ausgangspunkt ist **Phedi** (1200 m), ca. 30 Minuten mit dem Taxi von Pokhara entfernt. Wer rechtzeitig aufbricht, schafft es leicht in einem Tag über **Dhampus** (1650 m) und den **Bhichok-Deorali-Pass** (2149 m) nach **Tolka** (1650 m). Viele Lodges und fantastischer Ausblick auf Annapurna South (7219 m). Am nächsten Tag führt ein schmaler Pfad hinter **Landrung** (1600 m) hinab zum Modi Khola (Fluss, 1500 m). Nach der Überquerung der **New Bridge**, die eine alte Holzbrücke ist, geht es fast 1000 Höhenmeter steil und schweißtreibend hinauf nach **Chomrong** (2050 m; Lodges und Shops), dem besten Aussichtsort auf den Macchapuchare (6993 m). Wer es gemütlicher angeht, kann bereits davor, in **Chinudanda** (1700 m), Quartier beziehen und in den **heißen Quellen** entspannen.

Oben: Blick vom Annapurna-Basecamp zum Peak 7126 des Annapurna-Süd-Massivs. Rechts: Ghandrung bietet sehr gepflegte Lodges – und einen tollen Macchapuchare-Blick.

Von nun an geht es durch Bambus- und Rhododendronwälder über Tausende von Stufen bergauf und bergab am Fluss entlang. Das Tal des Modi Khola ist hier so tief eingeschnitten, dass die schneebedeckten Gipfel nicht zu sehen sind. Vorsicht, der Weg ist schmal und erfordert Trittsicherheit! **Extreme Lawinengefahr** herrscht von Dezember bis März und ansonsten bei Neuschnee auf der Strecke Himalaya Hotel – Deorali – Annapurna Base Camp! Sportliche, gut akklimatisierte Trekker erreichen an einem Tag (8 Std. Gehzeit) von Chomrong via **Kuldi Ghar** (2500 m) die Lodge-Siedlung **Deorali** (3350 m); die gemütlichere Etappe endet in **Dovan** (2700 m). Von beiden Orten aus lässt sich an einem Tag das **Macchapuchare Base Camp** (MBC, 3720 m) erreichen. Das **Annapurna Base Camp** (ABC, 4095 m) liegt ca. 1 ½ Stunden weiter. An beiden Orten stehen Lodges, die in der Haupt-

» Karte S. 148-149, Info S. 161

Foto: Andreas Neuhauser

saison meist überfüllt sind. Auf keinen Fall sollte der Sonnenaufgang verschlafen werden: Wenn die geriffelten Eisgrate der Sieben- und Achttausender im Morgengrauen zu glühen beginnen, ist das ein unvergesslicher Anblick! Für erfahrene Bergsteiger, die Steigeisen und Eispickel dabei haben, ist die Besteigung des **Tent Peak** (Tharpu Chuli, 5663 m, Climbing Permit US$ 350), eine Möglichkeit, den Gipfeln noch näher zu kommen.

Der kürzeste Rückweg führt zurück zur „New Bridge" und von dort auf der linken Seite des Modi Khola direkt nach Birethanti. Viele Trekker machen aber noch einen Abstecher nach **Ghandrung** oder **Ghorepani**, bevor sie nach Pokhara zurückkehren.

GHANDRUNG – GHOREPANI – POON-HILL-TREK

In den Vorbergen des Annapurna-Massivs, die eine Höhe von rd. 3000 m erreichen, verbinden zahllose Wege die schmucken Dörfer der Gurung – ein ideales Trekking-Gebiet für alle, die gemütliches Wandern in lieblicher Kulturlandschaft und gut ausgestattete Unterkünfte schätzen und trotzdem die Aussicht auf den Himalaya aus nächster Nähe genießen möchten. In den größeren Orten, besonders in Ghandrung, gibt es gute Lodges. Dauer: 3-8 Tage; höchster Punkt Poon Hill 3194 m; 4-5 Stunden Gehzeit pro Tag.

Von **Phedi** (1200 m) bei Pokhara geht es steil über zahllose Stufen hinauf nach **Dhampus** (1650 m); vormittags gibt es parallel einen Jeep-Shuttle auf der neuen **Erdstraße**. Der Weg wird flacher und erreicht bald die ersten Rhododendron-Wälder. Auf einer Lichtung liegt der Ort **Pothana** (2000 m) mit etlichen Lodges, der von Phedi in 4 Stunden zu erreichen ist. Als Alternative gibt es einen Weg von **Khare** (1730 m) an der Hauptstraße, westlich von Phedi) nach Pothana.

Es lohnt, am nächsten Morgen früh aufzubrechen, denn das herrliche Bergpanorama von dem 45 Min. entfernten **Bhichok-Deorali-Pass** (2149 m) wird bald wieder von Wolken verdeckt.

» Karte S. 148-149 u. S. 160, Info S. 161

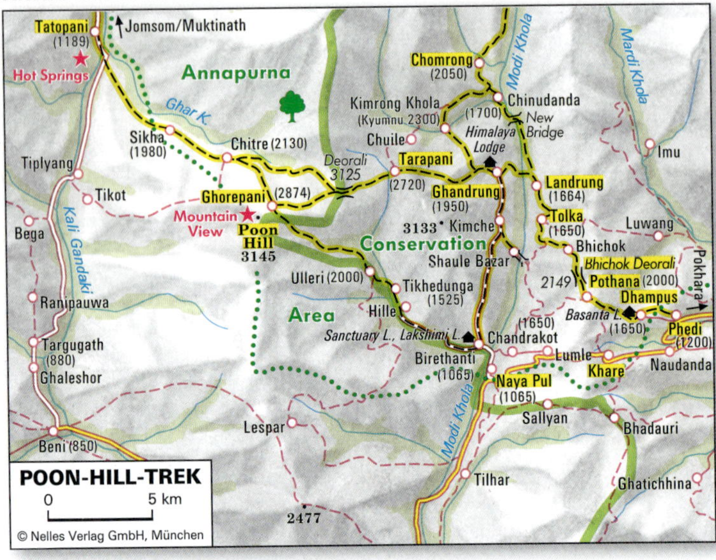

Ein steiler, rutschiger Pfad führt hinab nach **Tolka**. Den **Annapurna South** (7219 m) vor Augen, geht es durch Reisfelder zum Gurung-Dorf **Landrung** (1664 m), dem Tagesziel.

Ghandrung (1950 m) scheint von Landrung zum Greifen nah; in diesem Musterort des ACAP locken die komfortabelsten Unterkünfte (u .a. Hotel Milan), in prächtigen Steinhäusern mit geschnitzten Fensterrahmen. Doch zuvor muss der tiefeingeschnittene **Modi Khola** (1300 m) auf einer Brücke überquert und ein steiler Aufstieg bewältigt werden. Am Nachmittag bleibt noch Zeit, das **ACAP Center** zu besuchen.

Der Fortschritt rollt auch hier: Von Nayapul/Birethanti aus ist eine neue **Erdstraße** nach Ghandrung in Bau; 2013 hatte sie (und mit ihr Jeeps und Motorräder) bereits **Kimche** erreicht, von wo man noch etwa eine Stunde bis nach Ghandrung aufsteigt.

Die Etappe von Ghandrung zu dem urigen Gurung-Dorf **Tarapani** (2720 m) führt durch Rhododendronwäler, in denen Himalaya-Languren leben.

Auch am Weg über den 3125 m hohen **Deorali-Pass** nach **Ghorepani** (2874 m) dominiert der Rhododendron; herrlich, wenn er im März/April blüht.

Ein Muss in Ghorepani ist der **Sonnenaufgang** auf dem **Poon Hill** (3194 m) wegen des erstklassigen **Himalayablicks** auf Dhaulagiri und Annapurna.

Von Ghorepani kann man entweder in zwei Tagen via **Hille** (ab hier Erdstraße) nach **Naya Pul** (1065 m) zur Hauptstraße nach Pokhara absteigen (Busse/Taxis) oder nach Westen zu den **heißen Quellen** von **Tatopani** (1189 m). Von dort geht es zu Fuß oder per Bus weiter, nordwärts nach Jomsom/Muktinath oder südwärts nach Beni.

DHAULAGIRI-UMRUNDUNG

Dieser anspruchsvolle 21-Tage-Trek im „alten“ Stil – mit Zelten, Trägern und Küchencrew – ist für Geübte eine Alternative zur vielbegangenen, durch Straßenbau beeinträchtigten Annapurna-Runde. Unterwegs kann der **Thapa Peak** (6012 m) bestiegen werden.

» Karte S. 160, Info S. 161

TREKKING-SAISON: Beste Zeit ist Okt./ Nov. und März-Mai. Im Monsun sind die trockenen Regionen hinter dem Himalaya-Hauptkamm wie Jomsom und Manang lohnende Ziele, wenn auch der Bergblick nicht immer wolkenfrei ist. Wegen des Regens und der Blutegel ist während des Monsuns Trekking südlich des Hauptkamms nicht zu empfehlen.

EINTRITT: Für Treks im Annapurna-Gebiet ist – außer dem **TIMS** – das **ACAP Entry Ticket** (2000 NR) nötig, erhältlich im ACAP Office in Kathmandu oder Pokhara (siehe Infoboxen dort); auch an den Kontrollposten im Gebirge, dort kostet es jedoch doppelt soviel!

FLÜGE: Täglich Flüge zwischen **Pokhara** und **Jomsom** (ca. 100 $); Tickets können an beiden Orten gekauft werden. Das gleiche gilt für die zwei Mal pro Woche stattfindenden Flüge zwischen **Pokhara** und **Hongde** bei Manang (105 $). Besonders im Monsun kann von Jomsom oder Hongde oft mehrere Tage hintereinander kein Flugzeug starten; deshalb unbedingt Puffertage einkalkulieren vor einem eventuell anschließenden Heimflug von Kathmandu. Auf der Strecke Pokhara-Jomsom hat es schon mehrere Abstürze gegeben.

BUS UND TAXI: **Dumre**, Ausgangspun kt zur Annapurna-Runde, ist am einfachsten mit dem „Tourist Bus", der zwischen Kathmandu und Pokhara verkehrt, zu erreichen. Taxis fahren von Pokhara aus zu den Startorten **Phedi** (1000 NR) und **Naya Pul / Birethanti** (2500 NR). Wer sein Trekking dort beginnt oder beendet, findet dort immer Taxis.

Busverbindungen zwischen **Pokhara** und **Jomsom**: Zwischen Pokhara und Beni täglich mehrere „local busses" (80 km, 3-4 Std. Fahrzeit). Mehrere Kleinbusse täglich auf der Strecke **Beni – Jomsom** (ca. 6 Std., ca. 3000 NR). In Ghasa muss umgestiegen werden. Die Fahrt ist strapaziös und wegen Steinschlag- und Absturzgefahr nicht ungefährlich. Während der Regenzeit Strecke oft wochenlang wegen Erdrutschen nicht passierbar. Zwischen **Jomsom** und **Muktinath** pendeln Jeeps (800 NR/Person).

An den Trekkingrouten gibt es viele Lodges und Restaurants. Die günstigen Zimmerpreise (300-800 NR für DZ) werden durch das Essen in den Lodges subventioniert. Übernachtungsgäste, die nicht in ihrer Lodge speisen, müssen mehr bezahlen.

FESTE (variabel, n.d. Mondkalender): *März*: **Torungla**, Pfeil- und Bogenfest bei den Thakali in Tukuche. *August*: **Janai Purnima**, wechseln der heiligen Schnur für die höchsten Hindukasten in Muktinath. **Yartung**, Reiterfest in Muktinath. *September*: **Shyopen Jhawa**, Dorffest der Thakali in Kobang. *November*: **Dekhyop**, Maskentänze in den Klöstern von Marpha und Tukuche.

Das **Krankenhaus** in **Jomsom** bietet zuverlässige Versorgung. Die Himalaya Rescue Association unterhält während der Trekking-Saison eine **Klinik** in **Manang** mit westlichen Ärzten. Hubschrauberbergungen lassen sich über die ACAP Checkposts, Polizeiposten oder die Telefonstationen in den größeren Ortschaften organisieren.

GELD: In Jomsom gibt es eine Bank mit ATM (Bankautomat) für Kreditkarten. In Chame, Tatopani, Manang und Jomsom gibt es Bargeldwechselmöglichkeiten. Am einfachsten sind große Dollarscheine zu wechseln, auch Euroscheine werden meist akzeptiert. Die Wechselkurse sind relativ schlecht, am besten genügend Bargeld in Rupien mitnehmen.

Fast im ganzen Kali-Gandaki-Tal, v.a. um Jomsom und Muktinath, teils auch auf der Manag-Seite **Handyempfang** (Roaming oder nepales. SIM- Karte). **Internetzugang** in allen größeren Orten wie Manang, Muktinath, Kagbeni und Jomsom. **Festnetztelefon** in allen größeren Orten.

Im Tal von **Jomsom** herrscht ab 10.30 Uhr bis abends **extrem starker, staubiger Südwind** – wer zu spät talabwärts läuft, hat üblen Gegenwind. **Mountain Bikes** sind im Nationalpark erlaubt. Legendär ist das MTB-Rennen **Yak Attack** von Kathmandu über den Thorong La bis nach Jomsom.

Susanne v.d. Heide

Typischer Tor-Chörten in Tsarang

Foto: Berthold Schwarz

MUSTANG – DAS „VERBORGENE KÖNIGREICH“

MUSTANG

Nördlich der Bergriesen Annapurna und Dhaulagiri liegt auf einem Hochplateau das ehemalige, 2008 offiziell aufgelöste kleine Königreich **Mustang**, zwischen Nepal und Tibet, gesäumt von einer ca. 6000 m hohen Gebirgskette. In den 1960ern trainierten hier tibetische Guerillakämpfer, unterstützt von der CIA; bis 1992 durften Fremde das „verbotene“ Königreich nicht betreten. Legenden und Mythen ranken sich um die Geschichte von Mustang, das auch **Lo** genannt wird. Nicht weit von der tibetischen Grenze (Jeep-Straßenverbindung mit Tibet; schlechte Straßenverbindung mit Kagbeni für Jeeps) liegt in 3790 m Höhe die festungsartigeHauptstadt Lo Manthang mit dem alten Königspalast und bedeutenden buddhistischen Klöstern aus dem 15. Jh.

Die ca. 10 000 in Mustang lebenden **Lopa** gehören zum tibetischen Kulturkreis und sind Vajrayana-Buddhisten der Ngor-Sakya-Schule. Oft sieht man in Lo Geisterfallen vor den Hauseingängen zum Schutz vor Dämonen und wassergetriebene Gebetsmühlen.

Die Wege zur Hauptstadt führen entlang bizarrer Felsformationen aus Sandstein, Granit oder Kalkstein, vorbei an skurril verwitterten Lehmkegeln. Aus den bis zu 200 Mio. Jahre alten Ablagerungen der Jura- und Kreidezeit stammen die als heilig angesehenen Saligram-Steine, fossilen Ammoniten, die man entlang der Wasserläufe findet. Auch frühgeschichtliche **Höhlen**, die teils noch bewohnt sind, so bei Garphu und Nyiphu, kann man hoch oben im steilen Fels erkennen; Höhlenforscher haben in Mustang die ältesten Siedlungsspuren im Himalaya entdeckt.

Mustang ist wüstenartig trocken und oft sehr windig. Es herrscht „tibetisch“-kontinentales Klima mit kurzen warmen Sommern und Temperaturen, bis 30 °C. Die Winter sind lang und bis zu minus 15 °C kalt. Das Landschaftsbild ist bis über 4000 m Höhe geprägt von vegetationsarmen alpinen Steppen, auf denen man mit viel Glück einen Schneeleoparden oder Blauschafe beobachten kann. Selten sieht man das Argalischaf oder den Kyang, eine Wildesel-Art. Murmeltiere und Pfeifhasen kommen hingegen öfters vor, auch Steinadler, Himalaya- und Bartgeier ziehen ihre Kreise. Besonders eindrucksvoll ist der Zug der Jungfern-Kraniche hoch am Himmel im Oktober.

Der **Kali Gandaki**, nach einer hinduistischen Göttin benannt, durchquert das gesamte Upper Mustang in einer engen, tiefen Schlucht. Seine Quelle soll sich in der tibetischen Grenzregion

Links: Lodge-Wirtin in Kagbeni, wo der Trek nach Mustang beginnt.

» Karte S. 169, Info S. 177

Foto: Susanne v.d. Heide

am 6480 m hohen Dongmar befinden, dem Sitz der Schutzgottheiten der Königsfamilie von Mustang. Der Kali Gandaki wird gespeist von vielen Wasserläufen, an denen sich kompakte Dörfer, meistens Stampflehmbauten, oft auch Streusiedlungen befinden, die wie kleine Oasen in dieser ariden Wüstenlandschaft wirken.

Die Anbauflächen sind im semiariden Mustang knapp bemessen, hauptsächlich Gerste und Buchweizen werden kultiviert. Im Oktober wird die Ernte eingebracht, und es gehört zu den schönsten Erlebnissen, an einem sonnendurchfluteten Arbeitstag, wenn sich das Laub der Pappeln gelb zu färben beginnt, auf die Felder zu gehen: Man erlebt, wie das Getreide mit dem Dreschflegel im Rhythmus der Erntelieder gedroschen wird, daneben Pferde im Kreis über die Getreidegarben traben und die Frauen in flachen Körben das Korn worfeln.

Oben: Bei der Gersten- und Buchweizenernte in Thingkar worfeln Lopa-Bäuerinnen das Getreide. Rechts: Der ehemalige König von Mustang, Jigme Palbar Bista (reg. 1964-2008).

Neben tibetischen Pappeln und Weiden an den Bewässerungskanälen finden sich Wacholdersträucher und -bäume, deren Zweige in den buddhistischen Klöstern verbrannt werden, um das Böse zu vertreiben. Ferner gibt es Tränenkiefern und Bergzypressen und nur selten größere Baumbestände wie bei Gyakhar und Samar, wo Mulikarawanen Holz abtransportieren. Der Holzeinschlag ist für die begünstigten Dörfer genau festgelegt, ansonsten wird meist mit dem getrockneten Dung von Tieren geheizt und gekocht.

Die Menschen in Mustang gehören zur Volksgruppe der **Lopa**, die sprachlich und kulturell tibetischer Abstammung sind. Seit Jahrhunderten migrieren die Lopa während der kalten Jahreszeit, von Ende Oktober nach der Ernte bis April, nach Kathmandu, Pokhara und Indien, wo sie Handel mit Textilien und Kräutern treiben. Nur die Altenbleiben – oft allein – zurück. Auch die Mönche und Novizen der großen Klöster in Lo Manthang und Tsarang ziehen sich im

» Karte S. 169, Info S. 177

Winter in ihre Partnerklöster in Pokhara und Bodnath bei Kathmandu, zurück.

In der Hauptstadt Lo Manthang gibt es zwei unterstützenswerte Projekte, geleitet von Mönchen, die in Dharamsala studiert haben: In der **Shree Mahakaruna Sakyapa School** im **Kloster Chöde** werden junge Mönche aus Mustang, Tibet und Indien ausgebildet (Wer spenden möchte: www.tsechhen.org.np.) Die **Lo Mustang Foundation** (www.lomustangfoundation.org.np) unterhält mit Hilfe von ausländischen Spenden eine große Schule für mittellose buddhistische Kinder aus Upper Mustang und Dolpo. Ein weiters Projekt der Lo Mustang Foundation kümmert sich um alte Menschen, die hier überwintern.

Foto: Min Vajracharya

Trekkingvorbereitung

Die **Besuchserlaubnis** für Upper Mustang kostet 500 $ und gilt für 10 Tage. Jeder weitere Tag kostet 50 $. Dazu kommen 2000 NRs (ca. 30 $) **Eintrittsgebühr** für das Annapurnagebiet. Diese ist beim Eintritt in die Annapurna Conservation Area bei Ghasa bzw. Jomsom vorzulegen. Der **Checkpost** für Upper Mustang ist in **Kagbeni**, dem offiziellen Entry Point. Beide Permits werden nochmals in Lo Mantang kontrolliert. Wer ein Mustang-Permit hat, braucht kein TIMS. Die Tour darf nur von einer lizensierten Trekking-Agentur organisiert und durchgeführt werden, die auch das Permit besorgt und zumindest einen nepalesischen Guide mitschicken muss. Für die Ausstellung des Upper Mustang Permit sollten zwei Tage eingeplant werden.

Die meisten der jährlich etwa 2000 Besucher fliegen von Pokhara nach **Jomsom** und laufen noch am selben Tag in 3 Stunden entlang dem breiten Bett des Kali Gandaki nach Kagbeni. Ein Rückflug von Jomsom bietet sich auch für die Rückreise an, doch sollten 2 Reservetage eingeplant werden, denn die Maschinen fliegen nur bei gutem Wetter. Man kann auch von Pokhara nach Jomsom mit dem Bus fahren (2 Tage, mehrmaliges Umsteigen), doch die Fahrt ist strapaziös und gefährlich. Insgesamt sollte für eine Mustangreise etwa 3 Wochen eingeplant werden, davon 10 Tage für Upper Mustang.

Auf der Hauptroute, westlich des Kali Gandaki, von Kagbeni über Chaile, Samar, Ghemi und Tsarang nach Lo Manthang, gibt es in den Dörfern kleine **Teahouses** mit wenigen einfachen Zimmern. Große Gruppen sind auf Zelte und Küchenmannschaft angewiesen. Auch wer die Rundtour auf der östlichen Seite des Kali Gandaki über Tangye und Pa macht, braucht Zelte, da dort touristische Infrastruktur fehlt.

Da in Mustang ein trockenes, wüstenartiges **Klima** herrscht, ist es auch gut möglich, das Ex-Königreich während der Monsunzeit zu besuchen. Am lohnendsten sind jedoch das Frühjahr und der Herbst, wenn die Sicht auf die mächtigen Himalayagipfel wie Annapurna, Daulagiri und Manaslu am besten ist. Von Anfang November bis

» Karte S. 169, Info S. 177

Foto: Susanne v.d. Heide

April ist es sehr kalt und unwirtlich, und nur wenige Lopas, meist nur die Alten, überwintern hier. Die meisten Teahouses sind dann geschlossen.

Für die **Gompas** werden meist 200 NRs Eintritt verlangt. In der Hauptstadt Lo Manthang kostet der Entry Pass für das Museum und alle drei Klöster 10 $, inklusive Führung. Fotografieren und Filmen der jahrhunderte alten Schätze und Wandgemälde ist meist verboten.

Auf der Hauptroute, der westlichen Seite des Kali Gandaki, ist die neue, ständig durch Steinschlag und Erdrutsche gefährdete **Schotterstraße** von Jomson über Lo Manthang bis zur tibetischen Grenze und dem Pass Kore La (4612 m) fertiggestellt. Die Straße wird Mustang verändern, aber die meisten Einheimischen freuen sich, denn dann ist die Abgeschiedenheit im Winter, nicht mehr so hart zu ertragen, und die hohen Preise für den traditionellen Warentransport mit Trägern und Pferden würden entfallen. Ausserdem wäre die Straße für indische Pilger die kürzeste Verbindung zum Kailash, was Mustangs Wirtschaft enorm beflügeln könnte – so, wie es weiter unten in Jomsom wegen der nach Muktinath strebenden Pilger bereits geschehen ist.

Oben: Der Amchi-Lama von Lo ist Experte in tibetischer Medizin.

Natürlich ist es wenig attraktiv, auf einer Straße zu wandern, doch da schon die von Erdrutschen bedrohte Anfahrt nach Jomson ein unkalkulierbares Risiko ist, wird sich der Verkehr in Mustang (derzeit v.a Jeeps und Traktoren) vorerst in Grenzen halten. Außerdem ist die neue Piste an den meisten Stellen auch nicht breiter als die ursprüngliche Salzstraße, auf der die Yak- und Mulikarawanen verkehren.

Wen die Straße stört, der hat eine große Auswahl an lohnenden Varianten und kleinen Pfaden über Pässe mit herrlicher Aussicht, vorbei an mittelalterlichen Dörfern und Heiligtümern.

Was Mustang allerdings noch viel drastischer verändern würde, wäre der Abbau der jüngst nahe der tibetischen Grenze entdeckten Uranvorkommen.

Seit dem Jahr 2010 darf man auch per **Mountain Bike** Upper Mustang bereisen. Für sportliche Biker gehören die Trails im „Hidden Kingdom" zu den lohnendsten Destinationen im Himalaya! Besonders die langen ebenen Wegstrecken auf der neuen Straße sind auf dem Rad wesentlich kurzweiliger als zu Fuß. Außerdem gibt es keinen Meter Teerstraße, und die Mulipfade sind ideale Singletrails für erfahrene Mountain-Biker. Gute Kondition und Willensstärke sind jedoch wegen der Höhe und der starken thermischen Winde unerlässlich.

TREKKING IN MUSTANG

Kagbeni / Routenvarianten

Kagbeni (2820 m), das Tor zum „Lost Kingdom", kann man noch mit dem normalen Trekking Permit besuchen. Dieses Dorf mit seinen verschachtelten

 » Karte S. 169, Info S. 177

Gassen, Chörten, versteckten Gebetsräumen in Privathäusern sowie dem **Kloster** der Sakyapa-Schule bietet einen Vorgeschmack darauf, was einen in Mustang kulturell erwartet. Besonders eindrucksvoll präsentiert sich von hier aus der **Nilgiri** (7061 m) mit seinen Eisriffelgraten in der Morgensonne. Im Ort gibt es zahlreiche Unterkünfte, die gutes Essen anbieten sowie Internet, Lebensmittel- und Souvenirshops.

Von Kagbeni kann man auf einer Jeeproad bis zum malerischen Bergdorf **Jharkot** wandern, dann weiter zu dem noch vor wenigen Jahren Mustang-Permit-pflichtigen, aussichtsreichen alten Dorf **Jhong**/ Dzong (Teahouse vorhanden) gehen und schließlich weiter zum Pilgerort **Muktinath** (s. S. 157).

Wer im Besitz des Sonderpermits für Upper Mustang ist und dieses in Kagbeni hat abstempeln lassen, kann dann von Muktinath aus weiter über den wenig begangenen, landschaftlich grandiosen **Gyu-La-Pass** (4077 m) ins ehemalige Königreich Mustang hinabsteigen. Der Panoramablick auf Annapurna, Dhaulagiri, Nilgiri, Thorong- und Tilichio Peak ist überwältigend (kein Wasser und keine Teahouses auf der Strecke). Bei dieser Variante stößt man bei Chuksang wieder auf die Hauptroute.

Für eine 10-tägige Trekkingtour durch Mustang gibt es zwei Optionen:

Zum einen die **Rundtour**, die in beide Richtungen möglich ist, aber meist über die Hauptroute Geling, Gemi und Tsarang nach Lo Manthang hin und über Luri Gompa, Tangye und Pa zurück führt. Für diese Trekkingtour sind Zelte, Küchenmannschaft und Träger notwendig. Die meisten Reiseveranstalter bieten diese Runde an.

Die Alternative ist der **Hin- und Rückweg auf der Hauptroute**, bei der verschiedene Varianten möglich sind; diese eignet sich für Besucher, die individuell in Nepal buchen und sich das Geld für eine aufwändige Begleitmannschaft sparen möchten. Übernachtung in Teahouses.

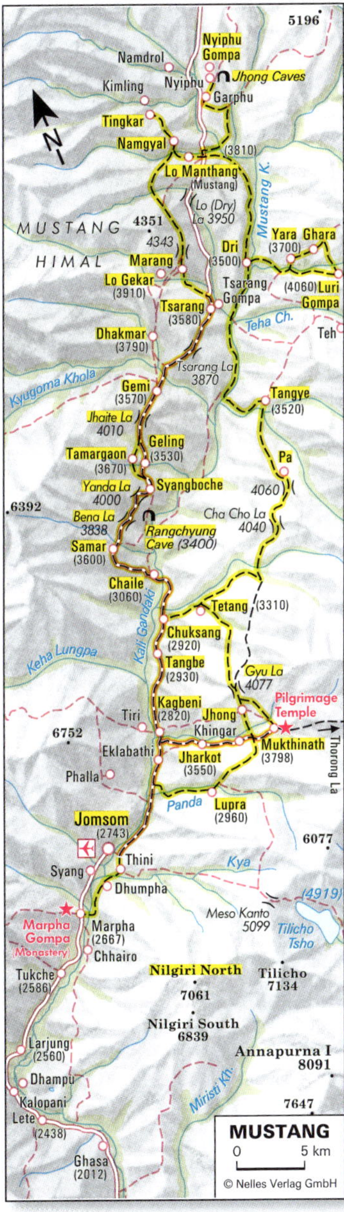

6 Mustang

Foto: Andreas Neuhauser

Kagbeni – Lo Mantang

Kagbeni – Chaile

Die **Hauptroute**, mit Variationsmöglichkeiten auf dem Hin- oder Rückweg, von Kagbeni nach Lo Manthang:

Kagbeni – Chaile (3060 m), ca. 6 Stunden Gehzeit: Die erste Hälfte der Tagesetappe bis nach **Tangbe** auf der Schotterpiste entlang des Kali Gandaki ist nicht sonderlich abwechslungsreich. Die teilweise weiten Ebenen mit spärlichem Bewuchs lassen den Blick eher auf die bizarren Erosionsformationen in der Ferne schweifen.

Da die Straße zum nächsten Dorf **Chuksang** um **Tangbe** herumführt, bekommen nur wenige Trekker diesen noch sehr ursprünglichen Ort mit seinen engen Gassen und alten Häusern, über deren Hauseingängen Geisterfallen aufgestellt sind, zu sehen. Hoch über dem Kali Gandaki windet sich die Straße an steilen Hängen wieder hinab nach **Chuksang**, wo der **Narsing Khola**, ein kleiner Bach, der in der Regenzeit ein größeres Hindernis darstellen kann, überquert werden muß. In dem weiten Flußbett hinter dem Ort hat man die größte Chance, selbst einen der begehrten **Ammoniten** zu finden.

Auf einer **Stahlbrücke** – oberhalb der sich der Fluss durch eine abenteuerliche Höhle zwängt – wird auf die andere Uferseite gequert. Dort ragt das Tagesziel **Chaile**, wildromantisch auf einem Felsabsatz erbaut, 150 Meter vor einem in die Höhe.

Mehrere Teahouses, kaum Variationsmöglichkeiten auf dieser Strecke.

Chaile – Syangmoche

Chaile – Syangmoche (3800 m), lange Etappe, ca. 8-9 Std.: Bis **Samar** auf 3600 m (Teahouses) geht es steil hinauf. Sehr eindrucksvoll ist der leicht begehbare, aber ausgesetzte Steig, der durch eine fast senkrechte Felswand führt. In

Oben: Dhaulagiri-Blick, am Weg zum Gyu La. Rechts: Ein großer Brennholzvorrat gilt in Chuksang (2920 m) als Statussymbol.

» Karte S. 169, Info S. 177

Foto: Susanne v.d. Heide

Lebensgefahr schweben Trekker, wenn sie hier einer beladenen Mulikarawane begegnen und statt zur Bergseite zur exponierten Talseite hin ausweichen!

Hinter dem Pass **Bena La** (3838 m) laden zwei einfache Teashops zur Nudelsuppe bei gigantischem Panorama ein. Eine gemütliche Gehstunde auf der neuen Straße entfernt liegt der **Yanda La**, ein 4000 m-Pass. Während sich die Straße noch weitere 50 Höhenmeter hinauf schlängelt, kürzt der alte Karawanenweg ab. Beide vereinigen sich erst wieder kurz vor **Syangmoche**, einem kleinen Weiler, der sich zu einem beliebten Übernachtungsort gemausert hat. Hier zweigt die Variante über die **Rangchyung-Höhle** ab (siehe unten).

Wer fit genug ist oder keinen Platz mehr in dem in der Hauptsaison oft überfüllten Ort findet, kann nach einem kurzen Aufstieg zum **Syangmoche La** in einer Stunde entweder die Unterkünfte von **Tamargaon** (3700 m) oder den Ort **Geling** (3550 m, Teahouses) erreichen. Geling ist einer der größeren Orte in Upper Mustang, liegt aber abseits und unterhalb der Haupttrekkingroute, weshalb er selten von Touristen besucht wird. Das Dorf ist weniger festungsartig als sonst in Mustang üblich. In der **Gelun Tchöde Gompa** der Sakyapa-Schule leben noch Mönche.

Äußerst lohnende Variante: Nach der ersten Bachüberquerung hinter Samar auf kleinem Pfad rechts steil hinauf zu einem Pass und auf der anderen Seite ebenso steil hinab in eine beeindruckende, tiefe Schlucht, wo die **Rangchyung-Höhle** liegt, einer der heiligsten Orte Mustangs. Hier soll einst der Bodhisattwa Padmasambava, der im 8. Jahrhundert den Buddhismus im Himalaya verbreitete, meditiert haben. Die Opfergaben werden von einem taubstummen Einsiedler bewacht. Auf der anderen Seite schlängelt sich der Pfad weniger steil nach Syangboche hinauf, wo die Hauptroute verläuft.

Syangmoche – Tsarang

Syangmoche – Tsarang (3580 m), ca. 7 Std. Gehzeit: Die neue Straße ist

Foto: Andreas Neuhauser

jetzt unvermeidbarer Begleiter auf der direkten Trekkingroute nach Lo Manthang. Doch an vielen Stellen holen die Serpentinen so weit aus, dass man abschneiden kann und nur wenig von der Strecke direkt auf der Fahrpiste zurücklegen muss.

Zum Aufwärmen geht es von Syangmoche in 15 Minuten hinauf zum **Syangmoche-Pass**. Vorbei an einem beeindruckenden **Chörten** schängelt sich die neue Piste in vielen Serpentinen hinab nach Geling. Die Trekkingroute zweigt jedoch nach etwa 500 m links Richtung **Tamargaon** ab, wo der Weg zum **Jhaite-Pass** (4010 m), einem großartigen Aussichtspunkt, beginnt. Dahinter liegt **Gemi** (3530 m), der drittgrößte Ort Mustangs – ein ursprüngliches, mittelalterliches Dorf mit engen Gassen, Chörten und Gebetsmühlen. Hier war einst ein Lager der aus dem Exil heraus gegen China agitierenden tibetischen Khampa (Freiheitskämpfer).

Oben: Aufstieg von Chaile nach Samar. Rechts: Die roten Felsen von Dhakmar.

Vorbei an der längsten **Mani-Mauer** Mustangs führt der Weg hinauf zum Pass **Chingyel La** (knapp 4000 m ü. M.). Sanft fällt die Straße von hier aus ab nach **Tsarang**, das den Ankömmling mit einem prachtvollen **Tor-Chörten** empfängt. Die zweitgrößte Stadt mit 800 Einwohnern hat ein für Mustang eher untypisches Stadtbild, da sie weniger wie eine Festung, sondern weitläufiger, mit flachen Häusern und breiten Wegen gebaut ist. Blickfang ist das rotgetünchte **Kloster** des Sakya-Ordens, das 70 Mönche und 30 lebhafte Novizen von März bis Oktober mit monastischem Leben erfüllen und hoch über den Häusern thront. Zum Gruseln ist der ausgestopfte **Schneeleopard**, der als Türwächter am Klostereingang hängt, und das Handskelett im angrenzenden, unbewohnten alten **Königspalast**. Die Hand soll dem Maler, der die Wände im Kloster bemalt hatte, abgehackt worden sein soll, um eine Reproduktion der wunderschönen **Wandbilder** zu vermeiden. Eine etwas rustikale Würdigung künstlerischer Leistung. Das Klos-

» Karte S. 169, Info S. 177

Foto: Andreas Neuhauser

ter und der alte Königspalast dürfen gegen Gebühr besichtigt werden.

Variante: Die landschaftlich schönere Route biegt bei **Gemi** Richtung **Dhakmar** (3790 m) ab. Das kleine Dorf zwischen Wiesen und Pappelhainen dominieren **Rote Felsen** mit mysteriösen **Höhlen**. In dieser Landschaft lohnt unbedingt eine Übernachtung – sehr einfache, aber urige Unterkünfte und idyllische Zeltplätze! Von hier führt der Weg in einem Tag über zwei Pässe nach Lo Manthang, vorbei am **Kloster Lo Gekar** (La-Ghyekar), dem einzigen buddhistischen Kloster des Nyingmapa-Ordens in Mustang. Es wurde angeblich im 8. Jh. von Padmasambhava persönlich gegründet, nachdem er an dieser Stelle einen gefürchteten Dämon getötet hatte, wäre somit eines der ältesten Klöster im tibetischen Kulturkreis. Viele Sagen ranken sich um seine Entstehung.

Tsarang – Lo Manthang

Tsarang – Lo Manthang (3810 m), 3 Gehstunden: Da es nun nur noch eine halbe Tagesetappe in die „Hauptstadt" ist, empfiehlt es sich, morgens eine Puja-Zeremonie im Kloster zu besuchen.

Variante: Ein wesentlich anstrengenderer Alternativroute führt am Dorf und Kloster **Lo Gekar** vorbei nach Lo Manthang; diese lässt sich in einem Tag bewältigen. Doch bevor man erstmals die ummauerte Stadt erblickt, muss bei dieser Variante der höchste Pass der Tour überwunden werden: der **Marang La** mit 4300 m ü. M., der Wanderer mit einer fantastischen Aussicht belohnt.

Lo Mantang

Lo Manthang (etwa 1000 Einwohner im Sommer) war einst ein wichtiges buddhistisches Zentrum der Region und erlangte seinen früheren Reichtum durch die Kontrolle des viel von Karawanen begangenen Salzhandelswegs zwischen Tibet und Indien. Die mittelalterliche Festung mit dem Gewirr enger Gassen, verschachtelter Gebäude und dunkler Unterführungen, an denen die letzten Jahrhunderte fast spurlos vor-

» Karte S. 169, Info S. 177

bei gegangen zu sein scheinen, ist von einer sieben Meter hohen Stadtmauer umgeben. Hier sollten zwei Tage eingeplant werden.

Am besten nähert man sich der Stadt entsprechend der alten *kora*-Tradition: der äußeren Umrundung der **Stadtmauer** im Uhrzeigersinn, d. h. die rechte Hand weist zur Stadt. Diese Tradition pflegen noch täglich die Bewohner und die Mönche. Mustang ist seit 2008, seit der Ausrufung der Republik Nepal, offiziell kein Königreich mehr. Der Ex-„König" Jigme Palbar Tandu Bista, zur Abdankung gezwungen, wohnte noch bis zu seinem Tod im Jahr 2016 in seinem **Palast**. Sein designierter Nachfolger, der Neffe Jigme Singhe Palbar Bista, hat keine Ambitionen, die Monarchie in Mustang wiederzubeleben.

Abgesehen von wenigen „Schlupflöchern" gibt es nur ein **Eingangstor** zur Stadt, das von riesigen Chörten und Gebetsmühlen gesäumt ist. Links geht es am Königspalast vorbei zu den Souveniershops und zum **ACAP Office**, wo das Permit vorgelegt werden muss; rechts zu den Klöstern. Zuerst führt der Weg zur **Chöde Gompa**, in der im Sommer über 100 Mönche und Novizen leben. Es ist das einzige Kloster, in dem noch religiöse Aktivitäten stattfinden. Hier muss auch der Entry Pass für 10 US$ erworben werden, der zum Besuch der Sehenswürdigkeiten berechtigt. Die engagierten und teils hoch gebildeten Mönchen, allen voran der Prinzipal *Tsering Tashi*, geben gern Auskunft in Englisch über das Kloster, die Stadt und das Verhältnis zu Tibet und China. Auch für Führungen durch die anderen Klöster, den Besuch des **Museums** mit seinen bis zu 1000 Jahre alten Exponaten und der **Klosterschule** stehen sie zur Verfügung.

Die **Jamba Gompa** ist das älteste Kloster in Lo Manthang und wurde im 15. Jahrhundert erbaut. Beeindruckend sind, neben den tantrischen **Mandalas**, **Wandgemälde** aus Gold und die gewaltige Statue des Zukunftsbuddhas **Jamba Chenpo**.

Die **Tubchen Gompa** war im 15. Jh. das Hauptzentrum der religiösen Aktivitäten. Hier sollen bis zu 1000 Mönche gelebt haben und die vielen (restaurierten) **Gemälde** und **Statuen** erschaffen haben.

Ausflüge von Lo Mantang

Ein Tag reicht für die Besichtigung von Lo Manthang aus. Der zweite sollte für einen Ausflug in die nähere Umgebung genutzt werden:

Eine leichte Tageswanderung führt zum Kloster **Namgyal**, wo Mönche sich im tibetischen Vajrayana üben, und anschließend hinauf zur Sommerresidenz des Raja nach **Tingkar**.

Großer Beliebtheit erfreut sich der Ausflug zu den abenteuerlichen **Höhlenwohnungen von Jhong** mit anschließendem Besuch der **Nyiphu Gompa**, entweder zu Fuß (ca. 2 Std.) oder mit dem Pferd. Die Jhong Caves sind ein fünfstöckiges Höhlenlabyrinth mit über 30 Wohnräumen, in denen sich die Einwohner des Dorfes vor marodierenden tibetischen Banden in Sicherheit brachten. Sie sollen 2500 Jahre alt sein. Eintritt 200 NR.

Lo Mantang – Kagbeni / Jomsom

Für den Rückweg nach Kagbeni auf der linken Seite des Kali Gandaki braucht man Zelte und Küchenmannschaft.

Am Tag des Abschieds bleibt morgens noch Zeit für einen letzten Bummel durch die schmalen Gassen von Lo Manthang. Von einer Anhöhe am Hauptweg nach Tsarang schweift der Blick, keine Stunde nach dem Aufbruch, noch einmal zurück auf die ummauerte Stadt, die sie umrahmenden Schneegipfel und die bereits zu Tibet gehörende Landschaft im Norden.

Rechts: Mönche der Chöde Gompa von Lo Manthang.

» Karte S. 169, Info S. 177

Foto: Andreas Neuhauser

Lo Manthang – Yara

Hinter Lo Manthang folgt bald ein steiler, staubiger Abstieg nach **Dri** (3500 m), wo man, knapp 4 Stunden von der Hauptstadt, picknicken kann. Als Zeltplatz bietet sich, 90 Minuten weiter, **Yara** (3700 m) an, denn es lockt der Abstecher zum Drukpa-Kagyüpa-Kloster **Luri Gompa** (4060 m), das man von dort in 3 Std. erreicht. Bereits in Dri ist zu erkunden, wer den Schlüssel für das herrlich gelegene Kloster verwahrt. Beim Aufstieg ist bei **Ghara** eine „Orgelpfeifenlandschaft" mit frühzeitlichen **Höhlen** zu bestaunen. Von der hoch im Fels gelegenen Luri Gompa schweift der Blick hinab auf ein jüngeres Kloster und grandiose Erosionsformen. Zurück nach Yara geht man bei niedrigem Wasserstand durch das Bett des **Puyon Khola**, in dem man **Ammoniten** finden kann.

Yara – Tangye

Spektakuläre Landschaften bestimmen auch den folgenden Tag, an dem **Hochplateaus** und diverse Taleinschnitte zu queren sind, bevor es am Nachmittag hinab ins malerische **Tangye** (3520 m) geht, dessen Gruppe von **Chörten** höchst fotogen ist. An diesem Tag wandert man in 5 bis 6 Stunden auf das Panorama der mächtigen Dhaulagiri- und der Annapurna-Gruppe zu, vor allem die Siebentausender Nilgiri und Tilicho ziehen die Blicke auf sich.

Tangye – Chuksang

Nach dem langen Aufstieg zu einem **Pass** (4060 m) steigt man – am vorletzten Tag im Oberen Mustang – hinab nach Chuksang. Unterwegs bietet sich lediglich die Wasserstelle **Pa** als Mittagslager an. Auf dem anschließenden herrlichen Panoramaweg sollte man nach einer Stunde dort, wo der Weg einen weiten Bogen nach rechts beschreibt, unbedingt auf den niedrigen Kamm zur Linken hinaufsteigen, denn der **Blick** von dort nach unten auf die erodierten Felsformationen ist grandios. Gehzeit 9 Stunden, Übernachtung in **Chuksang**.

» Karte S. 169, Info S. 177

Foto: Andreas Neuhauser

Chuksang – Kagbeni / Jomsom mit Varianten

Von Chuksang erreicht man **Kagbeni** in 3-4 Stunden bzw. in einer Tagesetappe den Flughafen **Jomsom** – am Kali Gandaki entlang, wo einem nachmittags Gegenwind ins Gesicht bläst.

Variante: Natürlich ist es auch möglich, die zu Beginn beschriebene Variante von Muktinath über den Gyu La Pass (4077 m) nach Chuksang in entgegengesetzter Richtung südwärts zu begehen (ca. 6-7 Std., ohne die mögliche Besteigung der Mustang Peaks, siehe unten). Sie führt via **Tetang** in 4 Stunden zum **Gyu-La-Pass** in fast 4100 m Höhe, wo sich der Blick auf Muktinath (3800 m) öffnet. Mit der Ankunft am späten Nachmittag hat man dort das Obere Mustang verlassen.

Es gibt verschiedene Alternativen, **Muktinath** zu erreichen – zu empfehlen ist der Weg über die geschichtsträchtige Ortschaft **Jhong** (Dzong).

Wer unterwegs die **Mustang Peaks** (5209 m) bezwingen will, muss unterhalb des Gyu-La-Passes eine zusätzliche Nacht im Zelt verbringen und am nächsten Morgen sehr früh aufbrechen. Der Aufstieg ist nicht gefährlich, jedoch beschwerlich. Das Panorama zurück auf Mustang sowie hinüber auf Dhaulagiri, Annapurna und Thorung La ist überwältigend, aber die Besteigung lohnt nur bei freier Sicht.

Im Hindus wie Buddhisten heiligen Pilgerort **Muktinath** sei die Besichtigung des **Pilgertempels** am oberen Dorfrand empfohlen, bevor es auf der Hauptstrecke via Jharkot, wo bereits Jeeps verkehren, in das etwa 5 Stunden entfernte **Jomsom** zurück geht.

Eine reizvolle Variante für den Rückweg von Muktinath nach Jomsom ist die Route über **Lupra** (2960 m), das eine 1160 gegründete, wiederaufgebaute **Bön-Gompa** besitzt. Am Kali Panda entlang führt von dort der Weg dann hinunter ins Kali-Gandaki-Tal und weiter, wieder zurück nach **Jomsom**.

Oben: „Begrüßungskomitee" an den Gebetsmühlen am Stadttor von Lo Manthang.

» Karte S. 169

EINTRITTSGEBÜHREN: Das **Trekkingpermit** kostet 500 $ und ist 10 Tage gültig. Jeder weitere Tag kostet 50 $.
Ebenfalls notwendig ist das **Entry Permit** für die **Annapurna Conservation Area**, das (zeitlich unbegrenzt) für alle Touristen in der Annapurna Region obligatorisch ist (2000 NRs ca. 30 $). Beide Permits werden von der Agentur beschafft. Wer ein Mustang-Permit hat, braucht kein TIMS.
TREKKINGSAISON: Beste Wanderzeit ist September/Oktober und März-Mai.
In den Wintermonaten November-Februar ziehen drei Viertel der Lopas hinab nach Indien oder Nepal, und fast alle Teahouses sind dann geschlossen.
Während der Monsunzeit ist der Blick auf die Berge oft mit Wolken verhangen.
Trekking kann nur über eine Agentur in Nepal organisiert werden. Nur mit Guide möglich.

ANREISE: Kagbeni, 2-3 Gehstunden von Jomson (Flughafen) entfernt, ist der Grenzort zu Upper Mustang. Permitkontrolle! Viel Zeit spart die Hin- und Rückreise mit dem **Flugzeug** von Pokhara nach Jomsom (ca. 80 $); es gibt täglich mehrere Sichtflüge mit kleineren Maschinen auf dieser spektakulären Strecke, auf der es allerdings schon tragische Abstürze gegeben hat.
Die 2 Tage dauernde **Busfahrt** von Pokhara über Beni nach Jomsom ist sehr anstrengend und gefährlich (s. S. 161).
TRANSPORT: Die Straße von Jomsom nach Lo Mantang ist theoretisch durchgängig befahrbar. Bei dieser „Straße" handelt es sich jedoch nur um eine exponierte Piste, die konstant durch Steinschlag und Erdrutsche gefährdet ist und meist nur von Traktoren und Jeeps befahren wird. Wann zuverlässige öffentliche Verbindungen entstehen werden, ist noch unklar.

ESSEN UND UNTERKUNFT: Entlang der Hauptroute westlich des Kali Gandaki über Chaile, Samar, Geling, Tsarang gibt es bereits in jeder größeren Ortschaft einfache, kleine Teahouses, die auch Unterkunft bieten, aber selten mehr als fünf oder sechs Zimmer haben. Das Essen ist zwar gut und nahrhaft, aber das Speisekartenmenü besteht – vorerst noch – überwiegend aus Suppen, Dal Bat und Nudelgerichten.
Auf der östlichen Seite des Kali Gandaki hingegen, bei Pa und Tangge, gibt es noch kaum touristische Infrastruktur.
Geld: ATM in Jomsom. In Mustang gibt es bisher noch keine offiziellen Wechselstuben oder Banken. Mit Glück können unterwegs bei geschäftstüchtigen Teahouse-Besitzern Dollar oder Euro zu einem schlechten Kurs in Nepal-Rupien gewechselt werden.

TELEFON, INTERNET, ELEKTRIZITÄT: Internet gibt es bisher nur in Kagbeni und in Lo Manthang (ACAP Office und Bibliothek). Fast jedes Dorf hat Festnetzanschluss, aber nur ein nationaler Mobilfunkbetreiber bietet Handyempfang; internationales Roaming ist noch nicht möglich. In den größeren Ortschaften, insbesondere in Lo Manthang, gibt es meist am Abend für mehrere Stunden Elektrizität zum Aufladen von Akkus.

FESTE: **Tenpa Chirim** Fest mit Maskentänzen und Gebeten findet im Juni statt und ist das wichtigste Fest in Mustang.
Mahakala Drubchu im Oktober: Mönche ziehen vor die Tore von Lo Manthang und bekämpfen Dämonen, die die Stadt einnehmen wollen, mit buddhistischen Ritualen.
Die genauen Termine der Feste werden jedes Mal von Astrologen neu festgelegt.

Veranstalter: Diverse nepalesische u. internation. Spezialveranstalter bieten **Trekking** durch Mustang an, komplett organisiert, mit Zelten und Küchenmannschaft.
Mountain-Bike-Touren durch Mustang veranstaltet u. a. Andreas Neuhauser, siehe www.mountain-action.de.

Videodokumentation über Mustang im Internet: „Lost treasure of Tibet". http://video.google.com/videoplay?docid=3286805263652007763#
Rettung eines Höhlentempels, initiiert von unserer Ko-Autorin Susanne von der Heide: www.lisa.gerda-henkel-stiftung.de/projectvideo_diary.php?nav_id=927&video_id=1047

6 Mustang

...dreas Neuhauser

Ponykarawane am Rara Lake

JUMLA UND DOLPO – REISE INS MITTELALTER

VON JUMLA ZUM RARASEE
VON JUMLA INS DOLPO

TREKKING IN JUMLA UND DOLPO

Die Distrikte **Jumla** (110 000 Einw.) und **Dolpo** (Nepali: *Dolpa;* 37 000 Einw.) in Westnepal kennen keinen Massentourismus, oft fühlt man sich ins Mittelalter versetzt. Peter Matthiessens Buch *Auf der Spur des Schneeleoparden*, die Filme *Himalaya – Die Kindheit eines Karawanenführers* und *Dolpo Tulku* haben das tibetisch geprägte **Innere Dolpo** (Upper Dolpo) zum Sehnsuchtsziel verklärt – das „Unerschlossene" lockt. Als beste Monate für diese niederschlagsarme, hoch gelegene Region gelten April/Mai und Oktober (Trockenzeit: ungefähr Ende September bis Mai).

In den Hauptorten **Jumla** und **Dunai** ist auf den Märkten vieles verfügbar, auch reichlich Alkohol. Es gibt einfache Hotels mit Bad/WC und Internet und gutes Dal Bhat. Dunai und Jumla sind durch eine ungeteerte, schmale Straße verbunden.

Wer die Hauptorte verlässt, begegnet Menschen und Dörfern, die wie aus der Zeit gefallen scheinen. Dort macht sich ein einheimischer, Englisch sprechender Guide bezahlt, denn weder Restaurants noch Unterkünfte sind für Fremde erkennbar, und oft ist die Sprachbarriere für Ausländer zu groß.

Rechts: In den höheren Lagen des Dolpo dienen Yaks als Nutztiere.

In den Gegenden um Jumla, Rara Lake und Dunai gibt es zwar Lokale und Unterkünfte, jedoch eher für Einheimische: Gekocht wird am offenen Feuer; mit muffigen Zimmern, ungewaschenen Decken und Flohbesuch ist zu rechnen. Es ist auch möglich, mit eigenem Zelt zu trekken, etwa im Lower Dolpo (Juphal, Dunai, Ringmo, Do Tarap). Organisiert mit Guide, Zelt, Mannschaft, Koch etc. zu trekken ist für das **Upper Dolpo** Vorschrift, u. a. mangels Unterkünften und Nahrungsmitteln; zudem herrscht dort Höhenkrankheitsrisiko.

Die wenigen Touristen, die den abgelegenen Westen Nepals erkunden, reisen per Flugzeug an. Alle Linienflüge werden über **Nepalganj** an der indischen Grenze abgewickelt. Von dort werden die Orte **Jumla**, **Talcha**, **Juphal** und **Simikot** bedient. Hin und zurück von Kathmandu über Nepalganj in eine der Distrikthauptstädte kostet 600-700 $. Die Verbindungsflüge in kleinen Maschinen zu den verwegenen Landebahnen halten sich an keinen festen Flugplan. Meist werden sie max. einmal pro Tag angeflogen, und auch nur bei gutem Wetter (siehe Infokasten).

Von Nepalganj nach Jumla gibt es auch eine asphaltierte Straße, den etwas abenteuerlichen **Karnali Rajmarg**. Für die 340 km benötigt man im güns-

» Karte S. 182-183, Info S. 189

tigen Fall allerdings 1 -1 ½ Tage. **Talcha** am Rara Lake ist über die anschließende, ziemlich exponierte Jeeproad zu erreichen (2 Tage von Nepalganj).

Von Jumla (2347 m) zum Rara-See (2981 m)

Diese einst beliebte Zelt-Trekking-Route hat in den letzten Jahren gelitten. Auf Teilen der Route wurden plan- und lieblos Jeeproads in einsame Täler gegraben, die nach Erdrutschen wieder aufgelassen wurden und jetzt die Landschaft verschandeln. Heute kommen etwa 200 ausländische Touristen pro Jahr nach Jumla und dem Rara Lake. Wer diesen Frevel an der Natur ausblenden kann, schon genug Sieben- und Achttausender aus der Nähe gesehen hat und auf der Suche nach intensiven Begegnungen mit Einheimischen ist, Abenteuer in einem der abgelegensten Teile der Welt zu schätzen weiß und auf Komfort verzichten kann, wird reich an neuen Eindrücken in die Zivilisation zurückkehren. Es ist auch möglich, diese Rundtour ohne Zelt und Küchenmannschaft zu unternehmen, doch sollten dann v. a. die Ansprüche an die Unterkunftsqualität stark reduziert werden; ein eigener Schlafsack ist sinnvoll. Unbedingt einen Guide mitnehmen – in den Dörfern spricht kaum jemand Englisch, und es gibt keine Wegweiser.

Es gibt zwei Optionen: Entweder die traditionelle **Rundtour** zum Rara-See und dann im Bogen zurück nach Jumla. Oder als lohnende Alternative das **One-Way-Trekking** zum Rara-See mit **Rückflug von Talcha** nach Nepalgunj: Wer nur bis zum See trekken will, sollte den Rückweg der unten beschriebenen Rundtour als Hinweg wählen, da dieser landschaftlich schöner ist.

Ausgangspunkt ist die Distrikthauptstadt Jumla (2347 m). Wer individuell anreist kann hier Träger und Guides finden. Es gibt zahlreiche Lebensmittelgeschäfte, wo sich Selbstversorger eindecken können.

Foto: Zzvet (iStockphoto.com)

1. Tag

Start ist im Zentrum von **Jumla** am Fußballplatz. Immer aufwärts auf einer Schotterstraße Richtung Norden. Auf die rechte Seite des Baches wechseln und entlang der immer schlechter und steiler werdenden Straße zur Hochalm von Chaurichaur. Ab hier führt ein kleiner Pfad steil hinauf zum **Dophe Lagna Pass** auf 3700 m. Grandiose Aussicht auf Jumla und die umgebenden nicht vergletscherten Berge. Nach 20 Minuten Abstieg erreicht man den **Khali Lagna Pass** (3685 m), der über einer abenteuerlichen Jeeproad mit Jumla verbunden ist. Zwei einfache Teahouses servieren Essen und bieten zur Not einen Schlafplatz. Abstieg entlang der Jeeproad in ein romantisches Tal mit glasklarem Bach. Einfachste Guest Houses in **Nauri Gath**. Ca. 6 Stunden.

2. Tag

Entweder dem Pfad am Bach oder der brachial in den Hang gegrabenen

» Karte S. 182-183, Info S. 189

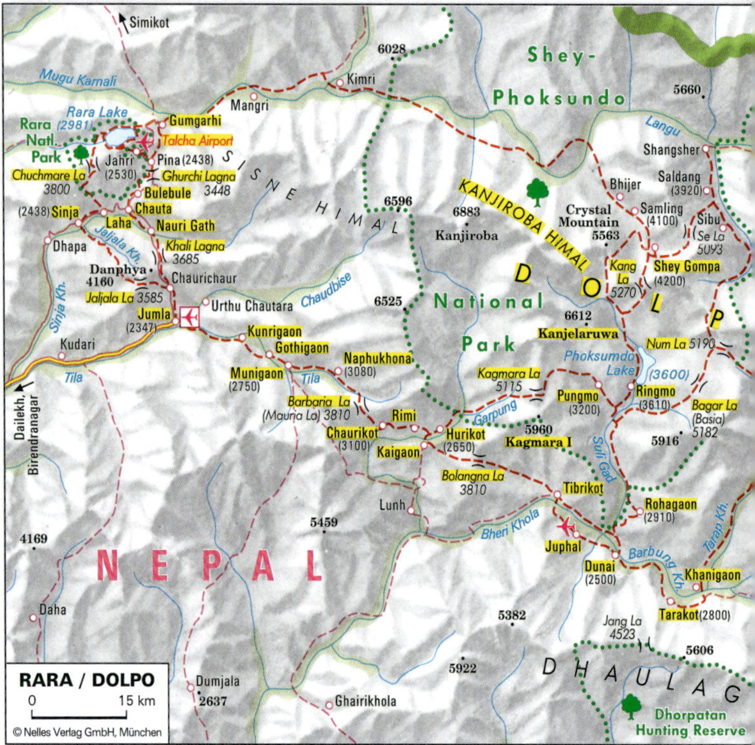

Jeeproad, die 400 Höhenmeter über dem Tal am Hang verläuft, bis nach **Chauta** folgen. Einfachste Teahouses und Übernachtungsmöglichkeit. Etwa eine Stunde ist es bis zu dem Ort **Bulebule**, der sich mit seinen lokalen Unterkünften zur Übernachtung anbietet. Von hier aus bringen öffentliche Kleinbusse nervenstarke Passagiere in stundenlanger, zeimlich zermürbender Fahrt zurück in die Zivilisation. Gehzeit etwa 4-5 Stunden.

3. Tag

Man folgt dem Feldweg ein paar Kilometer bis zu einem **Checkpost**, bei dem die Permits und das Gepäck akribisch geprüft werden. Ab hier links dem Pfad über liebliche Almwiesen mit Pferden und großen Ziegenherden zum Pass **Ghurchi Lagna** (3480 m) folgen. Der Abstieg taucht in einen wilden Rhododendron Wald ein und endet 45 Minuten später auf einer passablen Schotterstraße. Gepflegte Feldwege und steile Abkürzungspfade führen in 2-3 Stunden zum **Eingang des Rara-Nationalparks**, der von dichten Wäldern umgeben ist; einen Blick auf den See hat man erst kurz davor. Die einzigen Unterkünfte am See liegen auf der anderen Seite. Gehzeit ca. 6-7 Std. (Unterkünfte und Permits: siehe Infokasten; Infos zum Nationalpark: siehe „Nationalparks“, Seite 22).

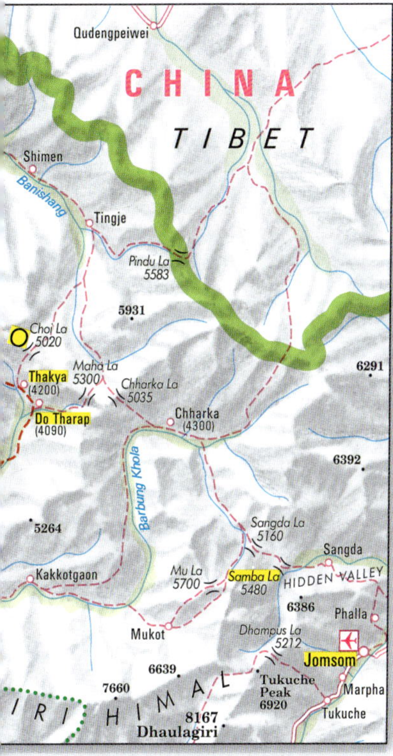

4. Tag

Ein oder zwei Tage lohnt es, den See zu erkunden. Es gibt einen **Rundweg** am Ufer, auf dem die Biodiversität, v. a, die Artenvielfalt der Nadelbäume beeindruckend ist. Da im Zentrum des Parks keine Menschen siedeln dürfen, gibt es außer dem Militärposten und zwei Unterkünften am Nordufer nirgends Teahouses oder ähnliches. Am Südwestufer lässt es sich am besten im klaren Wasser baden, was aber von der Parkverwaltung nicht gerne gesehen wird. Von den Gipfeln (3650 m) der Bergkette nördlich des Sees genießt man den schönsten Ausblick über den See hinweg bis zu den fernen, schneebedeckten Sechs- und Siebentausendern.

Die Gehzeit von den Unterkünften und dem Park Headquarter zum **Flugplatz Talcha** beträgt 2-3 Stunden. Autos oder Motoräder sind nicht erlaubt.

5. Tag

Der Wanderweg zurück nach Jumla beginnt im Westen, am Abfluss des Sees. Nach kurzem Abstieg führt ein steiler Weg mit vielen Stufen hinauf zum **Chuchmare Pass** (3.800 m). Der Abstieg, ein kleiner Steig, führt durch ein liebliches Tal mit klaren Bergbächen, Mischwäldern, Almen, Ziegenherden und mittelalterlichen Dörfern. Mittendrin steht einsam ein **Checkpost**, der Wanderer kontrolliert und Tickets für den Nationalpark verkauft.

Beim Ort **Laha** ist die Zivilisation wieder erreicht. Es gibt ein Teahouse, einfache Zimmer und eine bis Sinja befahrbare Straße. **Sinja** ist ein Marktort mit schlechten Unterkünften und Toiletten. Zwischen Laha und Sinja verkehren Busse (30 Minuten). Sehr lohnend ist der Weg durch das tiefe **Tal des Hima-Nadi-Flusses**. 6 Std. bis Laha und 2 Std. bis Sinja

6. Tag

Sportliche Trekker schaffen es von Sinja nach Jumla in einem Tag. Doch das urige **Tal des Syaule-Flusses** mit seinen originellen Holzbrücken, den dichten Urwäldern, den steilen Feldern an den Berghängen mit grobgeschindelten Hütten, wo die Menschen Landwirtschaft wie vor Jahrhhunderten betreiben, ist so faszinierend, dass es sich lohnt, hier auf Entdeckungsreise zu gehen.

Die einzige und ziemlich primitive Unterkunft, eigentlich nur für einheimische Wanderer gedacht, ist eine **Alm** mit Schafen, Ziegen, Wasserbüffeln und Hühnern bei **Chala Chaur** auf 3000 Metern ü. M. Etwa 4-5 Std.

» Karte S. 182-183, Info S. 189

Foto: Zzvet (iStockphoto.com)

7. Tag

Anschließend führt der Weg steil hinauf durch verwunschene Rhododendronwälder, die Bärte aus langen grauen Flechten haben. Dort, wo jederzeit Yak und Yeti den Weg kreuzen könnten, trifft man auf ein erbärmliches Straßenprojekt, das lieblos in den Bergwald gewalzt wurde und sich wie ein Geschwür das Tal hinunter gräbt. Bis zum **Jalja-la- Pass** (3585 m) sind es gute 2 Std. Von hier geht es über kaum befahrbare Jeeproads und Shortcut-Pfade in drei Stunden hinab nach **Jumla**.

VON JUMLA INS DOLPO

1989 wurden von der nepalesischen Regierung die ersten Teile eines Distrikts für den Tourismus freigegeben, der zu den kulturell interessantesten Gebieten in Nepal gehört. Es handelt sich um das **Dolpo**, eine Region, die zwar zu Nepal gehört, deren Einwohner aber, was Abstammung, Kultur und Sprache betrifft, eher zu Tibet zu zählen sind. Aufgrund ihrer isolierten Lage konnten etwa 4500 *Dolpo pa*, wie die Bewohner dieses zwischen 3300 und 4500 m hoch gelegenen Plateaus heißen, ihre traditionelle Lebensweise bis heute bewahren. Als Besonderheit ist dabei hervorzuheben, dass hier noch die uralten Riten des *Bön,* der alten vorbuddhistischen Urreligion Tibets, lebendig sind mit ihren zum Teil schamanistischen Zeremonien.

Das Dolpo wurde bereits im 10. Jh. von Tibetern besiedelt, die ihm den Namen *Bä Yül* – Verborgenes Land – gaben. Bis 1800 gehörte es zu Tibet, war aber den benachbarten Königreichen Lo und Jumla tributpflichtig. Erst nach der Unterwerfung dieser Königreiche durch die Gurkha-Dynastie wurde Dolpo Teil des nepalesischen Königreiches. Doch der Einfluss aus Kathmandu blieb unbedeutend, und es dauerte noch bis 1963, bis die Regierung direkte Kon-

Oben: Gerstenfelder in fast 4000 m Höhe beim Dorf Saldang, nordöstlich von Shey. Rechts: Heiter und gelassen – ein Mönch im Kloster von Ringmo.

 » Karte S. 182-183, Info S. 189

Foto: Ursula Frommelt

takte mit den *Dolpo pa* knüpfte. Neuerdings sind **Jumla** und **Juphal** durch eine schmale **Jeepstraße** verbunden.

Zu Fuß braucht man von Jumla zweieinhalb Tage, um an die Grenze des Dolpo-Distrikts zu gelangen, aber sieben, um ins innere Dolpo vorzustoßen, das ethnologisch besonders interessant ist. Von Jumla wendet man sich nach Osten und passiert die Thakuri-Siedlungen **Gothigaon**, **Kunrigaon** und **Munigaon** (sieben Stunden). Weiter flussaufwärts entlang des immer schmaler werdenden Tila-Flusses erreicht man schließlich nach drei Stunden **Naphukhona**, das erste Dorf mit rein buddhistischer Bevölkerung. Statten Sie unbedingt dem oberhalb gelegenen **Nyingma-Kloster** einen Besuch ab!

Durch Birken-, Tannen- und Rhododendronwälder gelangt man zum **Barbaria-Lagna-Pass** (3810 m, vier Stunden), der die Grenze zum Dolpo-Distrikt bildet. Nach steilem Abstieg weitet sich das Tal, und oberhalb des **Bheri-Flusses** bewegt man sich entlang der Streusiedlungen **Chaurikot**, **Rimi** und **Kaigaon** (sieben Stunden Fußmarsch; schlechte Campingmöglichkeiten).

Wer den technisch leichten, aber anstrengenden und beschwerlichen Weg über den hohen Kagmara-Pass (5115 m) scheut, hat die Möglichkeit, bei **Kaigaon** den Bheri zu überqueren und über den wesentlich niedrigeren **Bolangna-Pass** (3810 m) via die Orte **Tibrikot**, **Dunai** und **Rohagaon** in vier bis fünf Tagen den Shey-Phoksumdo-Nationalpark (s. S. 186) zu erreichen.

Entscheidet man sich für den Kagmara-Pass, wird man mit einer fantastischen Hochgebirgswelt konfrontiert, deren Anblick die Mühen des Aufstiegs wert ist. Via **Hurikot** wandert man zunächst in unberührter Natur den Bheri bis zu dessen Flussgabelung entlang. Danach geht es ein kurzes Stück den **Jagdula-Fluss** hinauf, der aber bald überquert wird. An einer einsamen Militärstation (3100 m, viereinhalb Stunden) vorbei kommt man anschließend ins **Garpungtal**. Stets ansteigend, verlässt man die Waldregionen und gelangt nach etwa fünf Stunden auf eine weite, in 4100 m Höhe gelegene Ebene, die überquert werden muss. Biegt man ins letzte Seitental rechts hinein, so sieht man den **Kagmara-Pass** (5115 m) direkt vor sich.

Im Frühjahr empfiehlt es sich, am Fuß des Passes zu übernachten, um am nächsten Morgen sehr früh loszumarschieren, da die Schneefelder, die Sie auf der anderen Passseite erwarten, begangen werden müssen, solange sie noch hartgefroren sind.

Bis zur Passhöhe benötigt man zweieinhalb bis drei Stunden. Von dort hat man eine herrliche Aussicht auf die Eisriesen des **Kanjiroba Himal** und der Kagmara-Gruppe mit dem **Kagmara I** (5960 m). Den Anblick der atemberaubenden Westwände des **Kanjelaruwa** (6612 m) vor Augen, steigt man auf leichtem Weg ins **Dorjam Khola-Tal** ab. Achten Sie auf die berühmten **Blauschafe** (*bharal*) und Schneehühner, die es hier öfter zu erspähen gibt!

Nach fünfeinhalb Stunden kommt man auf einer Höhe von 3700 m wieder in Regionen, wo man geeignete Lagerplätze vorfindet.

Drei Stunden später trifft man erneut auf Spuren menschlicher Zivilisation: zunächst einzelne karge Felder und Almhütten, dann Wohnhäuser mit charakteristischen Flachdächern, auf denen gewebt, gesponnen oder Wäsche gewaschen wird. Im Erdgeschoss dieser Steinhäuser befinden sich die Ställe und Vorratsräume, die mit den Wohnräumen durch Holzleitern verbunden sind, die aus längs durchgesägten Baumstämmen hergestellt werden, in die die einzelnen Stufen eingekerbt sind. Trifft man auf die ersten Bewohner, glaubt man sich wirklich nach Tibet versetzt: Herzlich und offen wird man in **Pungmo** begrüßt, und natürlich wird neugierig alles angefasst, beäugt und kommentiert, was irgendwie fremd erscheint.

Rechts: Der Phoksumdo-See und der Ort Ringmo liegen in rund 3600 m Höhe im Gebiet der Dolpo Pa.

Es springen einem sofort die weiß und rot bemalten Eingangs-Tschorten ins Auge, deren Innenwanddarstellungen einen starken Bön-Einfluss zeigen. Dabei sind die Gottheiten durchaus dieselben wie die des tibetischen Buddhismus; nur die Namen sind verschieden, und der linksdrehende *swastika* als eines der Symbole des Bön – mit Hitlers Hakenkreuz hat es nichts zu tun – taucht immer wieder auf. Versäumen Sie nicht, im **Kloster von Pungmo** an einer *puja* teilzunehmen – gegen eine kleine Spende wird man Ihnen den Zutritt nicht verwehren.

Von Pungmo braucht man noch eine Stunde bis zum **Eingang des Shey-Phoksumdo-Nationalparks**, wo zuerst wieder die Trekking Permits kontrolliert werden. Man kann dort auch Informationsmaterial über den Park bekommen, und ein kleines Museum gibt einen Überblick über die vorhandene Fauna.

Nach Entrichtung der Gebühren kann man den Park betreten und in einer dreistündigen Wanderung mit teils sehr steilen Aufstiegen den Ort **Ringmo** (3610 m) erreichen. Unterwegs bieten sich herrliche Ausblicke auf die gegenüberliegende Erosionslandschaft und auf einen **Wasserfall**, der den Abfluss des **Phoksumdo-Sees** (3600 m) bildet.

Dieser direkt unter Ringmo gelegene, herrlich blaue See ist umgeben von hohen Gletscherbergen. An seinem südöstlichen Ufer steht eine kleine **Gompa** (Kloster), in der ein betagter Mönch haust, der noch alte, dem Schamanismus verbundene Riten pflegt. In dem rauchgeschwärzten Gebetsraum hängen zahlreiche Amulette und getrocknete Kräuter von der Decke herab, die er zur Krankenheilung benützt. Diese beruht auf naturheilkundlichen Methoden, wobei aber das aufwändige, geheimnisvolle Drumherum für die *Dolpo pa* von großer Bedeutung ist. In schweren Fällen nämlich besucht der Krankenheiler den Patienten des Nachts, versetzt sich selbst in Trance, indem er den Rauch eines Wacholder- oder

» Karte S. 182-183, Info S. 189

Foto: Zzvet (iStockphoto.com)

Rhododendronfeuers einatmet, und versucht außer durch Verabreichung von natürlichen Heilmitteln auch durch Singen, Tanzen und Beten den Geist des Kranken wieder in dessen Körper zu locken, aus dem ihn vorher böse Geister entführt haben. Die „Behandlung" ist übrigens nicht kostenlos – auch ein religiöser Heiler lebt nicht nur von Luft.

Wegen der schönen Ausblicke auf den **Kanjiroba Himal** ist Schwindelfreien eine Umwanderung des Sees sehr zu empfehlen. Hier beginnt die spezialpermitpflichtige Region des **Inneren Dolpo**, die nur organisiert bereist werden darf. Das berühmte **Kloster Shey** (4200 m) sowie der heilige **Kristallberg** sind vom See in zwei Tagen über den **Kang-La-Pass** (5270 m) zu erreichen.

Von Ringmo aus gibt es für Trekker ohne Upper-Dolpo-Permit dann noch eine Möglichkeit, um weiterzugehen:

Direkter Abstieg nach Dunai

Zunächst muss man auf gleichem Weg zurück zum Eingang des Nationalparks. Von dort aus kann man in zwei Tagesmärschen über **Amchi Hospital**, **Chepka** und **Rohagaon** nach Dunai gelangen. Der Weg dorthin hält sich zunächst am üppig bewachsenen Ufer des **Suli Gad** (Dorjam Khola), um dann in einem fünf- bis sechsstündigen Auf und Ab flussabwärts zu führen. Schließlich verlässt man die Waldzone und erreicht nach weiteren 5-6 Stunden in offenem Hügelgelände die Distrikthauptstadt **Dunai**. Bei klarem Himmel hat man eine schöne Aussicht auf den Dhaulagiri Himal. Zum Flugplatz **Dolpa Airport** in **Juphal** sind es weitere 2,5 Std.

Über den Basia- und Numla-Pass

Diese interessantere, allerdings vier bis fünf Tage längere Variante führt von Ringmo in östlicher Richtung auf den **Basia-Pass** (Bagar La) zu. Dieser 5182 m hohe Pass ist ebenso zu überwinden wie am nächsten Tag der **Numla-Pass** mit 5190 m Höhe. Der Weg ist zwar technisch einfach und bietet sehr schöne Ausblicke auf die Dhaulagiri-Gruppe,

» Karte S. 182-183, Info S. 189

ist aber aufgrund der Höhenlage doch anstrengend, so dass die Gehzeiten sehr stark von Kondition, Akklimatisation und Wetter abhängen. Im Frühjahr ist auf den Pässen mit viel Schnee zu rechnen. Schließlich gelangt man ins weite **Hochtal von Tarap**, in dem – verteilt auf vier Dörfer – noch etwa 1500 *Dolpo pa* leben.

Die beiden wichtigsten heißen **Thakya** (4200 m) und **Do Tarap** (4040 m). Aufgrund der klimatischen Voraussetzungen ist nur ein ungenügender Anbau von Kartoffeln und Gerste möglich, der heutzutage als alleinige Lebensgrundlage nicht mehr ausreichend ist. Daher sind die meisten *Dolpo pa* gezwungen, als Halbnomaden zu leben und die langen und harten Winter zusammen mit ihren Viehherden – hauptsächlich Ziegen, Schafen und Yaks – in tieferen Gefilden zu verbringen. Der Salzhandel mit Tibet stellt eine weitere wichtige Einnahmequelle dar.

Im Tarap-Tal gibt es viele schöne **Gompas** (Klöster) zu bewundern, die teilweise der buddhistischen Nyingma-Tradition oder dem Bön-Glauben verpflichtet sind. Achten Sie auch auf die ungewöhnliche Bauweise der **Tschörten**: Auffallend ist das zusätzliche Holzdach zwischen *harmika* und *bumpa*, wie es heute fast nur noch in der Dolpo-Region vorkommt.

Von der Ortschaft Do verlässt man das Innere Dolpo und gelangt in 2-3 Tagen durch das wilde, schluchtartige **Tarap-Tal** nach **Khanigaon** (2800 m; **Checkpost**) bzw. **Tarakot**, wo mehrheitlich Hindus leben.

Die Gebiete östlich des Tarap-Tals waren früher für Touristen gesperrt; heute kann man über den **Samba La** (5480 m) bis **Jomsom** (Flughafen) im Kali-Gandaki-Tal weiter wandern; von Do Tarap dauert das via Maha La (5300 m) und Chharka La (5035 m) etwa acht Tage.

Von Tarakot kann man in einem langen Tagesmarsch nach **Dunai** gelangen. Bis zum Flugplatz **Dolpa Airport** in **Juphal** sind es weitere 2,5 Stunden.

Der Shey-Phoksumdo-Nationalpark

Mit 3555 km^2 ist der **Shey-Phoksumdo-Nationalpark** der größte Nepals. Er wurde 1984 gegründet, um den kulturell und landschaftlich einzigartigen Charakters dieser Region zu schützen. Etwa 3000 Menschen leben im Gebiet des Parks, v. a. tibetisch-stämmige Volksgruppen. In tieferen Lagen finden sich einige Brahmanen und Chetri.

Alle Bewohner müssen sich an die Regeln halten, die im Park gelten, wodurch es zu Konflikten kommt. So ist offenes Feuer, Jagen, Fischen und Holzeinschlag verboten. Zum Heizen und Kochen dürfen nur Bruchholz und tote Bäume verwendet werden, und das Holz, das zum Hausbau gebraucht wird, muss gekauft werden.

Jede Familie darf zur Nutzung nur ihren eigenen Grund und Boden einsetzen, d. h. auf dem Grund des Nationalparks sind Hausbau, Ackerbau und selbst Viehzucht untersagt. Da den Familien ihr eigener Besitz zum Lebensunterhalt meist nicht reicht (höhere Lebenserwartung, geringere Kindersterblichkeit bei gleicher Geburtenzahl; Verkleinerung des Privatgrundes durch Erbteilung), sucht man andere Erwerbsquellen. Doch Wollproduktion, Weben und Viehzucht lösen das Problem nicht. So lässt mancher sein Vieh doch auf Nationalparkgrund weiden lässt, was den jungen Baumbestand schädigt. Daher ist die Kontrolle der Einhaltung der Gesetze eine der wichtigsten Funktionen der Parkverwaltung, dazu kommen die Instandhaltung der Wege und die Beobachtung der Wildtiere, wie z. B. der Blauschafe, Wölfe und Schneeleoparden.

Planungen bestehen für die Anlage von neuen Wegen, die auch von Pferden begangen werden können, um mehr Materialien in den Park zu schaffen. Geplant ist der Bau von Lodges für Touristen. Ziel ist die weitere Entwicklung des Trekking-Tourismus, was von den Dolpo-Bewohnern selbst unterstützt wird.

» Karte S. 182-183

Nepalganj: Alle Verbindungen, ob mit dem Flugzeug oder auf der Straße, gehen über diese indisch anmutende Stadt im Terrai. Flughafen 7 km von der Stadt entfernt. Sehenswert sind der Bhageswari-Tempel in der Stadt und der Bardia-Nationalpark (2 Fahrstunden entfernt).
Flug: Mehrere Flugverbindungen täglich mit Kathmandu ca. 180 $ one way. Täglich meist nur ein Flug nach Jumla, Juphal, Talcha und Simikot. Preis one way zwischen 140 und 200 $.
Landweg: 500 km bis Kathmandu (10-12 Std.).
Unterkünfte: **Hotel Siddharta** – bestes Hotel in der Stadt; bei Anschlußflügen bieten sich aus logistischer Sicht die Lodges direkt am Flughafen an. Z.B. **Himali Lodge**, Tel.: 00977/81/565078. Akzeptable Zimmer mit AC und Bad/WC. Alle Hotels haben WiFi.
Hinweis: Lange **Wartezeiten und Flugausfälle** besonders zu den STOL Pisten in den Bergen gehören in Nepalgunj zum Alltag. Bei der Reiseplanung unbedingt 2-3 Puffertage einkalkulieren.

Jumla (2347 m): Hauptstadt der Karnali-Zone, zu der Dolpa, Humla, Kalikot und Mugu gehören. Ausgangsort für das Rara Lake Trekking. Großes und für diese abgelegene Region relativ gutes Krankenhaus. Mr. Soray Shaki ist die Tourismuskapazität von Jumla; Jumla.nepal@gmail.com.
Unterkunft: Hotel Shesta – beste Unterkunft und Restaurant - direkt am Flughafen und verfügt über gute Kontakte zu Guides und Trägern. WiFi.

Rara Lake (2981 m): Anreise zu Fuß ab Jumla (siehe Seite 181 von Jumla zum Rara See) oder mit dem Flugzeug über den **Flughafen Talcha**. Von dort 2-3 Std. Fußmarsch (keine Straße) zu den Unterkünften am See.
Nur zwei Unterkünfte und das Park-Hauptquartier und ein Militärcamp stehen am Nordufer. Am Rest des Sees gibt es keine Häuser. **Rara Village**, mit sehr schönen, sauberen Doppelzimmern und gutem Restaurant (www.raravillage.com, WiFi). Das Office ist in Kathmandu und organisiert auch Flüge, Trekking etc. um den Rara Lake. Das **Danphe Guest House und Restaurant** ist heruntergewirtschaftet, die Zimmer sind in erbärmlichem Zustand. Betreiber sprechen kaum Englisch. Übernachtung auch in Zelten möglich. Viele nepalesische Gruppen. Wildzelten ist verboten.
Westlich, etwa 15 Minuten vom See an seinem Abfluss, steht ein nettes Guest House, das **Murma Top Hotel** in dem Dorf Khatyad.

Simikot: Ausgangsort nach Hillsa an der tibetischen Grenze, von wo aus der Kailash erreicht wird. Während der Pilgerzeit (Ende Juli bis Mitte September) transportieren Hubschrauber die Gläubigen zwischen Simikot und Hillsa.

Juphal: Ausgangspunkt für das legendäre Upper Dolpo Trekking und den Besuch des beeindruckenden Shey-Phoksumdo-Sees (Lower Dolpo). In Juphal außer dem **Flughafen** keine touristische Infrastruktur. Unterkünfte (z.B. **Blue Sheep Inn**), Trekkingequipment, Guides und Träger nur im 2,5 Std. entfernten **Dunai** (2200 m).

Kommunikation: In den Distriktstädten gibt es Mobilfunkempfang. Manche Lodges in den Städten haben Internet, das wenn vorhanden gut funktioniert. Die Provinz und besonders das Upper Dolpo ist mobilfunkmäßig jedoch von der Außenwelt bisher noch abgekoppelt. Nur Polizeistationen und Militärcamps können dort Kontakt herstellen; im Notfall hilft nur ein Satellitentelefon, um schnell Hilfe anzufordern.

Trekking Permits: Für **Jumla** und **Rara Lake** ist kein Trekking Permit nötig; Eintritt Nationalpark 3400 Rupien, kann im Nationalpark Office gekauft werden.
TIMS: siehe Seite 241.
Shey Phoksumdo National Park: 3400 Rupien Eintritt, kann vor Ort bezahlt werden.
Lower Dolpo: 10 $ pro Woche (muss vorher organisiert werden)
Upper Dolpo: 500 $ für die ersten 10 Tage und 50 $ für jeden weiteren (muss vorher organisiert werden, nur als organisiertes Trekking möglich).

Außer dem **Hospital** in **Jumla** gibt es in der Jumla- und Dolpo-Region keine ärztliche Versorgung. Das „Amchi Hospital" im Dolpo ist nur eine Naturheilmittel-Ambulanz.

Nying ma- oder Bön-Klöster (*gompa*) befinden sich u. a. in Naphukuna, Pungmo, Ringmo, Shey und im Hochtal von Tarap. Zuvor um Erlaubnis fragen, wenn Sie eines der Klöster besichtigen möchten!

Daniel Prudek (Shutterstock.com)

Der 7234 m hohe Langtang Lirung
überragt den Langtang-Nationalpark

HELAMBU UND LANGTANG

HELAMBU
GOSAINKUND
LANGTANG

DURCH DAS HELAMBU NACH LANGTANG

Helambu und Langtang sind die beiden der Hauptstadt am nächsten gelegenen Trekking-Regionen. Sie erstrecken sich zwischen den das Kathmandu-Tal im Norden begrenzenden Hügelketten und dem Himalaya-Hauptkamm beziehungsweise der Landesgrenze zu Tibet.

Helambu ist der Name einer Region, die sich in etwa mit dem Einzugsgebiet des Flusses **Malemchi Khola** deckt. Langtang bezeichnet das nördlich von Helambu gelegene Hochtal des **Langtang-Khola**, der sich bei dem Dorf Syabrubensi mit dem **Bhote Kosi** zum **Trisuli** vereint. Letzterer ist in seinem Unterlauf ein wahres El Dorado für alle Anhänger des River Rafting. Helambu und Langtang eignen sich wegen ihrer guten Erreichbarkeit von Kathmandu aus auch für den Wanderer mit einem knappen Zeitbudget. Sehr lohnend ist allerdings eine Routenwahl, die beide Gebiete kombiniert, wobei allerdings mindestens 14 Tage reine Marschzeit eingeplant werden müssen. Der Übergang von Helambu nach Langtang führt entweder über den **Laurebina-Pass** (4609 m), und die Seengruppe von Gosainkund oder über den schwierigen und gefährlichen **Ganja La** (5200 m).

Beide Regionen stehen an Spektakularität hinter Solu-Khumbu oder Annapurna zurück: In den hier nördlich angrenzenden Gebirgsketten des Langtang Himal und des Jugal Himal findet sich nämlich kein Achttausender und „nur" ein Siebentausender, nämlich der **Langtang Lirung** (7234 m), und der **Leonpo Kang** („Big White Peak", 6979 m), ein „Fastsiebentausender".

Der Reiz dieser Region liegt in ihrer Vielfalt: Der Wanderer kann sich quasi ein Profil erschließen – vom dichtbesiedelten Kathmandu-Tal bis zum ewigen Schnee auf den Bergen nahe der Grenze zu Tibet. Ein solches Profil umfasst nicht nur die unterschiedlichen und höhenabhängigen Formen der Vegetation und menschlicher Bewirtschaftung von der Talstufe hinauf zu den Bergflanken und Hochflächen (von den Nepalis *lekh* genannt). Wer sich schon vor der Reise ein wenig über die ethnische Vielfalt Nepals informiert hat, der wird feststellen, dass hier in einer nahezu idealtypischen Weise die verschiedenen Höhenstufen von völlig unterschiedlichen ethnischen Gruppen bewohnt werden. Helambu (auch Yolmo) ist zugleich das am weitesten nach Westen ausgreifende Siedlungsgebiet des berühmten Sherpa-Volks.

Rechts: Begegnung auf dem Trekkingweg – eine Bergbäuerin im Helambu.

» Karte S. 194-195, Info S. 201

HELAMBU

Bedeutender Ort und Schnittstelle der wichtigsten Routen im Helambu ist das faszinierende Dorf **Tarke Ghyang** (2560 m). Seine Attraktivität erhält Tarke Ghyang vor allem als religiöses Zentrum. Von den Sherpas im Helambu holten sich einst die Rana-Könige im Kathmandu-Tal ihre Harems-Mädchen, denn dort waren die Frauen für ihre Schönheit berühmt. Die hiesigen Sherpas unterscheiden sich allerdings im Dialekt von ihren bekannteren Volksgenossen im Khumbu. Unvergessen bleiben dem Besucher die in parallelen Reihen angeordneten, eng gedrängten Steinhäuser mit ihrer Dachsilhouette aus weißen Gebetsfahnen und einer feinen Rauchschwade, die sich aus zahllosen offenen Herdfeuern im Inneren nährt. Jeder Besucher Tarke Ghyangs sollte wenigstens einmal bei *tsampa* und Buttertee die heiter-ruhige Atmosphäre eines Sherpa-Hauses genießen. In dem gemeinsamen Wohn-, Schlaf- und Kochraum herrscht eine manchmal geradezu pedantisch anmutende Sauberkeit und Ordnung. Sehenswert ist im Ort auch der **Tempel im bhutanesischen Stil** mit beeindruckenden Dämonen-Fresken im Eingangsbereich. Er stammt ursprünglich aus dem frühen 18. Jahrhundert und wurde in seiner jetzigen Form erst 1969 wiederaufgebaut.

Um nach Tarke Ghyang zu gelangen, gibt es eine ganze Reihe von Routenvarianten, die sich je nach verfügbarer Zeit, Jahreszeit, individuellen Vorlieben und mitgeführter Ausrüstung zu einer Rundtour zusammenstellen lassen. Zusätzlich bieten sich die Übergänge über das Gosainkund-Gebiet im Westen und den Ganja La im Norden aus dem bzw. ins Langtang-Tal an.

Ausgangsort für einen Trek im Helambu ist in der Regel **Sundarijal** nordöstlich von Kathmandu. Vorwiegend durch feuchten Eichen- und Rhododendren-Wald windet sich der Weg von dort hinauf auf den **Shivapuri Lekh**,

Foto: Cascoly (Dreamstime.com)

der hier die nördliche Begrenzung des Kathmandu-Tales markiert. Nach etwa vier Stunden beendet man die Tagesetappe in **Chisapani** (2050 m), in einer der einladenden Lodges mit schönem Siebentausenderblick.

In **Pati Bhanjyang** (1767 m), jenseits des Shivapuri Lekh, befindet man sich bereits in einer Tamang-Gegend. Die Vielfalt der Landwirtschaft (u. a. Hirse, Obstbäume) lässt die Terrassenlandschaft hier besonders reizvoll erscheinen. Der Tamang-Bauer bearbeitet diese Felder traditionell nur mit einer kurzen Hacke. Werfen Sie in Pati Bhanjyang auch einen Blick auf die rotbraungetünchten Tamang-Häuser mit ihren großen schattigen Veranden.

Hinter Pati Bhanjyang teilt sich der Weg in zwei grundsätzlich sehr verschiedene Tourenvarianten. Der erste und einfachere Weg führt in Richtung Osten, hinunter in das Tal des **Malemchi Khola**. Im weiteren Verlauf folgt dieser Weg dem Malemchi flussaufwärts an dessen östlichem Ufer. Tarke Ghyang erreichen Sie so von Pati Bhanjyang in

» Karte S. 194-195, Info S. 201

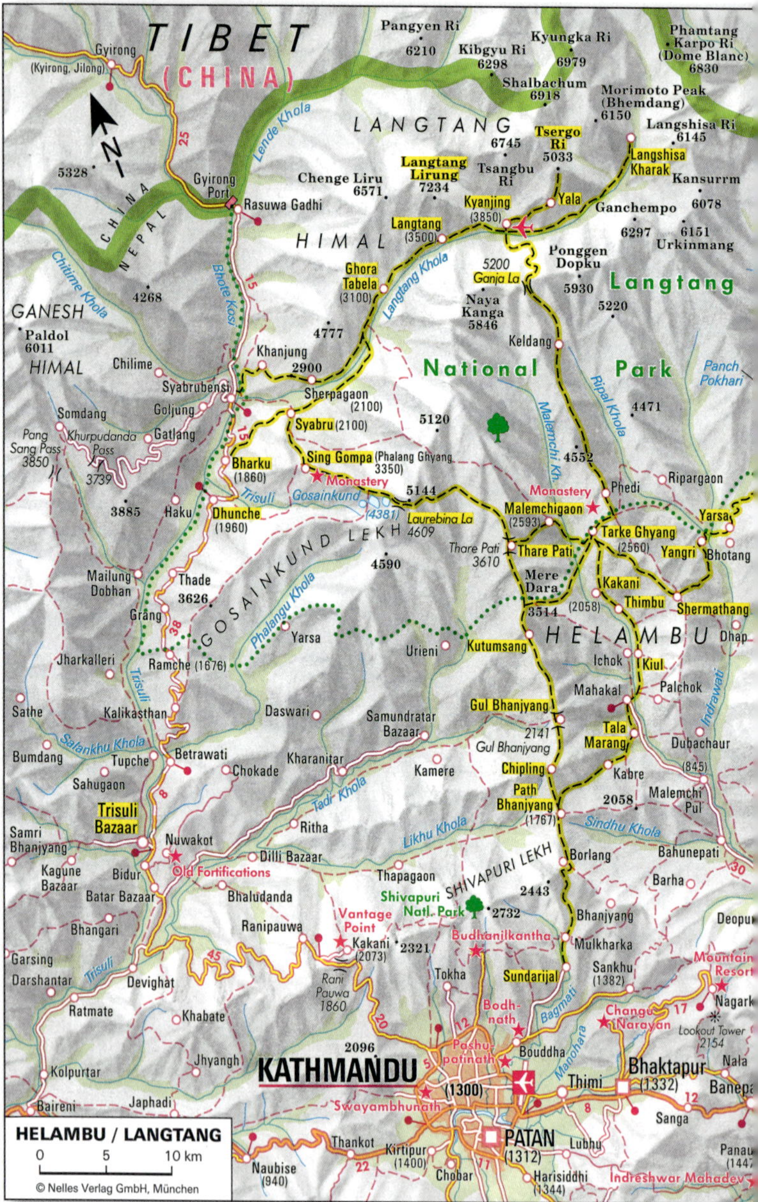
TIBET
(CHINA)
NEPAL
CHINA
LANGTANG
HIMAL
Langtang
National Park
GANESH
HIMAL
GOSAINKUND LEKH
HELAMBU
SHIVAPURI LEKH
KATHMANDU
(1300)
PATAN
(1312)
Bhaktapur
(1332)
Gyirong
(Kyirong, Jilong)
Gyirong Port
Rasuwa Gadhi
Pangyen Ri
6210
Kibgyu Ri
6298
Kyungka Ri
6979
Shalbachum
6918
Phamtang Karpo Ri
(Dome Blanc)
6830
Morimoto Peak
(Bhemdang)
6150
Langshisa Ri
6145
Tsergo Ri
5033
Langtang Lirung
7234
Chenge Liru
6571
Tsangbu Ri
6745
Langshisa Kharak
Kansurrm
6078
Kyanjing
(3850)
Yala
Ganchempo
6297
6151
Urkinmang
Langtang
(3500)
Ponggen Dopku
5930
5200
Ganja La
Naya Kanga
5846
Ghora Tabela
(3100)
Langtang Khola
Lende Khola
Bhote Kosi
Chitime Khola
5328
4268
4777
Paldol
6011
Khanjung
2900
Keldang
5220
Panch Pokhari
Chilime
Syabrubensi
Sherpagaon
(2100)
Syabru (2100)
5120
Ripal Khola
4471
Somdang
Goljung
Gatlang
Khurpudanda Pass
Pang Sang Pass
3850
3739
Sing Gompa (Phalang Ghyang
3350)
Monastery
Malemchi Kh.
4552
Bharku
(1860)
Phedi
Ripargaon
Trisuli
Gosainkund
(4381)
5144
Laurebina La
4609
3885
Haku
Dhunche
(1960)
Monastery
Malemchigaon
(2593)
Tarke Ghyang
(2560)
Yarsa
Bhotang
Yangri
Thare Pati
3610
Thare Pati
Mere Dara
4590
Mailung Dobhan
Thade
3626
Kakani
(2058)
Thimbu
Shermathang
3514
Grang
Phalangu Khola
Yarsa
Urieni
Kutumsang
Dhap
Jharkalleri
Ramche (1676)
Ichok
Kiul
Mahakal
Palchok
Sathe
Kalikasthan
Daswari
Samundratar Bazaar
Gul Bhanjyang
2141
Gul Bhanjyang
Tala Marang
Indrawati
Dubachaur
Salankhu Khola
Bumdang
Tupche
Betrawati
Chokade
Kharanitar
Kamere
Chipling
Kabre
(845)
Sahugaon
Tadi Khola
Path Bhanjyang
(1767)
2058
Malemchi Pul
Trisuli Bazaar
Ritha
Likhu Khola
Sindhu Khola
Samri Bhanjyang
Nuwakot
Old Fortifications
Dilli Bazaar
Borlang
Bahunepati
Kagune Bazaar
Bidur
Thapagaon
Barha
Batar Bazaar
Bhaludanda
Shivapuri Natl. Park
2443
2732
Bhanjyang
Deopur
Bhangari
Ranipauwa
Vantage Point
Kakani
(2073)
2321
Budhanilkantha
Mulkharka
Garsing
Darshantar
Devighat
Rani Pauwa
1860
Tokha
Sundarijal
Sankhu
(1382)
Mountain Resort
Nagark
Ratmate
Khabate
Bodhnath
Bagmati
Changu Narayan
Lookout Tower
2154
2096
Pashupatinath
Bouddha
Manohara
Nala
Jhyangh
Kolpurtar
Thimi
Banepa
Baireni
Japhadi
Swayambhunath
Sanga
Thankot
Kirtipur
(1400)
Chobar
Lubhu
Panau
(1447)
Naubise
(940)
Harisiddhi
(1344)
Indreshwar Mahadev
HELAMBU / LANGTANG
0 5 10 km
© Nelles Verlag GmbH, München

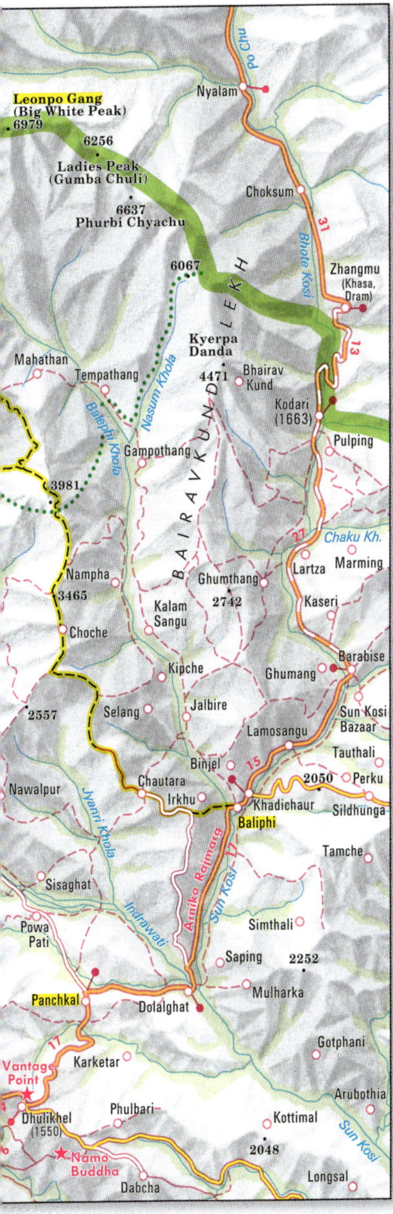

drei relativ kurzen Tagesetappen, mit Übernachtungen jeweils in **Tala Marang** und **Thimbu**. (Von Tala Marang führt ein breiter und ziemlich eben verlaufender Weg in sieben Stunden hinunter nach **Panchkal** an der Kathmandu-Kodari-Straße). Der Weg von Tala Marang flussaufwärts verläuft zunächst in niedriger Höhe – hier kann einem in der warmen Jahreszeit Hitze und Sonne ziemlich zusetzen. Erfrischung findet man in einem der hier recht häufigen Teehäuser. Je höher man das Tal hinaufkommt, desto mehr verändert sich die Physiognomie der Menschen und ihrer Behausungen. In **Kiul** und **Thimbu** trifft man neben Tamang- bereits Sherpa-Familien. Der landschaftlich reizvolle, aber anstrengende Aufstieg von Thimbu nach **Kakani** (auch per Straße zu erreichen) – vorbei an einer der schönen Tschorten und Caityas – bringt uns endgültig in das überwiegend von Sherpas besiedelte Gebiet.

Der andere Weg von Pati Bhanjyang ins Helambu verläuft fast exakt in nördlicher Richtung auf dem Kamm des Bergrückens, der die Wasserscheide zwischen den beiden Flusssystemen des **Malemchi/Indrawati Khola** (im Osten) und des **Tadi Khola/Trisuli Ganga** (im Westen) darstellt. Auf dieser Route müssen Sie mindestens drei, eher vier Tage bis Tarke Ghyang rechnen. Zwischen November und Januar ist im oberen Abschnitt vor Thare Pati mit Schnee zu rechnen, der Weg ist dann allenfalls mit Hilfe eines ortskundigen Führers begehbar. Bei gutem Wetter haben Sie herrliche Ausblicke auf die Bergwelt. Die erste Tagesetappe führt über **Chipling** und das Tamangdorf **Gul Bhanjyang** (2141 m) in den Sherpa-Ort **Kutumsang**. Hinter Kutumsang findet sich bis Malemchigaon keine feste Ansiedlung mehr. Übernachtung ist nur in teils halbzerfallenen Stallungen *(goth)* möglich, und mit etwas Glück bekommen Sie in **Thare Pati** in einem dieser *goths* eine warme Mahlzeit. Thare Pati (6 bis 7 Std. von Kutumsang) ist zugleich

Foto: Subbotsky (stock.adobe.com)

Ausgangspunkt für eine Tour ins Gebiet des **Gosainkund Lekh** (s. u.). Für den Abstieg nach Malemchigaon muss man zunächst wieder auf dem Grat zurücklaufen. Der Pfad hinunter führt durch einen Zauberwald aus Rhododendren, die mit langen Flechten behangen sind. Beim Sherpa-Dorf **Malemchigaon** (2593 m) trifft man erstmals wieder auf ackerbaulich genutzte Flächen. An der gegenüberliegenden Talseite liegt auf gleicher Höhe das einladende Sherpa-Dorf **Tarke Ghyang** mit seinen Lodges; um dorthin zu gelangen, muss jedoch erst der 700 Höhenmeter tiefer fließende Malemchi Khola überquert werden.

Eine wenig begangene Variante im Helambu ist der Abstecher zu den Seen **Panch Pokhari** auf über 4000 m Höhe, erreichbar in vier Tagen über die Orte **Shermathang**, **Yangri** und **Yarsa**. In zwei weiteren Tagen stößt man von dort in südlicher Richtung bei **Baliphi** auf die Straße Kathmandu-Kodari.

Oben: Blick auf das einladende Sherpa-Dorf Tarke Ghyang. Rechts: Gosainkund-See, 4381 m ü. M.

GOSAINKUND

Der **Gosainkund Lekh** stellt einen unschwierigen Übergang zwischen oberem Helambu und Langtang dar. Er ist aber auch ein Ziel für Trekker, die die Bergwelt um die **Heiligen Seen** von Gosainkund erleben möchten. Zum Vollmond zwischen Mitte Juli und Mitte August pilgern Zehntausende von Hindus, darunter viele *Sadhus*, zu den Seen, um ein rituelles Bad in dem kalten Gebirgswasser zu nehmen. Der Legende nach sind die Zuflüsse der Seen dadurch entstanden, dass der Gott Shiva seinen Dreizack in den oberhalb liegenden Felsen gerammt hat.

Von Kathmandu kommend führen die kürzesten Zugänge über **Pati Bhanjyang** und **Kutumsang** (Helambu) oder über **Dhunche** (Langtang). Im folgenden wird der Weg vom Helambu über den Gosainkund Lekh beschrieben.

Basis-Ort für eine Überquerung des **Laurebina-Passes** (4609 m) ist **Thare Pati** (3610 m), eine Ansammlung halbzerfallener, zugiger Stallungen *(goths)*,

 » Karte S. 194-195, Info S. 201

Foto: Subbotsky (stock.adobe.com)

die eine notdürftige Unterkunft für die Nacht bieten. Während der Haupt-Trekkingsaison werden einige der Hütten von Sherpas aus den naheliegenden Dörfern bewirtschaftet. Die nächste Übernachtungsmöglichkeit nach Thare Pati ist die Pilgerherberge am **Gosainkund-See** (4381 m) – in einem Tagesmarsch kaum erreichbar. Der Weg verläuft hinter Thare Pati zunächst überwiegend höhenlinienparallel, vorbei an einigen Quellflüssen des Tadi Khola. In diesem Abschnitt bieten bei schlechtem Wetter einige überhängende Felsen *(gopte)* Schutz. Der Aufstieg zum Laurebina-Pass ist von der Wegführung nicht schwer, überwindet aber einen Höhenunterschied von mehr als 1000 m. Gute Zeltplätze finden sich auf den Fundamenten einiger verlassener *goths* auf etwa 4000 m Höhe.

Nach dem Überschreiten des Passes bietet sich ein herrlicher Blick auf einen Teil der Seen von Gosainkund (u. a. **Surja**, **Gosain**, **Sarasvati**, **Bharain Kund**) und auf die Bergwelt des Langtang und Ganesh Himal.

Von der Pilgerhütte am Gosainkund-See kann man am selben Tag **Sing Gompa** (etwa 3350 m) erreichen, die erste feste Siedlung seit Malemchigaon bzw. Kutumsang, beide vier Tagesetappen zurückliegend. Der Ort Sing Gompa verfügt über ein Kloster, eine Käserei und Unterkünfte.

Mit dem Abstieg nach **Syabru** am nächsten Tag ist der Anschluss an den Langtang-Trek geschafft.

In **Dhunche** (1960 m), eine weitere Tagesetappe entfernt, kann der Bus nach **Trisuli Bazar** bestiegen werden.

LANGTANG

Das Dorf Langtang wurde beim Erdbeben 2015 völlig zerstört. Die touristische Infrastruktur ist mittlerweile wiederhergestellt; die Trekkingrouten sind wieder begehbar und die Lodges wieder geöffnet. Stellenweise musste die Wegführung geändert werden. Die Einheimischen freuen sich über jeden Trekker! Auf Wanderer wartet hier die Ruhe, die der Annapurna- und der Everestregion abhanden gekommen ist.

Das Tal des **Langtang Khola** ist Teil des seit 1976 ausgewiesenen **Langtang-Nationalparks**, mit 1700 km^2 die zweitgrößte Schutzzone des Himalaya-Staats. Der Nationalpark mit seiner besonders vielfältigen Flora und Fauna umfasst auch das obere Helambu (nördlich von Tarke Ghyang), den Gosainkund Lekh sowie den Jugal Himal weiter im Osten. Ziel eines Treks in das Langtang-Tal sind meist die Orte Langtang (3500 m) und die dazugehörige Sommersiedlung Kyanjing (3850 m), gelegen in einem weiten trockenen Trogtal jenseits der Baumgrenze und umrahmt von einer herrlichen Bergszenerie.

Die Bewohner des oberen Langtang-Tales rechnen sich wie die Sherpa zu den *bothiya*, den tibetisch-stämmigen Gruppen, sind jedoch von den Sherpa nur schwer durch ihr Aussehen und ihre Lebensweise zu unterscheiden.

Von Kathmandu her kommend, ist das lebhafte kleine Handelszentrum **Trisuli Bazar** Ausgangsort für einen Besuch des Langtang-Tales.

Die 71 km lange Verbindungsstraße Kathmandu – Trisuli wurde in den 1960ern gebaut, in Zusammenhang mit der Errichtung des Wasserkraftwerks nördlich von Trisuli. Mitte der 1980er wurde auch der untere Teil des ursprünglichen Langtang-Treks bis Dhunche mit einer Straße erschlossen. Sie führt im weiteren Verlauf über den Trisuli-Fluss 105 km weiter zum **Ganesh Himal** in über 4110 m Höhe. Dort wurden Vorkommen von Zink und Blei entdeckt, die erschlossen werden sollen. Nicht nur Positives haben die Anwohner von diesem Straßenbau zu erwarten; zu befürchten ist, dass vermehrt auch Holz aus dem waldreichen Gebiet ausgeführt wird. Ein fast unlösbares Problem sind die enormen Hangerosionen, die dort entstehen, wo die Straße nicht fachgerecht an die steilen Geländeverhältnisse angepasst worden ist.

Von **Dhunche** (1960 m) aus gelangt man in sieben Stunden über **Bharku** in das Sherpa-Dorf **Syabru** (2100 m), dessen Häuser wie Perlen einer Kette an einem Bergkamm aufgereiht liegen. Wenn Sie einen Abstecher zu den Gosainkund-Seen planen, müssen Sie entweder zwischen Dhunche und Bharku den Hauptweg nach Langtang verlassen oder aber sich von Syabru aus Richtung Süden nach Sing Gompa wenden. Auf dem Weg von Syabru Richtung Langtang gelangt man in 1,5 Stunden hinunter zum Langtang Khola.

Durch dichten, feuchten Wald folgt man dem Fluss zwei Stunden und überquert ihn schließlich auf einer Brücke. Am trockeneren Südufer erreicht man nach weiteren 1,5 Stunden eine Ansammlung von Teehäusern bzw. Lodges (darunter die bekannte „Lama-Lodge"). Von der Lama-Lodge sind es vier Stunden bis **Ghora Tabela** (3100 m). Der Weg verläuft im oberen Abschnitt durch Lärchenwald in einem zunehmend sich weitenden Talgrund.

Vorbei an einer Gompa gelangt man dann in weiteren zwei Stunden zum Ort **Langtang** (3500 m; 2015 durch einen Eis- und Felssturz zerstört und etwas oberhalb wieder aufgebaut). Von dort nach **Kyanjing** (3850 m) sind es noch einmal zwei bis drei Stunden beschauliche Wanderung. Insgesamt sollte man für den Weg von Dhunche bis Kyanjing zwei bis drei Tagesetappen einrechnen.

Für den Trekker lohnt es sich, im oberen Langtang-Tal einige Tage zu verbringen. Etwa fünf Stunden braucht man für den Aufstieg zum **Tsergo Ri** (5033 m) über die Hochalm **Yala** (östlich von Kyanjing) mit spektakulärer Bergsicht. Wer vorhat, in den nächsten Tagen den Ganja La zu überqueren, genießt vom Tsergo Ri einen hervorragenden Blick auf den Pass und unterstützt seinen Körper bei der Höhenanpassung. Lohnend ist auch die kurze Tour auf den kleinen Gipfel unmittelbar nördlich der Unterkunftshütte in Kyanjing. Eine Tagestour

Rechts: Blick vom Tsergo Ri auf den Langtang Lirung (7234 m).

» Karte S. 194-195, Info S. 201

Foto: Steve Estvanik (Dreamstime)

führt zur Hütte von **Lanshisa Kharak**, am Rand des **Langtang-Gletschers**.

Landwirtschaft im Langtang-Tal

Die wirtschaftliche Hauptstütze der *Langtang-bhotiya* ist neben dem Tourismus die Haltung von Yaks und von Dzos, einer Kreuzung aus Yak und Rind, die eine höhere Milch- und Fleischleistung erbringt.

Die Herden wandern im jahreszeitlichen Rhythmus vom Wald unterhalb Ghora Tabela bis hinauf ins hinterste Tal des Langtang Khola, früher sogar bis nach Tibet. Überall im oberen Talabschnitt finden sich deshalb nur Sommersiedlungen. Zur Selbstversorgung trägt bescheidener Ackerbau bei, mit Kartoffeln, Gerste und Buchweizen. Allgegenwärtig sind im oberen Langtang-Tal die Zeugnisse der tibetisch-buddhistischen Tradition. Unzählige in Stein gemeißelte Mantras begleiten den Wanderer an den langen Mani-Mauern zwischen Langtang und Kyanjing. Die Gompa in Kyanjing und die vielen Chörten sind ebensolche religiösen Manifestationen.

Eine Attraktion ist die (mit Schweizer Hilfe nach der Katastrophe von 2015 wieder errichtete) **Yak-Käserei** in **Kyanjing** – wegen des köstlichen Joghurts und des Hartkäses aus Yakmilch, den man dort erwerben kann. Initiiert wurde sie Anfang der 1950er-Jahre – bald, nachdem 1949 als erster Ausländer der britische Bergsteiger und Entdeckungsreisende H.W. Tilman das Tal erkundet hatte. In Kyanjing entstand damals dank des Engagements eines Schweizer Milchwirtschaftlers und Entwicklungshelfers die erste Bergkäserei Nepals.

Hauptziel des Projektes war und ist es, Konservierungs- und Vermarktungsmöglichkeiten für die Yakmilchproduktion in dem entlegenen Hochtal zu schaffen. Die chinesische Okkupation Tibets hatte den Zugang zu den traditionellen Sommerweiden auf der tibetischen Seite blockiert und den Zugang zum wichtigen tibetischen Markt für gesottene Butter *(ghiu)*, zu der die Yakmilch bis dahin verarbeitet worden war.

» Karte S. 194-195, Info S. 201

Foto: Daniel Prudek (iStockphoto.com)

Der Ganja La-Pass

Der **Ganja La** (5200 m) verbindet Kyanjing mit Tarke Ghyang in einer fast exakt nord-südlich verlaufenden Linie. Er bildet neben Gosainkund die zweite Übergangsmöglichkeit zwischen Langtang und Helambu, und kommt wegen der Höhe und des schwierigeren Geländes nur für erfahrene Bergsteiger in Frage! Der Name bedeutet „Pass des Großen Schnees". Begehbar ist der Pass von Mai bis maximal Anfang November, aber auch in dieser Zeit sind im oberen Teil Schneefelder zu durchqueren. Es muss mit Schneefällen gerechnet werden. Der Weg ist zum Teil nicht markiert, bei Nebel oder Schneetreiben kann man sich leicht verirren. Ein ortskundiger Führer ist dringend zu empfehlen! Da sich auf den drei Tagesetappen zwischen Kyanjing und Tarke Ghyang keine festen Siedlungen finden, sind Zelt und Verpflegung mitzuführen.

Nachdem man von Kyanjing aus flussabwärts den Langtang Khola überquert hat, hat man noch etwa sechs Stunden Anstieg zur Passhöhe vor sich. Es empfiehlt sich daher, unterwegs einmal zu übernachten, zum Beispiel bei den *goths* (Ställen) auf etwa 4.400 m Höhe. Die 400 Höhenmeter vor dem Pass muss man durch weite Schneefelder aufsteigen, wobei der allerletzte Abschnitt vor dem Pass eine leichte Kletterei auf rutschigem Untergrund erfordert.

Der Abstieg vom Ganja La in Richtung Süden führt über ausgedehnte Moränenfelder. Ihre Überquerung ist besonders beschwerlich, solange eine Schneedecke die Spalten und Löcher zwischen den Gesteinsblöcken verdeckt. Bis zu den ersten *goths* auf rund 4400 m sind es 4 Std. Gehzeit. Bis Tarke Ghyang sind es dann noch einmal 1 1/2 Tagesmärsche. Der Weg führt im weiteren Verlauf im wesentlichen entlang der Ostseite des Hauptkammes der Bergmassive von **Dhukpu** und **Yangri Danda**.

Oben: Yak-Weide bei Kyanjing im Langtang-Tal.

» Karte S. 194-195

Die wichtigsten Ausgangsorte zu den beschriebenen Trecks sind von Kathmandu aus einfach zu erreichen. Nach **Sundarijal** (Helambu-Trek) nimmt man am besten ein Taxi (16 km, 1 Std.).
Trisuli Bazar (zum hochalpinen Langtang-Tal und den heiligen Gebirgsseen von Gosainkund) erreicht man auch mit dem öffentlichen Bus, welcher vom nordwestlichen Stadtteil Paknajol (Nähe Touristenzentrum Thamel) abfährt (Entfernung 73 km). Mit Kleinbus in 5-6 Std. nach **Dhunche**. Der Weg nach Langtang durch die Schlucht des Trisuli (im oberen Verlauf dann Bhote Khosi genannt) war einst ein bedeutender Handelsweg zum tibetischen Kyirong, bis China die tibetische Grenze schloss.
In **Kyanjing** im oberen Langtang-Tal gibt es eine STOL-Piste; dort können Hubschrauber landen.

TIMS Card nötig, für den Langtang-Nationalpark zudem ein **Entry Ticket** (3000 NR). Checkposts in Dhunche und Ghora Tabela.

Krankenhaus in Trisuli Bazar, Apotheke (*Dispensary*) in Dhunche, jedoch bei ernsthafter Erkrankung: sofort zurück nach Kathmandu!
Das Darminfektionsrisiko ist – anders als bei den hygienebewussten Sherpa im Helambu – in den Lodges der Bhotiya-Ethnie im Langtang beträchtlich.

HÖHENANPASSUNG: Auf eine langsame vorherige Höhenanpassung ist besonders zu achten bei den Pässen Ganja La und Laurebina (Gosainkund), wo auf kurzer Distanz rasch Höhe gewonnen wird. Vorsicht auch bei Höhentouren im oberen Langtang-Tal.

TREKKING-SAISON: Beste Trekkingzeiten sind Herbst (Okt./Nov.) und Frühjahr (Febr. - April). Während man in den unteren Bereichen des Helambu auch das ganze Jahr über trekken kann, sind auf den höher liegenden Strecken bereits im November Kälte- und Schneeeinbrüche zu erwarten. Der Ganja La ist danach erst ab Mai wieder begehbar (hochalpine Erfahrung erforderlich).
Besonders schön ist im April und Mai die Rhododendron-Blüte in den höheren Regionen (vor allem in Malemchigaon, nach Thare Pati). Zu dieser Zeit kann es in den tiefergelegenen Tälern (Helambu) schon sehr heiß sein.

AUSRÜSTUNG / VERPFLEGUNG: Steigeisen und Seile sind nur für die Begehung des Ganja La und des Yala Peak empfehlenswert. Dorthin müssen auch Zelt und Verpflegung mitgenommen werden. Notwendig ist dies auch für den Abstecher nach Panch Pokhari, zu empfehlen für den Gosainkund Treck.

FÜHRER: Ein ortskundiger und erfahrener einheimischer Führer ermöglicht ein tieferes Verstehen von Land und Leuten. Absolut notwendig ist ein Führer für die Überquerung des **Ganja La**.

Talaufwärts, über dem ehemaligen Dorf Langtang zirka einen halben Tag Fußmarsch entfernt, befindet sich auf fast 3000 m Höhe das Kloster Kyangjin Gyang. Die seit 1954 in dessen Nähe betriebene, mit Schweizer Entwicklungshilfe erbaute **Yakmilch-Käserei** wurde 2015 zerstört und dann wieder aufgebaut; dort Käse zu kaufen ist entwicklungspolitisch besonders sinnvoll.

Im Langtang, nördlich des Klosters Kyangjin in ca. 4800 m Höhe, befindet sich ein besonders schöner Aussichtsplatz, die **Hochalm von Yala**. Von hier gelangt man auf den **Yala Peak** (5500 m, Steigeisen empfehlenswert) oder auf den **Tsergo Ri** (5033 m), der einfacher zu besteigen ist.
Trekking-Variante **Gosainkund – Helambu** ohne Langtang: Wenn man vom Gosainkund-See kommend den Laurebina-Pass (4600 m) überquert, gelangt man in das Helambu-Gebiet (ca. 7 Std. von Gosainkund bis Thare Pati).

FESTE: Zum Gosainkund-See pilgern bei Vollmond im August Hunderte von Gläubigen, um Shiva zu huldigen.
Im Mai / Juni werden im Helambu Maskentänze aufgeführt.

Andreas Neuhauser

Everest-Base-Camp-Trekker betrachten in Gorak Shep bei Sonnenaufgang den imposanten Nuptse-West II (7745 m)

Foto: Andreas Neuhauser

IM SCHATTEN DES MOUNT EVEREST

SOLU-KHUMBU
NAMCHE BAZAR
GOKYO RI
EVEREST BASE CAMP
CHHUKUNG RI / ISLAND PEAK
HINKU- UND HUNKU-TAL
ROLWALING

SOLU-KHUMBU

Die Sherpas

Wer einmal den Mt. Everest, mit 8848 m höchster Berg der Erde, aus der Nähe betrachten will, wird sich über die gute Trekking-Infrastruktur des **Solu-Khumbu**-Gebiets freuen. Die hier lebenden freundlichen Sherpa – früher ein Synonym für Träger – sind heute als Führer und „Berghoteliers" gut im Geschäft, und mittlerweile hat sich ein Netz von guten Lodges über weite Teile des Khumbu gespannt.

Das Volk der Sherpa stammt aus Kham in Osttibet. Der Name *shar pa* bedeutet „die aus dem Osten kommen". Vor 500 Jahren kamen die ersten Sherpas aus Tibet ins Khumbu und lebten dort als halbnomadisierende Kleinbauern oder Händler. Der Name Khumbu geht auf *Khumbila Tetsan Gelbu* zurück, die lokale Schutzgottheit. Die Sherpas sind als Anhänger des tibetischen Buddhismus sehr religiös; überall findet man Stupas, Klöster, Gompas, Mani-Mauern, Gebetsfahnen oder Mantras murmelnde Passanten, Gebetsmühlen drehende Pilger. Ein Hausaltar fehlt in keiner Sherpawohnung.

Fast alle ihre Feste haben einen religiösen Ursprung. Eines der bedeutendsten heißt *Dumje* und findet im Juni bzw. Juli statt. Gefeiert wird der Geburtstag des legendären Padmasambhava, der im 8. Jh. den Buddhismus bis nach Tibet brachte und den Nyingmapa-Orden gründete. Gleich mitgefeiert werden der Jahrestag, an dem Lama Sangwa Dorje, der Klostergründer von Pangpoche, Erleuchtung erlangte, und das Fest für die Schutzgottheit Khumbila. Neujahrsfeste *(Lhosar)* gibt es zwei: Eines im Dezember/Januar für die Bauern und das offizielle tibetische im Februar.

Links: Die Sherpas im Khumbu schultern enorme Lasten.

Anreise ins Solu-Khumbu

Mit dem Flugzeug nach Lukla: Die meisten der ca. 20 000 Trekker, die jährlich das Solu-Khumbu besuchen, fliegen mit einer Twin Otter oder Fokker direkt von Kathmandu nach Lukla. Dieser 30-minütige Flug bleibt unvergesslich, die Ausblicke auf die majestätischen Eisgipfel und die tief eingeschnittenen Täler mit den vielen kleinen Dörfern in einem Meer aus Reisterrassen sind einzigartig. Die Spannung steigt, wenn der Pilot fast im Sturzflug ins Dudh-Kosi-Tal zum Landeanflug abtaucht. Obwohl der Flughafen ausgebaut und die Landebahn asphaltiert wurde, gilt Lukla als „horror airport": Wegen der exponierten Lage des Airports an einem Berghang, zwischen 6000 Meter hohen Gip-

» Karte S. 206-207, Info S. 220-221

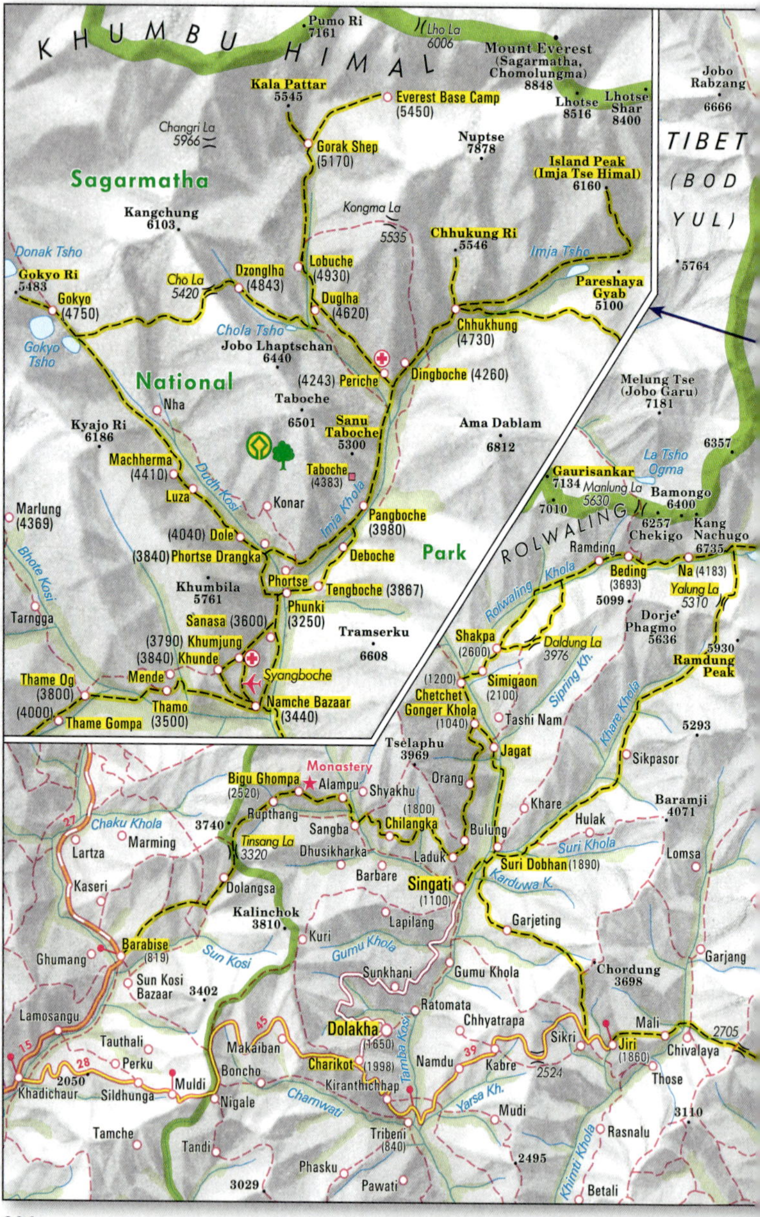
KHUMBU HIMAL
Pumo Ri 7161
Lho La 6006
Mount Everest (Sagarmatha, Chomolungma) 8848
Jobo Rabzang 6666
Kala Pattar 5545
Everest Base Camp (5450)
Lhotse 8516
Lhotse Shar 8400
TIBET (BOD YUL)
Changri La 5966
Gorak Shep (5170)
Nuptse 7878
Sagarmatha
Island Peak (Imja Tse Himal) 6160
Kangchung 6103
Kongma La 5535
Chhukung Ri 5546
Donak Tsho
Imja Tsho
5764
Gokyo Ri 5483
Cho La 5420
Dzonglha (4843)
Lobuche (4930)
Pareshaya Gyab 5100
Gokyo (4750)
Dugla (4620)
Chola Tsho
Chhukhung (4730)
Gokyo Tsho
Jobo Lhaptschan 6440
National
(4243) Periche
Dingboche (4260)
Melung Tse (Jobo Garu) 7181
Nha
Taboche 6501
Kyajo Ri 6186
Sanu Taboche 5300
Ama Dablam 6812
6357
Machherma (4410)
La Tsho Ogma
Taboche (4383)
Gaurisankar 7134
Manlung La 5630
Bamongo 6400
Dudh Kosi
Luza
Konar
Imja Khola
Pangboche (3980)
7010
ROLWALING
6257 Chekigo
Kang Nachugo 6735
Marlung (4369)
(4040) Dole
Park
Ramding
(3840) Phortse Drangka
Deboche
Beding (3693)
Na (4183)
Bhote Kosi
Phortse
Tengboche (3867)
Khumbila 5761
Rolwaling Khola
Yalung La 5310
5099
Phunki (3250)
Dorje Phagmo 5636
Tarngga
Sanasa (3600)
Tramserku 6608
Shakpa (2600)
Daldung La 3976
5930
(3790) Khumjung
Ramdung Peak
(3840) Khunde
Syangboche
Thame Og (3800)
Mende
(1200) Chetchet
Simigaon (2100)
Sipring Kh.
Thamo (3500)
Namche Bazaar (3440)
(4000) Thame Gompa
Gonger Khola (1040)
Tashi Nam
Khare Khola
5293
Tselaphu 3969
Jagat
Monastery
Bigu Ghompa (2520)
Alampu
Shyakhu
Orang
Sikpasor
Rupthang
(1800) Chilangka
Khare
Baramji 4071
Chaku Khola
3740
Hulak
27
Marming
Sangba
Bulung
Lartza
Tinsang La 3320
Dhusikharka
Laduk
Suri Khola
Lomsa
Suri Dobhan (1890)
Kaseri
Dolangsa
Barbare
Singati (1100)
Karduwa K.
Kalinchok 3810
Lapilang
Garjeting
Barabise (819)
Kuri
Ghumang
Sun Kosi
Gumu Khola
Garjang
Sunkhani
Gumu Khola
Chordung 3698
Sun Kosi Bazaar
3402
Ratomata
Lamosangu
45
Chhyatrapa
Mali
Dolakha (1650)
Sikri
2705
15
Tauthali
Makaiban
Tamba Kosi
Jiri (1860)
Chivalaya
28
Perku
39
Charikot (1998)
Namdu
Kabre
2524
2050
Muldi
Boncho
Those
Khadichaur
Sildhunga
Kiranthichhap
Nigale
Charnwati
Yarsa Kh.
Mudi
3110
Tamche
Tribeni (840)
Rasnalu
Tandi
Khimti Khola
Phasku
2495
3029
Pawati
Betali

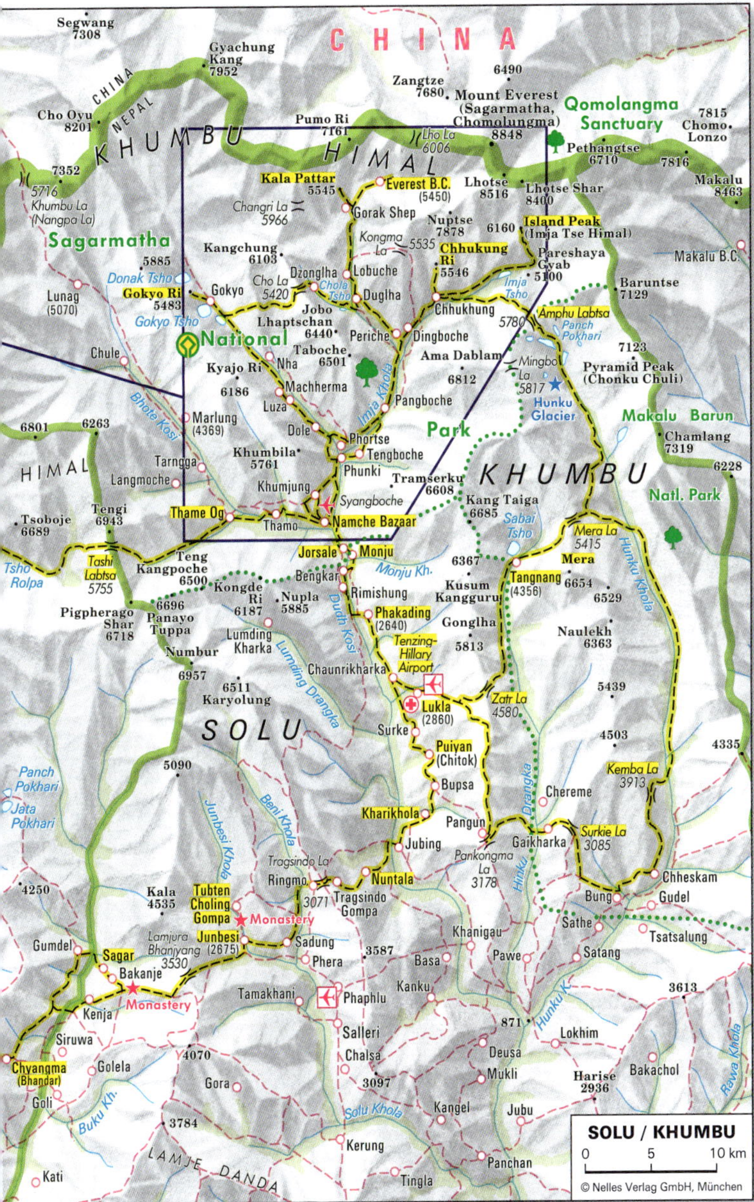
CHINA
NEPAL
Segwang 7308
Gyachung Kang 7952
Cho Oyu 8201
KHUMBU HIMAL
Pumo Ri 7161
Lho La 6006
Zangtze 7680
6490
Mount Everest (Sagarmatha, Chomolungma) 8848
Qomolangma Sanctuary
7815 Chomo Lonzo
Pethangtse 6710
7816
Makalu 8463
7352
5716 Khumbu La (Nangpa La)
Kala Pattar 5545
Everest B.C. (5450)
Lhotse 8516
Lhotse Shar 8400
Changri La 5966
Gorak Shep
Nuptse 7878
6160
Island Peak (Imja Tse Himal)
Sagarmatha
Kangchung 6103
Kongma La 5535
Chhukung Ri 5546
Pareshaya Gyab 5100
Makalu B.C.
5885
Donak Tsho
Cho La 5420
Dzonglha
Lobuche
Chola Tsho
Dughla
Imja Tsho
Baruntse 7129
Lunag (5070)
Gokyo Ri 5483
Gokyo
Gokyo Tsho
Jobo Lhaptschan 6440
Chhukhung
5780
Amphu Labtsa
Panch Pokhari
National
Periche
Dingboche
Taboche 6501
Ama Dablam
Mingbo La 5817
7123
Pyramid Peak (Chonku Chuli)
Chule
Kyajo Ri
Nha
Machherma
6812
Hunku Glacier
6186
Luza
Imja Khola
Pangboche
Makalu Barun
Bhote Kosi
Marlung (4369)
Dole
Park
Chamlang 7319
6801
6263
Phortse
Tengboche
6228
Khumbila 5761
HIMAL
Tarngga
Phunki
Langmoche
Khumjung
Tramserku 6608
KHUMBU
Syangboche
Natl. Park
Tengi 6943
Tsoboje 6689
Thame Og
Thamo
Namche Bazaar
Kang Taiga 6685
Sabai Tsho
Mera La 5415
Jorsale
Monju
Tsho Rolpa
Tashi Labtsa 5755
Teng Kangpoche 6500
Bengkar
Monju Kh.
6367
Mera
Tangnang (4356)
6654
Kongde Ri 6187
Nupla 5885
Rimishung
Kusum Kangguru
6529
6696
Hunku Khola
Pigpherago Shar 6718
Panayo Tuppa
Dudh Kosi
Phakading (2640)
Gonglha
Naulekh 6363
Lumding Kharka
Tenzing-Hillary Airport
5813
Numbur
Chaunrikharka
6957
Lumding Drangka
6511 Karyolung
5439
Zatr La 4580
Lukla (2860)
SOLU
Surke
4503
4335
Puiyan (Chitok)
5090
Kemba La 3913
Panch Pokhari
Bupsa
Chereme
Jata Pokhari
Junbesi Khola
Beni Khola
Drangka
Kharikhola
Pangun
Surkie La 3085
Jubing
Gaikharka
Tragsindo La
Pankongma La 3178
Hinku
Chheskam
4250
Ringmo
Nuntala
Kala 4535
Tubten Choling Gompa
3071
Tragsindo Gompa
Bung
Gudel
Monastery
Sathe
Tsatsalung
Lamjura Bhanjyang 3530
Junbesi (2675)
Sadung
Khanigau
Gumdel
Sagar
3587
Pawe
Satang
Phera
Basa
Bakanje
Monastery
Tamakhani
Phaphlu
Kanku
3613
Kenja
Hunku K.
871
Salleri
Lokhim
Siruwa
4070
Chalsa
Deusa
Chyangma (Bhandar)
Golela
Mukli
Harise 2936
Bakachol
Rawa Khola
Gora
3097
Goli
Solu Khola
Kangel
Jubu
Buku Kh.
3784
Kerung
LAMJE DANDA
Panchan
Kati
Tingla
SOLU / KHUMBU
0 5 10 km
© Nelles Verlag GmbH, München

Foto: William Fawcett (iStockphoto)

feln, können die kleinen 18-Sitzer-Maschinen nur bei optimaler Sicht landen. In Schlechtwetterperioden führt dies in Kathmandu, vor allem aber in Lukla zu zermürbenden Wartetagen.

Mit dem Bus nach Jiri: Zeitaufwändig sind die Busanreise nach Jiri und die anschließende Wanderung nach ,Lukla. Schon die Fahrt von Kathmandu mit dem „Local Bus" ist ein Erlebnis und meist anstrengender als das Trekking. Wer es bequemer haben will, sollte sich für die ca. 6-stündige Anfahrt von Kathmandu ein Taxi nehmen.

Der Reiz der 6-7-tägigen Wanderung von Jiri nach Lukla liegt in der abwechslungsreichen Mittelgebirgslandschaft. In unzähligen Auf- und Abstiegen geht es hoch in den Rhododendron-Bergwald und hinab zu den faszinierenden Kulturlandschaften der Tamang, Rai und Chetri-Bevölkerung. Ein Highlight ist der Besuch des **Klosters Thubten Choling** bei Junbesi.

Oben: Schneller zum Everest – ein Flug nach Lukla verkürzt den Anmarsch um eine Woche, ist aber nichts für schwache Nerven. Rechts: Phakding, auf dem Weg von Lukla nach Namche.

Die Route führt über **Bhandar – Sagar – Junbesi** durch die Sherpa-Region **Solu** über den Tragsindo La (3071 m) nach **Nuntala – Khari Khola – Puiyan**. In jedem Dorf gibt es Teahouses und Lodges, die einfacher sind als jene oberhalb von Lukla.

Von Lukla ins Khumbu

In Lukla beginnt der „Solukhumbu-Highway" – besonders in der Hauptsaison, im Oktober und November, macht er seinem Spitznamen alle Ehre. Trekker, Träger und Tragtiere schieben sich dann in einer großen Kolonne durch das Tal des Dudh Kosi nach Namche Bazar hinauf und hinab. Wer Ruhe sucht, sollte besser in den Sommermonaten (Juli bis September) wandern.

Lukla (2860 m) ist ein quirliger Ort mit großem Militärstützpunkt, Restaurants, Internetcafés, Airline-Büros und vielen Lodges und Hotels. Zentrum des Geschehens ist der sehr schwierig und nur auf Sicht anzufliegende, 500 m kurze, stark geneigte Flugplatz **Tenzing-Hillary Airport**. Über ihn reisen die Touristen, die der Region etwas Wohlstand beschert haben, an- und ab. Erwartungsvoll stehen Guides und Träger vor dem Airport, um ihre Kunden in Empfang zu nehmen. Echte Sherpas wird man allerdings unter den Trägern kaum mehr finden. Denn die Angehörigen des im Khumbu lebenden Volksstamms, der in den Anfängen des Trekkingtourismus zum Synonym für einen ganzen Berufsstand wurde, arbeiten fast nur noch als Guide oder Lodgebesitzer. Die Lasten werden von den Rai, Chetri und Tamang getragen, die in den Dörfern im tiefergelegenen Solu leben und genauso anfällig für die Höhenkrankheit sind wie Touristen. Medizinische Hilfe findet man im **PLNN-Hospital** in Lukla.

Wer organisiert in einer Gruppe angereist ist, kann nach der Ankunft erst einmal Tee trinken und das geschäftige

» Karte S. 206-207, Info S. 220-221

Foto: William Fawcett (iStockphoto)

Treiben auf sich wirken lassen. Individualtrekker werden zunächst gegebenenfalls ihren Guide oder Träger treffen. Sobald alles verpackt ist, brechen die Wander-Karawanen auf. Von Lukla (2860 m) geht es auf breitem Weg zunächst überwiegend bergab (ca. 2½ Std.) bis nach **Phakding** (2640 m), wo der **Dudh Kosi** (Milchfluss) auf einer **Hängebrücke** überquert wird. In einem der kleinen Dörfer zwischen Phakding und Jorsale suchen sich die meisten Trekker ein Quartier für die erste Nacht. Mittlerweile ist das gesamte Everest-Gebiet mit Lodges übersät, die überwiegend einfache, aber saubere Doppelzimmer mit Gemeinschaftsbad anbieten. Deshalb gibt es kaum noch Trekker oder Gruppen, die mit Zelten unterwegs sind.

Bevor bei Monjo der Sagarmatha-Nationalpark betreten wird, einige Anmerkungen: In den 1980er Jahren gab es zahlreiche Erdrutsche entlang des Weges – negative Folgeerscheinungen des Tourismus in dieser sensible Bergregion. Von den westlichen Medien wurde das unkontrollierte Abholzen für den Bau von Unterkünften und Brennholz als Ursache ausgemacht. Auf Druck ausländischer Umweltschützer erklärte die Regierung das Gebiet zum Staatswald. Doch dies verschlimmerte die Situation erst recht, denn nach wie vor wurde der Wald von den Sherpas genutzt, aber sie fühlten sich nicht mehr für die Aufforstung verantwortlich – der Wald gehörte ihnen schließlich nicht. Ende der 90er Jahre wurden die Wälder schließlich wieder der Verantwortung der Dorfgemeinschaften übergeben. Seither wachen die Einheimischen wieder streng darüber, dass für jeden gefällten Baum ein neuer gepflanzt wird.

Einige **Tipps zum umweltverträglichen Reisen** im Khumbu:

- Fast jede Lodge hat warmes Wasser, das vielerorts bereits mit Strom oder Solarenergie aufgeheizt wird. In diesem Fall kann man mit gutem Gewissen heiß duschen; dort, wo das Wasser mit Holz erhitzt wird, nicht.
- Obwohl häufig Kerosin und Strom zur Verfügung stehen, wird in Restaurants und Lodges oft noch mit

» Karte S. 206-207, Info S. 220-221

Foto: Andreas Neuhauser

Holz gekocht. Die Kochzeit und somit der Verbrauch von Holz kann enorm reduziert werden, wenn in einer Gruppe nicht lauter unterschiedliche Gerichte bestellt werden, sondern man sich auf eines einigt.

- Problemmüll (Batterien, Aluverpackungen etc.) sollte nicht in den Mülleimern der Lodges landen. Solche Abfälle werden nirgendwo in Nepal sachgemäß entsorgt; sie sollten wieder mit nach Europa genommen werden.
- Ein großes Müllproblem verursachen Mineralwasserflaschen aus Plastik. Den Geldbeutel und die Umwelt schont eine eigene Trinkflasche, die man in den Lodges immer wieder mit Wasser füllt, das man sicherheitshalber mit einem keimabtötenden Mittel behandeln sollte (wie Aquamira oder Certisil combina, siehe auch S. 243). Im Nationalpark werden keine Glasflaschen verkauft, nur Dosen und Plastikflaschen.

Oben: Auf der Hillary Bridge sind, damit sie nicht in Schwingung gerät, schnelle kurze Trippelschritte angesagt. Rechts: Die Sherpa-Siedlung Namche Bazar mit ihren typischen langgezogenen Häusern.

Das Office am **Eingang zum Sagarmatha-Nationalpark** liegt direkt am Wegesrand am Ende von **Monjo**. Hier werden das Eintrittsticket und das TIMS-Certificate kontrolliert und alle Ausländer registriert. Das Eintrittsticket kann hier wie auch in Kathmandu für 3000 Rupien gekauft werden.

Nachdem die Formalitäten erledigt sind, geht es über einen kurzen Abstieg hinab nach **Jorsale** (2850 m), den letzten Ort vor Namche Bazar. Der folgende steile Aufstieg nach Namche Bazar (3440 m) ist ein erster Konditionstest. Zwei Highlights laden unterwegs zu Verschnauf- und Fotopausen ein: die berühmte **Hillary Bridge**, eine ausgesetzte, mit Gebetsfahnen geschmückte Hängebrücke über den **Dudh Kosi**, die der Erstbesteiger des höchsten Gipfels der Welt stiftete, sowie der erste **Blick** auf den noch in der Ferne liegenden **Mount Everest**, der von den Sherpas *Chomolungma* und von den Nepalis *Sagarmatha* genannt wird.

Namche Bazar

Namche Bazar (3440 m) ist die „Hauptstadt der Sherpas". Der mittlerweile zu beachtlicher Größe angewachsene Ort ist das wirtschaftliche, touristische und verwaltungstechnische Zentrum der Region. Trekker finden hier alles, was das Herz begehrt: schöne Lodges, gute Restaurants, Shops mit Bergsteigerausrüstung, Lebensmitteln und Souvenirs, Internet-Cafés, Bäckereien, internationale Telefonverbindung, Geldautomat (ATM), WiFi und sogar eine Disco.

Faszinierend ist der Besuch des lokalen **Marktes**, der jeden Freitag und Samstag vormittags stattfindet. Viele Händler sind tagelang unterwegs, um ihre Agrarprodukte hier zu verkaufen. Sogar Tibeter bieten zwischen Rai und Chetri ihre Waren an.

 » Karte S. 206-207, Info S. 220-221

Foto: Jason Maehl (iStockphoto)

Namche Bazar ist ein idealer Stützpunkt für die Höhenanpassung. Dies sollte nicht in der Kneipe bei Rakshi (Reisschnaps) und Bier passieren, sondern bei kleinen Wanderungen in der Umgebung. Den besten Akklimatisierungseffekt erzielt man durch gemütliches, gleichmäßiges Wandern mit niedrigem Puls (max. 130/Minute); ungünstig wirken sich hohe Belastungen im anaeroben Bereich aus.

Das einst von Edmund Hillary gestiftete, zwei Stunden oberhalb von Namche gelegene **Khunde Hospital** ist bei allgemeinen Erkrankungen und Brüchen eine gute Adresse.

Wanderungen um Namche

Ein kurzer Spaziergang (ca. 20 Min.) führt Richtung Osten auf einen kleinen Hügel, zur Hauptverwaltung des Sagarmatha-Nationalparks. Hier gibt es ein kleines **Museum** und eine großartige **Aussicht** auf Everest (8848 m), Lhotse (8516 m), Nuptse (7878 m) und den wunderschönen Ama Dablam (6812 m). Richtung Südosten erhebt sich der Tramserku (6608 m) und im Nordwesten der Kongde Ri (6187 m). Direkt im Norden steht der heilige Berg des Khumbu, der Khumbila (5761 m), Sitz der lokalen Gottheit Tetsan Gelbu. Für den Rückweg bietet sich der Höhenweg oberhalb von Namche, an einem kleinen Krankenhaus vorbei, an. An der Ostseite lohnt es, den Steinbruch bei **Gangtha** zu besuchen, wo oft hunderte von Arbeitern Steine für den Bau der Lodges in Namche Bazar klopfen.

Eine schöne Tageswanderung beginnt bei der **Namche Gompa** und führt am Gangtha-Steinbruch vorbei nach **Syangboche** (3750 m). Ein zugewachsenes **Flugfeld** erinnert noch daran, dass hier bis Ende der 90er Jahre versucht wurde, einen Flughafen ähnlich wie in Lukla zu etablieren. Wegen des gefährlichen Anfluges und der vielen Fälle von Höhenkrankheit bei den Passagieren wurde der Flugverkehr jedoch eingestellt. Auf der Piste weiden heute Kühe und Yaks, an den einst stattlichen Lodges bröckelt der Putz. Nur Hub-

» Karte S. 206-207, Info S. 220-221

schrauber für Versorgungsflüge und Krankentransporte landen hier noch.

Oberhalb von Syangboche teilt sich der Weg. Links erreicht man in wenigen Minuten den kleinen Ort **Khunde** (3840 m), der lediglich durch das Khunde Hospital (s. oben) bekannt ist, rechts führt der Weg über viele Stufen hinab nach **Khumjung** (3790 m), der ehemaligen Hauptstadt der Sherpas. Sie wurde vor etwa 500 Jahren gegründet und war eine der ersten Siedlungen im Khumbu. Von den alten Zeiten zeugt am Ortseingang eine lange **Mani-Mauer** mit Eingangs-Chörten und Stupas, von den neuen das beachtliche Schulzentrum mit Fußballplatz.

Wem Namche Bazar zu touristisch ist, der wird sich in dem typischen Sherpadorf Khumjung eher wohlfühlen. Auch hier gibt es Lodges, Restaurants und Bäckereien, aber alles noch etwas schlichter.

Zu den Sehenswürdigkeiten in Khumjung gehören neben dem mondänen **Everest View Hotel** (Übernachtung ab 100 Euro) und der kleinen **Khumjung Gompa** (Kloster), in der ein „echter" **Yeti-Skalp** zu bewundern ist, auch die traditionellen **Sherpa-Häuser**. Im Erdgeschoss befinden sich Scheune, Stall und Lagerraum, im ersten Stock Küche, Wohnzimmer und meist ein kleinerer Raum mit einer Art Altar, der zum Beten sowie für buddhistische Rituale (*pujas*) genutzt wird. Auffällig sind die polierten Kupferkessel, die in jeder Stube auf Regalen unter der Decke aufgereiht sind. Je mehr es davon gibt und je größer sie sind, desto wohlhabender ist die Familie. In den Kesseln wird das Nationalgetränk der Sherpas, *chang*, hergestellt: vergorenes Reis- oder Gerstenbier.

Um nach Namche Bazar zurückzukommen, steigt man am besten zu dem kleinen Ort **Sanasa** (Sangnasar), einer wichtigen Wegekreuzung im Khumbu, ab. Von hier geht man in einer Stunde zurück nach Namche.

Rechts: Verdiente Rast auf dem Gokyo Ri (5483 m); rechts im Bild: Mt. Everest, Nuptse und Lhotse.

Namche Bazar – Thame

Ein Großteil der Trekker baut die sehr lohnende Zweitageswanderung von **Namche Bazar** nach **Thame** in das Akklimatisierungsprogramm mit ein. Der breite Weg, der sich in vielen kurzen Auf- und Abstiegen am Hang, hoch über dem **Bhote-Kosi-Tal**, entlangschlängelt, gehört zu den landschaftlich schönsten Routen im ganzen Everest-Gebiet. Herrliche Himalayatannen- und Rhododendronwälder, in denen man mit etwas Glück sogar Fasane und Thare erspähen kann, wechseln mit verwitterten Stupas und frisch getünchten Chörten, die an den Eingängen der ursprünglichen Sherpadörfer stehen.

Thamo mit ein paar Lodges und Teahouses ist auf dieser Strecke der größte Ort. Nicht weit entfernt stehen die Häuser von **Mende**; für Interessierte lohnt der 30-minütige Aufstieg zu dem bekannten Kloster **Lawudo Gompa** (Meditationszentrum) mit schönem Blick auf den gegenüberliegenden **Kongde Ri** (6187 m). Auf der anderen Talseite steht ein **Wasserkraftwerk**, das seit 1995 Strom für Thame, Namche Bazar und Khumjung erzeugt.

Ein Höhepunkt dieser Wanderung ist die Überquerung des **Bhote Kosi**, der sich unter der zu überquerenden **Brücke** tosend durch eine enge Schlucht zwängt. Die Gemälde an den Felsen zeigen den Guru Rimpoche, einen wichtigen Schutzheiligen des buddhistischen Sherpavolks, und daneben die „Grüne Tara", verehrt als weiblicher Bodhishattva.

Nach weiteren 30 Minuten Aufstieg weicht der steile Hang zurück, und der kleine Ort **Thame Og** (3800 m) erscheint. Die Lodges liegen idyllisch zwischen kunstvoll aufgeschichteten Steinmauern, saftigen Wiesen und glasklaren Bächen. Die meisten Trekker kehren in Thame wieder um; erfahrene Bergstei-

 » Karte S. 206-207, Info S. 220-221

Foto: Tim Kubitzer

ger können von hier den schwierigen Tashi-Lapsa-Pass (5750 m) überqueren und ins Rolwaling hinabsteigen. Im Norden liegt der Nangpa-Pass (5740 m), der nach Tibet führt (für Ausländer gesperrt). Früher zogen hier Salzkarawanen durch, heute beschränkt sich der Handel auf Yaks und Wolle. Auch geschmuggeltes chinesisches Bier findet seinen Weg in die Lodges von Thame.

Ein Muss ist der Besuch der **Thame Gompa** (4000m), die am Felsen zu kleben scheint. Mit 30 Mönchen ist es das zweitgrößte Kloster im Khumbu. Der Pfad windet sich an Mani-Mauern vorbei, zwischen Stupas, Chörten und Wacholderbäumen hindurch hinauf zum Kloster (45 Min. Aufstieg). Jedes Jahr im Mai findet hier das **Mani-Rimdu-Fest** mit Maskentänzen zu Ehren des Padmasambhava statt. Hunderte von Sherpas schlagen dann nahe des Klosters ihre Zelte auf, kochen Momos (Teigtaschen) und Thukpa (ein Nudelgericht) und feiern mit Chang und Rakshi – lokalem Reisbier und Reisschnaps.

Für alle Wanderer, die später dann noch weiter nach Gokyo oder in Richtung Everest Base Camp aufsteigen wollen, empfiehlt es sich, wegen der so wichtigen Höhenanpassung nicht mehr ganz bis nach Namche Bazar abzusteigen, sondern besser nach **Khumjung** (3790 m) aufzusteigen und dort zu übernachten (der Pfad dorthin via Syangboche zweigt kurz hinter Phute nach links ab).

Gokyo Ri

Dies ist eine drei- bis viertägige Wanderung von **Namche** entlang dem **Dudh-Kosi** mit schönen Ausblicken auf **Cho Oyu** (8201 m), **Gyachung Kang** (7952 m) und den westlichen **Khumbu Himal**. Von Namche wandert man, wie bereits beschrieben, nach **Sangnasar** und dann auf einem steilen Pfad hinauf zu einer **Passhöhe** (3973 m; 1 Stunde), von der sich ein schöner Blick auf das gegenüberliegende **Phortse** (3840 m) bietet.

Nach einer Stunde Abstieg wird **Phortse Drangka** (Lodge) erreicht,

Foto: Andreas Neuhauser

ein malerischer, im Wald gelegener Lagerplatz direkt am Flussufer. Dank der Brücke lässt sich ein Abstecher hinauf nach **Phortse** (halbe Stunde) und weiter nach **Pangboche** (vier Stunden, alte Gompa) machen.

Von Phortse Drangka kann man entweder in zwei strammen Trekkingtagen mit je sechs- bis sieben Stunden Gehzeit oder, gemütlicher, in drei Tagen, nach **Gokyo** marschieren. Lodges gibt es in **Dole** (4040 m), **Luza** (4369 m) und **Machherma** (4410 m). Der Weg steigt zunächst steil an. Nach Dole geht es zwar etwas flacher, aber doch stetig bergauf, bis man schließlich an Sommeralmen vorbei **Gokyo** (4750 m; vier Lodges) mit seinen drei glasklaren **Seen** erreicht.

Ein vielbegangener Weg führt in 2-2 1/2 Stunden auf den Aussichtsberg **Gokyo Ri** (5483 m), der ein fantastisches Panorama bietet. Mit **Cho Oyu**, **Everest**, **Lhotse** und **Makalu** (8463 m) gibt es gleich vier der 14 Achttausender zu bewundern.

Oben: Waschtag im Solu-Khumbu-Gebiet. Rechts: Das Kloster Tengboche (3867 m) im Sommer.

In zwei Tagen gelangt man nach **Duglha** im **Imja Khola-Tal**, via **Cho La-Pass** (5420 m) und **Dzonglha** (4843 m). Diese Tour ist nur für gut trainierte, erfahrene Wanderer mit Führer geeignet. Unterwegs gibt es Lodges. Der Weg über den **Ngozumpa-Gletscher** ist nicht leicht zu finden und ändert sich ständig. Der Abstieg vom Cho La ist sehr steil und kann bei schlechten Witterungsbedingungen vereist sein. Belohnt wird man für die ganzen Strapazen jedoch durch den Anblick der großartigen Nordabstürze des **Jobo Lhaptschan** (6440 m) und **Taboche** (6501 m) sowie des lieblichen **Tshola Tsho-Sees**.

Everest-Base-Camp-Trek

Für jeden Alpinisten ist es ein Glücksmoment, dem höchsten Berg der Welt am Base Camp nahe zu sein. Bis nach Gorak Shep (5170 m), dem Ausgangspunkt zur Besteigung des Kala Patar und des Everest Base Camp, sollten mindestens fünf Tage eingeplant werden. Auf der gesamten Strecke von Namche Bazar bis Gorak Shep bestehen fast alle Weiler und Dörfer überwiegend aus Shops, Teahouses und Lodges. Deswegen können auf dem Weg zum Basecamp die Pausen und Tagesetappen nach Lust und Laune variiert werden.

1. Etappe

Egal, ob von Namche Bazar oder Khumjung gestartet wird, alle Wege führen über **Sanasa** (3600 m). Der Weg windet sich von dort zuerst hinab nach **Phunki** (3250 m), wo der **Imja Khola** auf einer **Hängebrücke** überquert wird. Bevor es 600 Höhenmeter steil nach Tengboche hinaufgeht, verdient noch eine Reihe wassergetriebener **Gebetsmühlen** am Wegesrand Beachtung.

Tengboche (3867 m) ist wegen der grandiosen Aussicht und des größten

» Karte S. 206-207, Info S. 220-221

Foto: Andreas Neuhauser

Klosters im Khumbu ein legendärer Ort im Everest-Gebiet. Wenn die Trompeten und Trommeln der Mönche im Morgengrauen ertönen, ist es Zeit, sich aus dem Schlafsack zu schälen und an der **Puja** (Opferzeremonie) im Kloster teilzunehmen. Der anschließende **Sonnenaufgang** mit Blick vom Mount Everest über den Ama Dablam (6812 m) bis zum Tramserku (6608 m) versetzt die Trekkergemeinde regelmäßig in einen Fotorausch. Gehzeit von Sanasa bis Tengboche: ca. 3 ½ Stunden.

2. Etappe

Durch wunderschönen Bergwald mit Wacholder, Himalayatannen und Rhododendren führt der Weg wieder hinab zum **Imja Khola**, dessen Schlucht man auf einer ausgesetzten Brücke überquert. Auf halbem Weg dorthin versteckt sich im Wald das **Frauenkloster** von **Deboche**.

Der nächste größere Ort, der sich auch für einen Akklimatisationstag anbietet, ist **Pangboche** (3985 m) mit seiner alten **Gompa**. Lohnende Ausflüge führen z. B. zur **Taboche-Alm** (4383 m) mit urigen Steinhütten und saftigen Wiesen, von wo aus engagierte Alpinisten noch den **Sanu Taboche** (5300 m) oder das **Ama Dablam Basecamp** auf der gegenüberliegenden Seite erklimmen können. Pangboche ist auch auf der landschaftlich sehr lohnenden **Variante** (für Hin- oder Rückweg) von Sangnasa über Mong La und Phortse zu erreichen.

Von Pangboche bis **Periche** (4243 m) sind es noch gemütliche 2½ Stunden. Gesamtgehzeit von Tengboche nach Periche: etwa 4½ Std.

3. Etappe

Periche ist der letzte größere Ort vor dem Everest Base Camp. Große, moderne Lodges und ein **Hospital** mit westlichen Ärzten (nur in der Hauptsaison geöffnet) machen es zu einem wichtigen Etappenziel. Spätestens hier sollte ein Akklimatisierungstag eingelegt werden, der mit Wanderungen auf ver-

» Karte S. 206-207, Info S. 220-221

Foto: Andreas Neuhauser

schiedene Vorgipfel der Eisriesen oder mit dem Besuch der Dörfer **Dingboche** oder **Chhukung** verbracht werden kann. Während einerseits Edelweiß und Enzian an die Alpen erinnern, mutet es andererseits exotisch an, dass man hier, in über 4240 Meter Höhe, noch Gerste und Kartoffeln anbaut.

Von Periche führt der Weg fast eben in ein weites Hochtal. Erst vor den Teahouses von **Tughla** (4620 m) wird er wieder steiler. Hier muss der Eisbach, der dem Khumbu-Gletscher entspringt, auf einer abenteuerlichen Stahlkonstruktion überquert werden – je nach Wasserstand etwas riskant. Hinter Tughla windet sich der Weg bis zur Seitenmoräne des Gletschers steil hinauf. Oben angekommen, fallen die vielen Stupas, Gebetsfahnen und „Steinmänner" auf; errichtet für Sherpas, die ihr Leben bei Expeditionen im Everest-Gebiet verloren haben.

Oben: Blick von Tengboche zum Nuptse (links), Everest (Mitte links), Lhotse (Mitte) und dem markanten Ama Dablam (ganz rechts). Rechts: Vom Everest Base Camp aus zu sehen – der 600 m hohe Khumbu-Eisbruch, ein Hindernis auf dem Weg zum Gipfel.

Zwischen Alpmatten und Seitenmoräne geht es nur noch leicht ansteigend bis **Lobuche** (4930 m). Gesamtgehzeit ca. 4 Std. Nur 30 Min. entfernt liegt, versteckt in einem Seitental, das nepalesisch-italienische Forschungszentrum **Italian Pyramid** oder wissenschaftlich Ev-K2-CNR. Bei Unfällen und Höhenkrankheit gibt es hier medizinische Erstversorgung.

4. Etappe

Bis nach **Gorak Shep** (5170 m), dem letzten Außenposten der Zivilisation vor dem Everest Basecamp, sind es von Lobuche nur zwei Stunden. Wegen der großen Höhe sind die Nächte hier oben meist kein Vergnügen, Höhenkopfschmerz gehört noch zu den harmloseren Beschwerden. Wer sich in den letzten Tagen nicht angemessen akklimatisiert hat, wird es hier oben büßen.

Die meisten Trekker steigen, nach einer kurzen Stärkung in einer der fünf

» Karte S. 206-207, Info S. 220-221

Foto: Rafal Belzowski (iStockphoto)

Lodges, noch am selben Tag auf den Gipfel des **Kala Pattar** (5545 m). Im Gipfelpantheon von Everest, Lothse, Pumori und den anderen umstehenden 7000ern wirkt der Kala Pattar trotz seiner beachtlichen Höhe eher wie ein Grashügel, doch die 2½ Stunden Aufstieg lohnen sich, denn die **Aussicht** auf den Mount Everest und die Westwand des Lhotse ist spektakulär.

5. Etappe

Am nächsten Morgen empfiehlt sich, das **Everest Basecamp** (5450 m) in Angriff zu nehmen. Lediglich der letzte Teil der Strecke wird auf dem **Khumbu-Gletscher** zurückgelegt; je mehr Expeditionen im Basecamp lagern, desto gepflegter und leichter zu finden ist der Idealweg. 3 Stunden Gehzeit, Steinschlaggefahr!

Die Zahl der Expeditionen, die durch den zerklüfteten **Khumbu-Eisbruch** *(Icefall)*, der von hier sichtbar ist, auf den Everest steigt, variiert je nach Jahreszeit. Die meisten Gipfelstürmer campen hier im September/Oktober und März/April. Das Gerücht, dass das Basecamp die höchstgelegene Müllhalde der Welt sei, trifft nicht mehr zu, denn die umfangreichen Aufräumarbeiten der letzten Jahre waren recht erfolgreich.

Je nach Kondition und Zeit empfiehlt es sich, am selben Tag noch bis nach Lobuche abzusteigen.

Chhukung Ri und Island Peak

Dies ist eine drei- bis viertägige Wanderung ins östliche Khumbu mit herrlichen Ausblicken auf Lhotse, Lhotse Shar (8400 m), Baruntse (7129 m) und Makalu. Der Großteil dieses Treks verläuft wie der Weg von Namche zum Everest Base Camp, nur dass man in **Periche** nicht nach Norden, sondern in einer leichten Halbtageswanderung über **Dingboche** (4260 m; 4 Lodges) zur **Chhukung-Alm** (4730 m; 4 Lodges) geht.

Der **Chhukung Ri** (5546 m) erhebt sich unmittelbar nördlich der Chhukung- Alm. Der vierstündige Aufstieg ist technisch leicht, aber etwas beschwer-

» Karte S. 206-207, Info S. 220-221

Foto: Günter Nelles

lich, da der Weg teils über Moränenschutt und steile Grasflanken führt. Vom Gipfel bietet sich ein gewaltiger Blick in die Südwand des Lhotse bzw. des Lhotse Shar sowie hinüber zum Island Peak, Makalu und Baruntse.

Island Peak (Imja Tse, 6160 m): Diese Tour, die in zwei Tagen zu bewältigen ist, kann nur erfahrenen Bergsteigern empfohlen werden, die eine Eisausrüstung mit sich führen. Für die Besteigung des Island Peak ist ein Climbing Permit für bis zu 7 Personen (US$ 350) erforderlich. Von der Chhukung-Alm geht es über **Pareshaya Gyab** (5100 m), danach links auf einer Rippe aufwärts, die sich vom Gipfelmassiv nach Süden hinunterzieht. In etwa 5500 m Höhe findet man einen geschützten Lagerplatz (Gehzeit vier bis fünf Stunden). Der nächste Tag beginnt vor Sonnenaufgang; man durchsteigt die letzten Felspartien und erreicht nach Überwindung eines steilen Gletscherhanges in 6000 m Höhe eine Mulde. Diese wird unter Umgehung der Spalten überquert. Nach der Bezwingung eines letzten Steilstückes (65°) kommt man zum Gipfelgrat (fünf Stunden Gehzeit) mit großartiger Aussicht auf Makalu, Lhotse-Südwand und die Eisberge des Imja-Kessels. Der spätere Abstieg bis zur Chhukung-Alm ist noch am gleichen Tag möglich.

Oben: Yaks dienen in großer Höhe als ausdauernde Lasttiere.

Zu den Seen von **Panch Pokhari** und hinab ins **Hunku-Tal** führt ein 2-3 Tage dauernder Marsch über den steilen, schwierigen **Amphu Labtsa-Gletscher** und zum **Amphu Labtsa-Pass** (5780 m), den nur erfahrene Bergsteiger mit Eisausrüstung wagen sollten.

HINKU- UND HUNKU-TAL

Diese Gebiete bleiben Trekkern vorbehalten, die nicht auf Lodges angewiesen sind: Die höher gelegenen Bereiche beider Täler dienen nur während der Sommermonate als Yakweiden; ansonsten sind sie unbewohnt. Sechs Tage braucht man von Lukla, um über den schneebedeckten **Mera La** (5415 m) ins

» Karte S. 206-207, Info S. 220-221

Hunku-Tal zu kommen. Zunächst geht es in südöstlicher Richtung ins **Surke Drangka-Tal** und immer steiler ansteigend auf den 4580 m hohen **Zatr-Pass**. Nach Überquerung von zwei weiteren Höhenrücken steigt man wieder tief zu den gespenstisch mit Flechten verhangenen Rhododendronwäldern ab, um ins **Hinku-Tal** zu gelangen. Stromaufwärts folgt man dem **Hinku-Fluss** bis fast an seine Quelle, wendet sich aber dann bei der **Tangnang-Alm** (4356 m) ostwärts und kommt nach einem steilen Aufstieg hinter **Khare** (5099 m) in die Gletscherregion des **Mera**.

Dieser 6654 m hohe Berg, für den ein Climbing Permit (US$ 350) nötig ist, ist technisch einfach, sein Gipfel kann vom **Mera La** in sieben Stunden erreicht werden. Der Abstieg ins **Hunku-Tal** dauert nur einen Tag, doch wer die 5400 m hoch gelegenen Seen von **Panch Pokhari** von dieser Seite angehen will, muss nochmals für drei Tage seinen Rucksack packen, um die 1000 Höhenmeter zu überwinden.

Wendet man sich weiter flussabwärts, kann man sich in einer großen Schleife in sieben bis acht Tagen über die Pässe **Kemba La** (3913 m) und **Surkie La** (3085 m) auf einfachem Weg wieder ins **Dudh-Kosi-Tal** begeben und somit nach **Lukla** gelangen.

ROLWALING

Westlich des Khumbu, an der tibetischen Grenze, liegt das wilde, einsame **Rolwaling**-Hochtal. bewohnt von Sherpas, die vor rd. 200 Jahren aus dem Khumbu herüberzogen. Bis 2001 durften westliche Touristen die bezaubernde, aber gesperrte Region nur mit einem Climbing Permit für den Ramdung Peak (5925 m, Kosten für max.7 Personen US$ 350) besuchen; sie war aus politischen Gründen wegen der Nähe zu chinesischen Grenze zugangsbeschränkt. Nachdem die Maoisten dieses Gebiet, den nördlichen Dolakha-Distrikt, 2001-2006 gewaltsam „befreit" hatten, konnten Trekker ungehindert die „Volksrepublik Dolakha" besuchen. Polizei und Militär sind erst wieder im Ort Charikhot zu finden.

Verändern soll sich langfristig die touristische und ökologische Struktur. Das gesamte Gebiet vom Khumbu im Osten bis weit nach Westen zum Langtang-Nationalpark soll zum Schutzgebiet **Gauri Shankar Biodiversity Conservation Area** werden; mit örtlichen Partnern wird die Organisation Öko-Himal aus Salzburg und Kathmandu verantwortlich sein. ÖkoHimal (www.ecohimal.org) ist seit Jahren in der Region aktiv, um den Öko-Tourismus vorzubereiten. Dazu gehört u. a. der Bau von Wasserleitungen und über 1500 Toiletten, einem Dutzend Campingplätzen und einigen Öko-Lodges.

Bislang haben nur wenige Touristen das Rolwaling-Gebirge besucht. Die höchste Erhebung ist der Grenzberg **Gauri Shankar**, der Hindus und Buddhisten heilig ist. Tibeter nennen ihn Jowo Tashi Tsering oder Tseringma. Er besteht aus einem Doppelgipfel, wobei die Grenze über den 7010 m hohen weiblichen Südgipfel Gauri (Göttin Parvati) und den 7134 m hohen männlichen Nordgipfel Shankar (Gemahl Gott Shiva) verläuft. Für Tibeter wohnt auf dem Gipfel Tsering Ringa, die Glück und langes Leben schenkt. In dieser Region schoss der britische Bergsteiger Eric Shipton 1951 seine berühmten Bilder von Fußspuren des Yeti, an den die Sherpas fest glauben.

Was fremde Besucher meist nicht wissen: Für Anhänger des tibetischen Buddhismus ist das gesamte Rolwaling-Tal heiliges Terrain. Es ist ein *Bäyül*, ein verborgenes Tal, in dem Gläubige (spirituellen) Schutz finden und sich geistig neu aufbauen können. Auf den hohen Sommeralmen dürfen daher keine Tiere geschlachtet werden, und man muss auf Schweinefleisch und Knoblauch verzichten.

Zelt und Proviant sind empfohlen. Ein Rund-Trek bis ins Rolwaling-Tal kann

» Karte S. 206-207, Info S. 220-221

gut drei Wochen dauern. Höhen: 800 bis 4200 m.

Es bieten sich mehrere **Varianten** als Hin- und Rückweg an. Alle führen durch sehr abwechslungsreiche Landschaft, z. T. schöne Wälder, eine Reihe von Dörfern und entlang wilder Bergflüsse; oft herrliche Ausblicke.

a) Ab **Barhabise** (819 m, nordöstlich von Kathmandu an der Straße nach Tibet. Bus oder Taxi) via **Tinsang La** (Pass, 3320 m), **Bigu Gompa** (Nonnenkloster, 2520 m), **Chilangka** (1800 m), nach **Gonger Khola** und **Chhetchet** (1200 m).

b) Ab **Charikot/Dolakha** (1650 m, an der Straße nach Jiri, via **Singati** (1100 m, oft verschüttete Erdstraße von Dolakha), **Jagat** (Satellitentelefon) nach **Chhetchet**.

c) Von **Jiri** via **Singati** nach **Chhetchet**.

Hinter der Brücke von **Chhetchet** geht es sehr steil hoch ins Sherpa-Dorf **Simigaon** (2100 m). Danach gemächlich aufwärts durch das **Rolwaling-Tal** (z. T. Bergurwald, Affen) bis **Beding** (3693 m, Kloster) und zur Sommeralm nach **Na** (4183 m). Auf dem Rückweg nach Simigaon eröffnet sich hinter Beding als Variante ein Höhenweg über den **Daldung La** (Pass, 3976 m), für den man nun besser akklimatisiert ist als beim Hinweg.

Bergsteiger können ab Na den **Ramdung** (5930 m) erklimmen oder über den **Yalung La** (Pass, 5310 m) und dann am Khare Khola entlang nach Singati wandern. Sie können auch als Variante c) über den **Tashi Lapsa** (schwieriger Pass, 5755 m) nach **Thame** im **Khumbu** marschieren. ÖkoHimalhat dazu einen Kultur- und Trekkingführer mit genauer Karte herausgegeben: *The Gauri Shankar Trekking Area*, erhältlich im Buchladen „Mandala Book Point“ in Kathmandu .

In einem 6-tägigen Anmarsch ab **Jiri** (das man von Kathmandu aus mit dem öffentl. **Bus** oder **Taxi** erreicht) gelangt man ins Solu-Khumbu-Gebiet. Diese Tour via Deorali-Pass, Bhandar, Kenja, Lamjura-Pass, Junbesi, Tragsindo La und Nuntala ist beschwerlich, aber reizvoll, in der Monsunzeit jedoch nicht zu empfehlen.
Pro Jahr besuchen etwa 35 000 Touristen das Solu Khumbu. Der besucherstärkste Monat mit ca. 10 000 Trekkern ist der Oktober. Die wenigsten kommen im Juli (nur etwa 250).
Flugverbindungen gibt es zwischen Kathmandu und **Lukla** (etwa 180 $ einfach) sowie mit **Phaphlu**. Die Flüge nach Lukla (2800 m) sind oft schon früh ausgebucht. **Achtung:** Bei schlechtem Wetter kann das Solu-Khumbu unter Umständen mehrere Tage gar nicht angeflogen werden – also **Puffertage** einplanen!

Am Ende des Orts **Monjo** betritt man den **Sagarmatha National Park**. Hier wird das – auch hier erhältliche – **Entry Ticke**t (und das in Kathmandu beim NTB erhältliche **TIMS**) kontrolliert. Jeder Ausländer muss sich dort registrieren lassen.

An einfachen **Restaurants** und **Teahouses** besteht kein Mangel. Die Speisekarten sind allerdings fast identisch. Seltsamerweise werden die Preise, die auf dem Weg von Lukla nach Namche Bazar mit zunehmendem Transportaufwand steigen, in Namche selbst wieder günstiger. Je weiter man sich dann von Namche bergauf entfernt, desto höher werden sie wieder, was durch den langen Transport auf den Rücken der Träger und Mulis auch nachvollziehbar ist. Suppe kostet zwischen 250 und 300 Rs, Hauptspeisen 400-800 Rs, Bier ab 400 Rs und Cola 0,5 ml 200-400 Rs.

UNTERKÜNFTE: Der Komfort der Lodges steigt von Jahr zu Jahr. Im Sommer, in der Monsunzeit, wird überall im Solu Khumbu gebaut und das monotone Meiseln der Arbeiter holt einen genauso früh aus dem Bett wie die Trompeten der Mönche. Das Angebot reicht vom einfachen Doppelzimmer mit Gemeinschaftsbad für 200 NR bis hin zur 150-$-Luxus-Lodge, wo großzügige Zim-

» Karte S. 206-207

mer mit eigenem Bad/WC samt trendiger, heißer Tropendusche, ein gemütlicher Kachelofen und exzellente Küche auf den Komforttrekker warten. Auch die einfachen Unterkünfte bieten mittlerweile bezogene Betten mit Decken und Kopfkissen. Angenehmer schläft es sich dort allerdings immer noch im eigenen Schlafsack. Vor allem die Lodges in Namche Bazar und anderen größeren Orten bieten oft schon **WiFi** im Restaurant und im Zimmer an.

In den Standardunterkünften gibt es meist warme Duschen, die aber erst bei Bedarf angeheizt werden und ca. 200 Rs kosten.

Soweit Strom vorhanden ist, können **Akkus** aufgeladen werden. Da jedoch jeder Trekker am Abend irgendetwas aufzuladen hat, ist daraus ein Zusatzgeschäft für die Lodgebetreiber geworden: Sie bieten, gegen Gebühr, Mehrfachstecker mit Zeitbegrenzung; 1 Stunde aufladen kostet zwischen 100 und 200 NR.

Geldwechseln ist in **Namche Bazar** möglich, dort auch **Bankomat** (ATM).

In **Namche Bazar** gibt es viele Shops für **Alpinausrüstung**. An Lebensmittel- und Souvenir-Shops besteht kein Mangel. Jeden Freitag und Samstag findet in Namche ein interessanter **Markt** statt.

In **Lukla** und **Khunde** gibt es **Krankenhäuser** mit gut ausgebildeten Ärzten und zuverlässiger Grundversorgung.

Während der Haupttrekking-Saison (Okt./Nov. und März/Apr.) gibt es einen **Health Post** mit ausländischen Ärzten in **Pheriche** für Höhenerkrankungen und Evakuierungen. Kleine Hospitäler existieren in **Jiri** und **Phaphlu**.

Handyempfang hat man von Lukla bis zum Everest Base Camp (mit Roaming oder nepalesischer SIM-Karte).

Internet gibt es während der Hauptsaison in allen größeren Orten.

TRÄGER: Träger können entweder über ein Reisebüro in Kathmandu oder direkt am Airport in Lukla angeheuert werden. Viele Träger haben heute ein Handy, wodurch sie von überall aus leicht zu engagieren sind. Trotzdem ist es oft schwierig, unterwegs ad hoc einen Träger zu bekommen. Besser schon in Lukla organisieren! Sie tragen maximal 30 kg und kosten etwa 1000 NR pro Tag, dafür besorgen sie sich Unterkunft und Essen selbst. Ein Guide bekommt zwischen 30 und 40 $ pro Tag.

KLÖSTER/ MUSEUM: Das wichtigste Kloster (Gompa) im Solu- Khumbu-Gebiet ist das 1989 abgebrannte, dann neu aufgebaute **Tengboche**. Hier findet im Oktober/ November das berühmte Mani-Rimdu-Fest mit Maskentänzen statt. Das **Nationalpark-Museum** oberhalb des Ortes Tengpoche lohnt einen Besuch. Von dort hat man einen eindrucksvollen Blick über Tengpoche und Ama Dablam bis zum Everest.

Das bunteste buddhistische Klosterleben (ca. 450 Mönche und Nonnen) findet man in **Thubten Choling** bei Junbesi; sein Abt, Tushi Rinpoche, genießt im Solu Khumbu höchstes Ansehen.

Sehenswert sind auch **Thame** und **Khumjung Gompa** sowie das älteste Kloster der Region in **Pangboche** (die Yeti-Relikte, für die es berühmt war, wurden leider 1995 gestohlen).

BESTE TREKKINGZEIT: **Oktober / November** sowie **März / April**. Das Wetter ist meist stabil, mit herrlicher Sicht auf die Berge, die Temperaturen sind noch nicht zu kühl. Während dieser Zeit herrscht Hochbetrieb im ganzen Solu Khumbu, vor allem oberhalb von Lukla. Bei Flügen und Übernachtungen kann es zu Engpässen kommen.

Ein **Geheimtipp** ist die Zwischensaison, in der man das Khumbu fast alleine genießen kann: Im **Winter** herrscht absolute Ruhe mit herrlichem Blick auf die Berge, aber die Nächte sind dann extrem kalt. Im **Sommer** erfreut man sich an grünen Landschaften, blühenden Feldern und Wiesen, Yakherden auf saftigen Almmatten; es herrschen angenehme Temperaturen, aber instabiles Wetter mit eingeschränktem Bergblick.

Auf dem Weg zum Kanchenjunga – Blick auf die Zunge des Yalung-Gletschers, den Kabru (7338 m) und den Rathong (6678 m)

TREKKING IN OSTNEPAL

KANCHENJUNGA-TREK
MAKALU BASE CAMP

OSTNEPAL

Der Osten Nepals gehört immer noch zu den wenig besuchten Trekking-Destinationen des Landes. Im Schatten des Kanchenjunga, mit 8586 m der dritthöchste Berg der Welt, existieren noch ursprüngliche Landschaften und Siedlungen, die in wohltuendem Kon trast zu der wuchernden Kultur von Lodges und Restaurants beispielsweise im Khumbu stehen.

KANCHENJUNGA-TREK

Wanderer dürfen das **Kanchenjunga-Schutzgebiet** nur betreten, wenn das Trekking von einer nepalesischen Agentur organisiert wird. Das heißt: Küchenmannschaft, Sherpas und Sirdar sind sinnvollerweise vorgeschrieben, da der Weg teils schwer zu finden ist und nur wenige Restaurants Essen anbieten; geschlafen werden muss zwischendurch in Zelten, da es nicht durchgängig Lodges gibt.

Anreise: Flug nach **Suketar** (STOL-Piste: 2340 m) oder per Bus von Kathmandu über Biratnagar nach Ilam und weiter nach **Phidim**. Bei guten Straßenverhältnissen fahren von dort LKWs fast bis **Taplejung** (1840 m), bei schlechten Bedingungen beginnt das Trekking bereits in Phidim.

Von Suketar bzw. Taplejung führt der Trekking-Weg langsam hinab zum rauschenden Tamur-Fluss. Auf halbem Weg dorthin muss bereits das erste Camp in der kleinen Siedlung **Phurumbu** aufgeschlagen werden. Die nächste Etappe führt durch eine zauberhafte Kulturlandschaft, vorbei an gepflegten Limbu-Häusern mit ihren typischen Rundbalkonen und überschwänglicher Blumenpracht im Garten. In **Chirawa** (1240 m), einem kleinen Dorf, das bizarr zwischen Felsblöcke gebaut ist, wird schließlich das Ufer des Tamurflusses erreicht; ein guter Platz zum Übernachten.

Am folgenden Tag geht es entlang des schäumenden Tamur, immer wieder mit kurzen Auf- und Abstiegen, bis **Sakathum** (1500 m). Ab hier werden die Täler so steil und die landwirtschaftlich nutzbare Fläche so spärlich, dass die Felder nur noch wenige Menschen ernähren können. Der schmale Pfad führt über schwindelerregende Höhen bis zum kleinen Sherpaort **Amjilassa** (2430 m). Die Vegetation ändert sich nun, und Rhododendren, Eichen- und Bambuswälder lösen Erlen, Salbaum und Reisfelder ab. Die Zelte werden unterhalb des Ortes **Kyap La** (2600 m) vor einer einfachen Lodge aufgeschlagen. Die ärmliche Sherpasiedlung liegt Minuten oberhalb des Lagers und lohnt einen Besuch.

 » Karte S. 226-227

Über **Phere**, wo vor allem tibetische Flüchtlinge leben und die einzige von Mönchen bewohnte Gompa der Region steht, geht es bis nach **Ghunsa** (3340 m), dem größten Ort auf dieser Trekkingroute. Hier gibt es Lodges, Läden, einen Check Post, eine Funkverbindung für Rettungsflüge und sogar eine Post.

Durch traumhaften Himalaya-Wald (Lärchen, Baumwacholder) steigt der Weg langsam an bis zur Sommersiedlung **Kambachen** auf 4000 m (Lodges und Shops). Von hier aus hat man einen überwältigenden Blick auf den 7709 m hohen Jannu (Kumbhakarna). Das nächste Camp wird auf den Yakweiden der Hochalm **Lhonak** (4600 m) aufgeschlagen – einem der schönsten Plätze dieser Erde. Der Blick wird angezogen von den steilen, schneebedeckten Riffelgraten des Chang Himal (6750 m). Noch eine Tagesetappe, und das **Basislager Pang Pema** (5100 m) ist erreicht. Ein sensationelles Panorama erwartet den Bergsteiger, der die Strapazen bis hierherauf geschafft hat. Doch alles wird überboten vom Anblick des **Kanchenjunga** und seinen Eispanzern, die sich die Nordwände herabwälzen. Wer es schon einmal so weit geschafft hat, sollte unbedingt den **Aussichtsgipfel** (5800 m) oberhalb des Basislagers ersteigen, bevor es zurück nach Ghunsa geht. Mit etwas Glück sieht man auch eine Blauschafherde.

Zwei Passübergänge führen von Ghunsa auf die Ostseite; für die Überschreitung beider Pässe benötigt man zwei Tage. Der weitaus schwierigere, den nur erfahrene Alpinisten angehen sollten, ist der **Lapsang La** (5150 m). Meist liegt auf seiner Nordseite sehr viel Schnee, unter dem sich lockeres Blockwerk verbirgt, weshalb Vorwärtskommen mühsam ist. Einfacher ist der Weg über den **Mirgin La** (von den Einheimischen **Selele-Pass** genannt). Er führt über drei Sättel, deren Höhe zwischen 4500 und 4700 m liegt. Übernachtet wird auf der wunderschön gelegenen Yakalm **Selele** (4100 m), von der aus bei gutem Wetter der Makalu und ganz in der Ferne sogar der Everest zu sehen ist. Nach sehr steilem Abstieg erreicht man die zwei Lodges von **Tseram** (3770 m) am Simbua Khola.

Von hier ist **Ramje** (4650 m), das höchste Trekking-Camp auf der Ostseite, nur einen Tagesmarsch entfernt. Ein Muss ist von dort aus der Ausflug nach **Oktang**, der auf der Seitenmoräne des gewaltigen Yalung-Gletschers bei einer kleinen Stupa endet. Sie ist Ziel buddhistischer und hinduistischer Pilger, die hier den Göttern ihre Opfer bringen. Schon von Ramje aus begeistern die wilden Schneegrate des Kabru (7353 m) und Ratong (6678 m), doch wenn in Oktang der Blick auf den **Kanchenjunga** (8586 m) frei wird, ist kaum noch eine Steigerung vorstellbar.

Der „Kanch" wurde am 25./26. Mai 1955 von einer britischen Expedition, geleitet von G. Band, N. Hardie und S. Streather, erstbestiegen; deren Basecamp lag weiter taleinwärts und ist nur über schwieriges, steinschlaggefährdetes Gelände zu erreichen.

Der Rückweg von Tseram in Richtung Tablejung führt entlang des Simbua Khola in eine wilde, einsame Waldschlucht. Auf einer kleinen Lichtung bei **Anda Phedi** (3300 m) wird zwischen gewaltigen Hemlock-Tannen das Lager aufgestellt.

Am nächsten Tag muss der reißende Bach bei **Torontan** auf einer waghalsigen Holzbrücke überquert werden, bevor es wieder 600 Höhenmeter bis zum **Lamite-Bhanjyang-Pass** (3430 m) hinaufgeht. Ein steiler, langer Abstieg führt tief hinab in ein enges Tal bis zum Camp **Omje Khola**.

Das nächste Etappenziel ist der Ort **Yamphuding** (1700 m). Das Lager steht direkt neben dem Kapeli Khola, der zum Bad einlädt. Zwei Papiermanufakturen in der Nähe stellen das begehrte „Nepali Papier" aus Seidelbast her.

Das Tal weitet sich, Felder und Häuser nehmen zu. Die Dörfer **Mamanke** oder **Phupethara** bieten sich als Lagerplätze

» Karte S. 226-227

an. Durch liebliche Kulturlandschaft erreicht man auf einem Pass den Ort **Kare Banyang** (2200 m).

Am nächsten Morgen wird der Blick noch einmal frei auf Kabru und Kanchenjunga, bevor es hinab geht zum Phrum Khola, der auf einer Hängebrücke überquert wird. Wieder geht es aufwärts bis zum Übernachtungsplatz bei **Lali Kharka** (2300 m). Von dort ist es nur noch ein halber Tagesmarsch bis zum Flugplatz von **Suketar**.

MAKALU BASE CAMP

Von **Tumlingtar** gelangt man in einer abwechslungsreichen 17-Tage-Tour über den Barun La zum Makalu Base Camp.

Da man sich ab Tashigaon für zehn Tage in unbewohntem Gebiet befindet, bedarf es für diese Tour einer aufwändigeren Vorbereitung. Von Tumlingtar aus führt der Weg über einen Bergrücken hinauf zum Distriktort **Khandbari** und nach **Arunthan**. Dann nördlich weiter auf den Bergrücken hoch über dem Arun, führt der Weg nach **Munche** und **Num**. Hier biegt er in nordwestliche Richtung ab, um schließlich zu dem letzten bewohnten Ort **Tashigaon** bei etwa 2200 m zu gelangen. Über den **Barun La** (4250 m) erreicht man das **Makalu Base Camp** (5000 m) und von dort bieten sich fantastische Ausblicke auf die Gipfel des Mount Everest, Lhotse und auf den Makalu.

Die Variante eines Rückweges direkt am Fuß des Baruntse vorbei über Sherpani Col (6110 m) und den Pässen West Col (6135 m) und Amphu Labtsa (5780 m) kann nur von richtigen Expeditionen begangen werden.

Der **Arun**, an dessen Ufer Tumlingtar liegt, entspringt im Gebiet des Makalu und des Lumbusamba Himal. Von Tumlingtar kann man ein 3-4-Tage **Rafting** machen, das jedoch von Kathmandu aus organisiert werden muss.

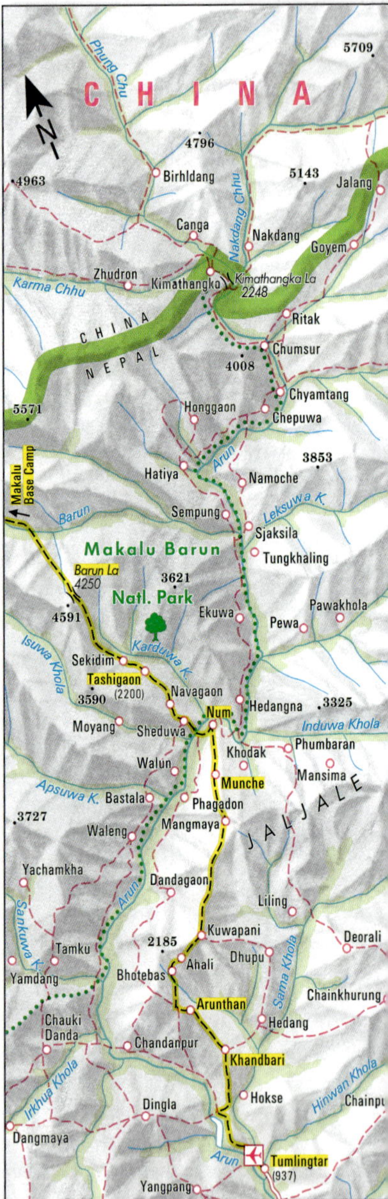

» Karte S. 226-227

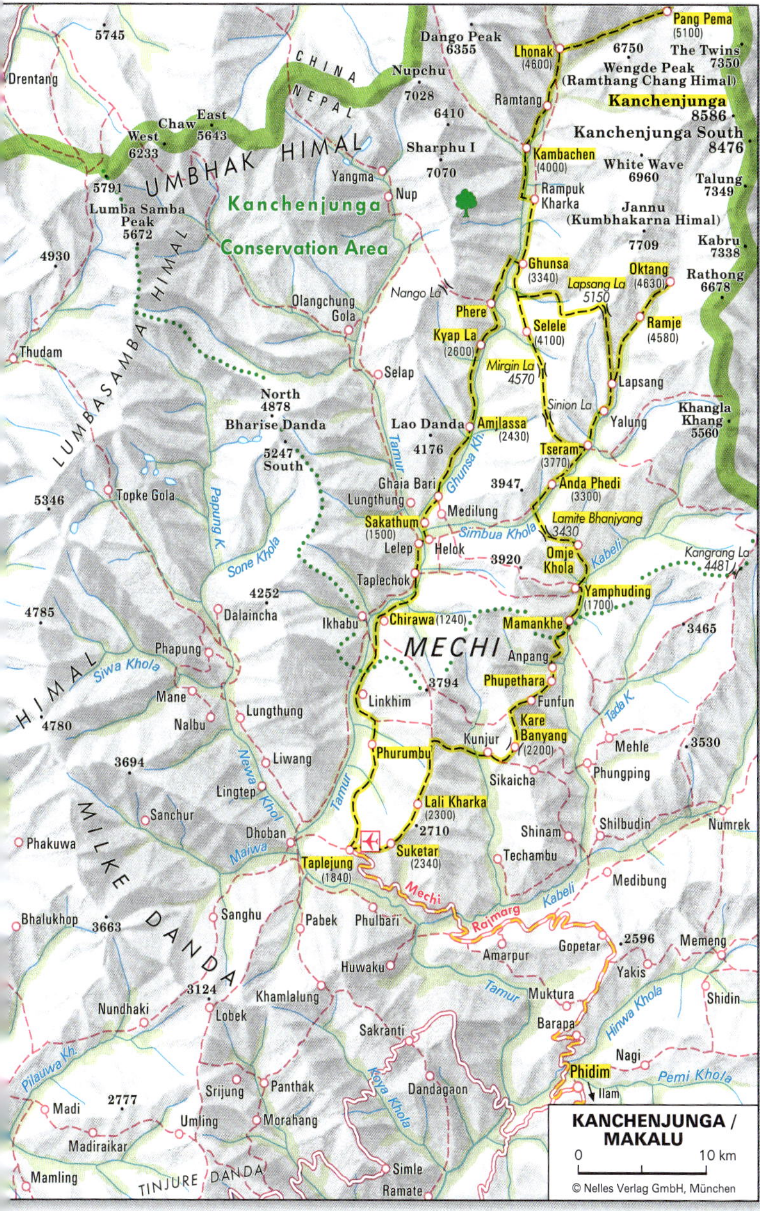
KANCHENJUNGA / MAKALU
0
10 km
© Nelles Verlag GmbH, München
Pang Pema
(5100)
Lhonak
(4600)
6750
The Twins
7350
Wengde Peak
(Ramthang Chang Himal)
Kanchenjunga
8586
Kanchenjunga South
8476
Dango Peak
6355
Nupchu
7028
6410
Ramtang
CHINA
NEPAL
5745
Drentang
East
5643
Chaw
West
6233
5791
UMBHAK HIMAL
Sharphu I
7070
Yangma
Nup
Kambachen
(4000)
White Wave
6960
Talung
7349
Rampuk
Kharka
Jannu
(Kumbhakarna Himal)
7709
Kabru
7338
Lumba Samba
Peak
5672
Kanchenjunga
Conservation Area
4930
Ghunsa
(3340)
Oktang
(4630)
Rathong
6678
Lapsang La
5150
Nango La
Olangchung
Gola
Phere
Selele
(4100)
Ramje
(4580)
Kyap La
(2600)
Thudam
Selap
Mirgin La
4570
Lapsang
Sinion La
Yalung
Khangla
Khang
5560
North
4878
Bharise Danda
Lao Danda
Amjilassa
(2430)
Tseram
(3770)
LUMBASAMBA HIMAL
5247
South
Tamur
4176
Ghunsa Kh.
Ghaia Bari
3947
Anda Phedi
(3300)
5346
Topke Gola
Lungthung
Medilung
Papung K.
Sakathum
(1500)
Lamite Bhanjyang
3430
Simbua Khola
Lelep
Helok
Sone Khola
3920
Omje
Khola
Kabeli
Kangrang La
4481
Taplechok
4252
Yamphuding
(1700)
4785
Dalaincha
Ikhabu
Chirawa (1240)
Mamankhe
3465
Phapung
MECHI
Anpang
Siwa Khola
3794
Phupethara
Mane
Linkhim
Funfun
HIMAL
4780
Nalbu
Lungthung
Tada K.
Kare
Banyang
(2200)
Kunjur
Mehle
3530
Phurumbu
Newa Khol
Liwang
3694
Phungping
Sikaicha
Lingtep
Tamur
Lali Kharka
(2300)
MILKE DANDA
Sanchur
Shinam
Shilbudin
Numrek
2710
Phakuwa
Dhoban
Suketar
(2340)
Maiwa
Techambu
Taplejung
(1840)
Mechi
Medibung
Bhalukhop
3663
Sanghu
Pabek
Phulbari
Rajmarg
Kabeli
Amarpur
Gopetar
2596
Memeng
Yakis
Huwaku
3124
Tamur
Muktura
Shidin
Khamlalung
Nundhaki
Lobek
Hinwa Khola
Barapa
Sakranti
Nagi
Pilauwa Kh.
Phidim
Pemi Khola
Ilam
Srijung
Panthak
Koya Khola
Dandagaon
Madi
2777
Umling
Morahang
Madiraikar
Simle
Mamling
TINJURE DANDA
Ramate

Foto: Ludwig v. Savigny

DAS TERAI – TIEFLAND IM SÜDEN

LUMBINI
CHITWAN
JANAKPUR

DAS TERAI

Im Süden begrenzt durch die indische Gangesebene und im Norden überragt von den Vorgebirgen der Himalayakette, ist das flache **Terai**, der Rand der fruchtbaren Gangesebene, die wichtigste Wirtschafts- und Industriezone in Nepal. Von Ost nach West bildet diese im Süden Nepals gelegene subtropische Ebene einen über 800 km langen, aber mit einer maximalen Breite von 40 km relativ schmalen Streifen zwischen 60-600 m ü. d. M. Das Terai macht 23 Prozent der Gesamtfläche Nepals aus, ca. 49 Prozent der Bevölkerung leben hier. Charakteristisch für diese subtropische Zone ist ein feuchtwarmes Klima mit über 40 °C im Juni/Juli und einer Niederschlagsmenge von über 2000 mm zur Monsunzeit, die im Juni einsetzt. Bis dahin herrscht flimmernde Hitze mit Temperaturen über 50 °C, die im April beginnt.

Nahezu die Hälfte der nepalischen Bevölkerung hier ist sprachlich und ethnisch vom benachbarten Indien beeinflusst, besonders die *Madhesi*. Zu den ältesten hier lebenden Völkern gehören die über eine Million zählenden **Tharu**, die vor allem im westlichen und mittleren Terai verstreut in Dörfern ansässig sind und von der Landwirtschaft leben. Ihr kultureller Ursprung ist noch ungeklärt. Auffallend sind ihre geräumigen, aus Lehm gebauten Häuser, die mit Fischmustern und anderen oft abstrakten Tiermotiven verziert sind. Die Tharu verehren zumeist noch ihre eigenen Götter und Geister, doch inzwischen findet man in ihren Dörfern auch einige hinduistische Gottheiten.

Links: Gefährliche Begegnung im hohen Elefantengras mit einem Panzernashorn.

Die Tharu sind die einzige Volksgruppe, die wahrscheinlich schon seit dem 12. Jh. im Chitwan ansässig ist. Bis etwa 1960 lebten sie noch in kleinen Gruppen vom Jagen, Sammeln und Fischen. Außer der Ernte wildwachsenden Getreides wendeten sie kaum landwirtschaftliche Methoden an. Da keine Straßen vorhanden waren und das Tal außerdem fast nur aus sumpfigem Urwald bestand – voll Malaria-Mücken und wilder Tiere –, wagte sich kaum jemand in dieses Gebiet.

Auf der Suche nach neuem Ackerland und besseren Lebensbedingungen ziehen jährlich ungezählte Familien aus den Bergregionen ins Terai, wo die Landknappheit zu einem großen Problem wird. Im Vergleich zu den Hochgebirgsregionen, wo ca. 25 Menschen pro Quadratkilometer leben, sind es im Terai durchschnittlich 200 Menschen pro Quadratkilometer. Die Zahl nimmt weiter zu. Man nimmt an, dass unkon-

» Karte S. 2-3, Info S. 235

Foto: Berthold Schwarz

trollierte Einwanderungswellen über das Terai drei bis fünf Millionen Indern die Möglichkeit gegeben haben, sich in ganz Nepal als Gemüsehändler, Fabrikarbeiter und als bessere Geschäftsleute niederzulassen. Den indischen *Marwari*, einer Händlergruppe, sagt man eine Zwei-Drittel-Beteiligung an allen wichtigen Handelsgeschäften und enormen Einfluss auf die nepalesische Wirtschaftspolitik nach. Zusammen mit den etwa 10 Prozent der nepalesischen Großgrundbesitzer sollen sie etwa 50 Prozent der Nutzfläche besitzen. Die Bevölkerungszunahme führt mehr und mehr zu Spannungen, besonders in den wichtigen Industrie- und Handelszentren im Terai. Aber auch auf dem Land wird der an sich sehr fruchtbare Boden durch die Überbevölkerung immer knapper. Etwa 2/3 der landwirtschaftlichen Erzeugnisse des Landes kommen aus dem Terai. Reis, Mais, Weizen, Bohnen, Linsen, Jute, Tabak, Zuckerrohr, neuerdings auch Kaffee werden hier angebaut. In einigen Gegenden erzielen die Bauern sogar bis zu drei Ernten jährlich, denn für den Boden wichtige Lehmschichten werden hier in der Monsunzeit durch die reißenden, vom Himalaya herabstürzenden Flüsse angeschwemmt und lagern sich in der Ebene ab. Die angeschwollenen Flüsse bewirken aber auch Überschwemmungen – Ernten werden zerstört, ganze Dörfer unter Wasser gesetzt.

Oben: Badespaß im Narayani-Fluss, an der Chitwan-Parkgrenze bei Sauraha; viele Tharu arbeiten heute im Tourismus. Rechts: Traditioneller Tharu-Fischer. Ganz rechts: Festlich bemalter Arbeitselefant.

CHITWAN

Wie unterschiedlich die Regionen im Terai sein können, zeigt das **Chitwan**-Gebiet (s. S. 14). Im Norden erhebt sich die bis zu 3000 m hohe Mahabharata-Kette, im Süden schließen die **Siwalik Hills** (150-500 m hoch), auch Churia Range genannt, das Tal von der flachen äußeren Terai-Ebene ab. Subtropischer Dschungel wechselt hier mit weitem Grasland und undurchdringlichem

» Karte S. 2-3, Info S. 235

Foto: Berthold Schwarz

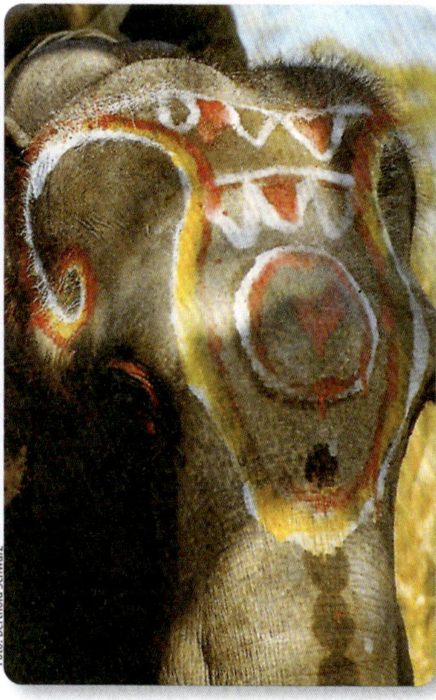

Foto: Berthold Schwarz

Sumpfland. Vor der Abholzung war das Innere Terai ein undurchdringliches, von wilden Tieren bevölkertes und von Malaria verseuchtes Dickicht, wo nur die Tharu leben konnten, von denen es heißt, dass sie resistent gegen diese Krankheit sind.

Zugleich war das Chitwan-Tal ein Jagdrevier für nepalesische und indische Rajas, die hier für Gäste wie Queen Elizabeth und Prinz Philipp große Treibjagden auf Tiger und Nashörner veranstalteten. Hunderte von Elefanten wurden dabei eingesetzt. Heute ist der Bestand vieler Tierarten gefährdet.

Seit die nepalesische Regierung zusammen mit der Weltgesundheitsorganisation großangelegte Kampagnen gegen die Malaria-Verseuchung gestartet hat, Straßen gebaut und neues Ackerland für die wachsende Bevölkerung gewonnen wurde, setzte auch die Abholzung des Sal-Waldes ein. Damit wurde aber zugleich der Wildtierbestand abgedrängt. Bald gab es im Chitwan nur noch wenige Tiger und wildlebende Elefanten. 1973 entschloss man sich deshalb, den **Chitwan-Nationalpark** (s. S. 14) zu gründen. Der Erfolg ist ermutigend, die Zahl der Nashörner, Sambar- und Axishirsche nimmt zu – aber auch die Zahl der Besucher, Lodges und Restaurants, die sich vor allem im Dorf **Sauraha** (siehe S. 16) konzentrieren. Bei einer Fotopirsch mit Reitelefanten sieht man zwar keine Tiger, aber fast immer wildlebende Rhinos; bei Kanufahrten Krokodile, Eisvögel, Reiher, Greifvögel und manchmal auch Gaviale. Der Park ist seit 1984 als UNESCO-Naturwelterbe anerkannt. Die größten Städte in der Nähe sind **Narayanghat**, **Bharatpur** und **Hetauda**.

LUMBINI

Buddhas Geburtsstätte

Lumbini ist zwar zu einem berühmten Pilgerort für Buddhisten aus aller Welt geworden, doch wer hier Heerscharen von gläubigen Besuchern, prachtvolle Klöster, feierliche Zeremonien und eine besondere Spiritualität

Foto: olli0815 (iStockphoto.com)

erwartet, wird enttäuscht sein. In Anbetracht der historischen Bedeutung dieses Ortes ist es hier überraschend ruhig und beschaulich.

Dort, wo Buddha das Licht der Welt erblickte, wurde ein großer Religionspark angelegt. Der Maya Devi Tempel kennzeichnet den Platz, wo Maya Devi *Siddharta Gautama*, den späteren Buddha, gebar.

Wie viele Fürstensöhne seiner Zeit lebte auch Siddharta am Hofe seines Vaters umgeben von Luxus. Auf vier Ausritten in die Stadt soll er im Alter von 29 Jahren erstmals menschliches Leid kennen gelernt haben. Der Anblick eines alten Mannes, eines Kranken und eines Toten ließen ihn die Vergänglichkeit allen Daseins erkennen, und die Begegnung mit einem Mönch weckte in ihm den Wunsch, fortan nach Befreiung von allem Leid zu streben. Heimlich verließ er daraufhin sein Zuhause, Frau und Kind. Nach mehrjähriger Askese und mit Hilfe von Meditationsübungen erlangte er im indischen Bodh Gaya bei Benares die Erleuchtung, die ihn zum Buddha, dem Erwachten, werden ließ. Als Antwort auf die Frage nach der Ursache der Verstrickung der Lebewesen in den Daseinskreislauf verkündete er in seiner ersten Predigt in Sarnath die „Vier Edlen Wahrheiten“. Sie bildeten den Kern seiner neuen Lehre. Wesentliche Gedanken, die sich bis heute erhalten haben, sind die Vorstellungen, dass 1. alles in der Welt vergänglich und leidvoll ist, dass 2. die Leidhaftigkeit des Daseins bedingt ist durch Begehren und Unwissenheit, dass 3. die Erlösung aus diesem Kreislauf nur möglich ist durch Aufhebung des „Durstes“ – des Willens zum Leben –, wofür der Buddha 4. einen achtteiligen Heilspfad verkündet hat, der die Schulung in Sittlichkeit, Meditation, Weisheit und Einsicht umfasst.

Die Erlösung – bzw. Erleuchtung – ist gleichbedeutend mit einer Auslöschung des Daseins, der völligen

Oben: Pilger unter heiligem Bodhi-Baum in Lumbini. Rechts: Erinnerung an Buddhas Lehrpredigt am Tempel der Tara Foundation in Lumbini.

» Karte S. 2-3, Info S. 235

Befreiung von dieser Welt, dem Eintritt ins Nirwana. Bis zu diesem Verlöschen durchwandert der Mensch einen unendlichen Kreislauf verschiedener Existenzen, und damit auch von leidvollen Daseinsformen.

Aus dem Ur-Buddhismus entwickelte sich seit dem 5-4. Jh. v. Chr. der Buddhismus des „kleinen Fahrzeuges" (*Hinayana,* von dem sich später u. a. der Theravada-Buddhismus abspaltete). Doch bereits am Ende des ersten Jahrhunderts n. Chr. führten unterschiedliche Ansichten über die Lehre zu einer Trennung, die dann in der Form des Mahayana-Buddhismus („großes Fahrzeug") gipfelte. Ideal dieser Richtung ist die Figur des Bodhisattva („dessen Wesen Erleuchtung ist"), der zwar bereits die Möglichkeit erworben hat, ein Buddha zu werden und das Nirwana zu erlangen, diesen Schritt jedoch zurückstellt, um den anderen Lebewesen auf dem Weg zur Erleuchtung zu helfen. Der Mahayana-Buddhismus in seiner speziellen Ausformung als Vajrayana mit magischen Praktiken und Geheimlehren ist heute noch in Nepal, Tibet und im gesamten Himalaya lebendig und umfasst ein komplexes System von Gottheiten und Schutzgeistern.

Erst 1895 entdeckte ein deutscher Archäologe in Lumbini die heute berühmte **Steinsäule** des indischen Maurya-Kaisers Ashoka, die er um 250 v. Chr. zu Ehren Buddhas und als Erinnerung an seinen Besuch errichten ließ. Die Inschrift auf der Säule beschreibt den Wohnort Buddhas in der **Kapilavastu-Ebene**, deren Hauptstadt im 6. Jh. v. Chr., als Buddha lebte, wahrscheinlich das 27 km entfernte **Tilaurakot** war. Herrscher von Kapilavastu war der Vater Siddharta Gautamas, König Suddhodhana. Aus dem 5. und 7. Jh. n. Chr. liegen Beschreibungen dieses Ortes von chinesischen Mönchen vor, im 13. Jahrhundert pilgerten Malla-Fürsten aus Westnepal zu dieser Wallfahrtsstätte.

Nach Siddharta Gautamas Mutter wurde der in der Nähe liegende **Maya Devi-Schrein** benannt, in dem sich ein berühmtes **Steinrelief** mit der Darstellung der Geburt des Erleuchteten befindet, die sich genau an diesem Ort zugetragen haben soll. Auf dem Weg von Kapilavastu zu ihrem Elternhaus soll sich Königin Maya Devi der Legende nach an einem Vollmondtag unter einem Salbaum im Palastgarten von Lumbini niedergelassen haben, um dort einen Sohn zu gebären. Südlich des Schreins befindet sich der **Pushkarni-Teich**, in dem Maya Devi vor der Geburt ihres Sohnes ein reinigendes Bad nahm.

Foto: olli0815 (iStockphoto.com)

In das Licht der Öffentlichkeit rückte Lumbini 1967, als der damalige Generalsekretär der UNO, U Thant, selbst ein frommer Buddhist, diesen Ort besuchte. Auf seine Initiative hin wurde ein internationales Unterstützungsprogramm zum Ausbau der Pilgerstätte entworfen. Mit Mekka und Jerusalem als Vorbild soll Lumbini einen ähnlichen Stellenwert für die Buddhisten der ganzen Welt erlangen. Die Pläne sind ambitioniert: Repräsentative Klöster aller buddhistischen Lehrrichtungen und Länder, ein

kleines Archäologisches Museum mit Grabungsfunden, eine Bibliothek und ein Informationszentrum sowie ein großer, von Wasserkanälen durchzogener Garten, in dem die Klosterbauten errichtet werden sollten, sind vorgesehen, um eine dem Ort angemessene kontemplative Atmosphäre zu schaffen.

Mittlerweile sind im **Religionspark** bereits eine ganze Reihe von internationalen buddhistischen **Klöstern** rund um den **Heiligen Garten** entstanden, ein **Friedens-Stupa** (Shanti Stupa) und das **Lumbini International Research Institute**, eine japanisch-finanzierte Forschungseinrichtung mit deutschem Direktor. Allmählich wird die Vision Realität, die über 20 verschiedenen Lehrrichtungen des Buddhismus an einem einzigen Ort zu repräsentieren. Zudem ist ein **Feuchtreservat** zum Schutz der gefährdeten **Saruskraniche** angelegt worden.

Oben: Bedeutendes Hindu-Pilgerziel – der Janaki-Tempel in Janakpur.

Besonders bei den buddhistischen Touristen aus Japan hat Lumbini einen hohen Stellenwert.

JANAKPUR

Sitas Geburtsort

150 km westlich von **Biratnagar**, der größten Stadt im Terai mit rund 170 000 Einwohnern, liegt **Janakpur**. Hier im Südosten der Ebene, 380 km von Kathmandu, soll sich in mythischer Vergangenheit die Hauptstadt des alten Mithila-Reiches befunden haben, dessen König der heilige Janak war, der Vater von Sita. Der Ort spielt in dem großen Hindu-Epos *Ramayana* eine bedeutende Rolle, da hier Sita, die Gattin von Rama, dem Helden des Epos, geboren wurde. Rama und Sita werden als Inkarnationen des Gottes Vishnu und seiner Gemahlin Lakshmi verehrt.

Als Retter, Erlöser und Beschützer wird Rama jedes Jahr an seinem Geburtstag, dem *Ramanawami*, im April von unzähligen Pilgern, die nach Janakpur strömen, im **Ram Mandir**, dem Rama geweihten Tempel, verehrt. 1927 wurde das Gebäude vom Rana-Premier Chandra Shumsher renoviert. Auch das goldene Dach stammt aus dieser Zeit. Sitas Geburtstag, *Janaki Nawami*, wird im Mai ebenso aufwändig in dem ihr geweihten **Janaki-Tempel** gefeiert, einem Wallfahrtsort für Hindus aus dem ganzen Subkontinent. Die gewaltige Anlage wurde von der Maharani von Tikamagadh (Indien) in Auftrag gegeben und 1907, nach zwölfjähriger Bauzeit, ganz im Stil der Moghul-Architektur des 17. Jh., fertiggestellt. Der Tempel ist die Hauptattraktion Janakpurs.

Das bedeutendste Fest in Janakpur ist *Vivaha Panchami* (im November/Dezember), das mit großer Begeisterung gefeierte Hochzeitsfest von Sita und Rama. Tausende Pilger aus Nepal und Indien kommen herbeigeströmt zu dieser traditionellen Hochzeitsprozession und -zeremonie.

» Karte S. 14-15 u. S. 2-3

Bei längerem ungeschütztem Aufenthalt ist Malaria-Prophylaxe zu erwägen.

CHITWAN NATIONAL PARK / SAURAHA (☎ 056)

Täglich **Touristenbusse** ab Kathmandu und Pokhara (ca. 1000 NR). **Greenline** startet in KTM am Garden of Dreams und macht auf halbem Weg Pause im Riverside Resort (mit Pool!); die billigere Konkurrenz startet am Kantipath nahe American Club. Öffentl. Busse halten bei Tadi Bazaar (8 km von Sauraha), von dort mit Jeeps, Kutschen, Rikschas etc. auf Teerstraße nach Sauraha. Reisebüros bieten die Anfahrt per Raft (**Schlauchboot**) an. Täglich **Flüge** von Kathmandu nach Bharatpur (90 $), von dort mit Bus oder Taxi 18 km nach Sauraha.

KC Restaurant ist der „Platzhirsch" in Sauraha, mit guter Küche, nettem Ambiente und großem Garten zum Fluss hin. Auf Salat, rohes Gemüse, bereits geschältes Obst und Joghurt besser verzichten.

Auslandstelefonate möglich; **Internet Shops** vorhanden; **Geldwechsel** (Reiseschecks und Bargeld); viele Shops mit Souvenirs, Postkarten und Verpflegung.

In Sauraha lassen sich alle Ausflüge individuell organisieren. Ein **Elefantenritt** kostet um die 2000 NR, ein Tag im Nationalpark 1500 NR **Eintritt** pro Person. Informationen im **Visitor Center** und im **Ranger's Office** beim Parkeingang. In Pauschalangeboten sind meist **Elefantenritt**, **Kanufahrt** und **Vogelbeobachtung** enthalten. Zudem sind **Jeeptouren** im Park möglich. Wichtig ist die Qualität des **Guides**. Man sollte dieses Reservat für wilde Tiere nie ohne Führer durchstreifen und selbst mit Führer besser nicht zu Fuß – Lebensgefahr! Abends führen die einheimischen **Tharus Volkstänze** auf.

BHAIRAWA (☎ 071)

Geschäftige Stadt mit starkem indischen Einfluss, nahe dem häufig benutzten Grenzübergang Sunauli. Geeigneter Ausgangspunkt/Basis zum Besuch des 20 km entfernten **Lumbini**, da es in Bhairawa ebenfalls eine größere Auswahl an Unterkünften gibt.

Busse fahren täglich von und nach Kathmandu und Pokhara. Mehrmals wöchentlich **Flugverbindung** mit Kathmandu (116 $).

LUMBINI (☎ 071)

Rund um den **Heiligen Garten** und im Dorf **Buddha Nagar** (auch Mahilwar), nahe des östlichen Haupttores, gibt es eine Reihe von Hotels in allen Preisklassen. Einige **Klöster** und **Meditationszentren** bieten sehr einfache Unterkunft.

Anfahrt mit dem örtlichen **Bus** oder dem **Taxi** aus Bhairawa.

JANAKPUR (☎ 041)

Die „indischste" aller nepalesischen Städte; leider relativ schmutzig. Trotz des prachtvollen **Janaki-Tempels** wird Janakpur nur selten von westlichen Touristen besucht.

Busse von Kathmandu (8-10 Std.), tägliche **Flugverbindungen** mit der Hauptstadt (98 $).

BIRATNAGAR (☎ 021)

Biratnagar ist die größte Stadt im Terai. Industriestandort und von geringem touristischem Interesse. Sie ist Zwischenstopp auf dem Weg zum Grenzübergang Kakarbhitta nach Indien/Sikkim oder auf dem Weg in die Trekkingregionen Makalu und Kanchenjunga.

Täglich **Busse** von und nach Kathmandu (12-14 Std.); Busverbindung zum Grenzübergang Kakarbhitta. Täglich **Flüge** zwischen Biratnagar und Kathmandu (etwa 130 $).

Zwei Autostunden entfernt ist das selten besuchte, zauberhafte Vogelparadies **Koshi Tappu Wildlife Reserve**. Permit: 500 NR pro Tag.

VORBEREITUNGEN

Klima / Reisezeit

Die beste **Reisezeit** für Nepal beginnt Anfang Oktober und dauert bis Ende April. Der Mai ist relativ diesig und heiß.

Von Mitte Juni bis Ende September ist die regenreiche, feucht-heiße **Monsunzeit**, in der die Blutegel aktiv werden. Oft regnet es nur nachts. An der Himalayasüdseite ist mit enormen Niederschlägen zu rechnen, Erdrutsche sind häufig. Im Regenschatten hinter dem Himalaya-Hauptkamm bleibt es in Mustang und Dolpo trocken, der **Sommer** ist dort Wanderzeit. In Jomsom und der Manang-Region bleibt es relativ trocken, auch im Khumbu oberhalb von Namche ist dann zwar Trekking möglich, aber die Bergsicht oft eingeschränkt. Im feuchten Sommer kann es in Kathmandu bis zu 37 °C heiß werden, im Terai-Tiefland bis weit über 40 °C.

Während der **Herbst** (September bis Ende November) im mittleren Bergland warm und auch abends angenehm ist, kann es im **Winter** (Mitte Dezember bis Mitte Februar) dort nachts recht kalt werden – in über 3000 m hoch und näher am Hauptkamm gelegenen Dörfern sogar unangenehm kalt. Hohe Pässe schneien dann zu. Zum Aufenthalt eignet sich im Winter das Terai-Tiefland (tags warm, nachts etwas kühl), wo es dann im Sommer sehr heiß wird. Der Winter bringt in Kathmandu (1300 m) Nachttemperaturen von 0 °C, während am Tag, sobald sich sich der Morgennebel lichtet, das Thermometer rasch frühlingshafte Werte erreicht.

Die **klarste Sicht** hat man von Oktober bis Dezember, dann setzen wenige Tage dauernde Regenfälle ein. Oktober, November, März, April und Mai sind gute **Trekkingmonate**, insbesondere die zweite Oktoberhälfte und der März: Mitte Oktober ist noch alles grün vom Monsun, und im März präsentiert sich die Natur in voller Blüte.

Bekleidung

Wer Bergtouren über 4000 m unternimmt, sollte auch im Sommer unbedingt warme und regendichte Kleidung mitführen, obwohl bei Sonnenschein auch in größeren Höhen meist in Sommerkleidung gewandert werden kann. Im Winter wird es nachts im Kathmandu-Tal selbst im Hotelzimmer unangenehm feuchtkalt – ein Schlafsack kann nicht schaden. Im Terai ist das ganze Jahr über luftige Kleidung ausreichend, jedoch können Winternächte dort kühl werden. Im Dezember/Januar regnet es in Nepal meist nur an wenigen Tagen.

Frauen in zu knapper Kleidung werden von den Nepalis schräg angeschaut. Beim Besuch von Tempeln sollten auch Männer lange Hosen tragen.

Sicherheit

Die **Erdbebenschäden von 2015** sind noch nicht überall behoben.

Kraftstoffknappheit kann den Bus- und Taxiverkehr stark einschränken und Taxis extrem verteuern.

Die Kriminalität hat zugenommen. Die **Überfallgefahr** ist für Wanderer ohne Begleitung, v. a. für **Frauen**, erhöht. Überfälle, teils mit Todesfolge, gab es u.a. in der Umgebung von Kathmandu (v. a. Nagarjun-Wald), von Jiri und Ghandrung / Annapurna-Süd, auf dem Waldweg Phewasee – Peace Stupa (Pokhara) und im Langtang. Gemieden werden sollte der Osten (mit südöstlichem Terai), Mittelwesten und Westen Nepals. Keinesfalls alleine trekken!

In Thamel und Patan hat es Vergewaltigungen von Touristinnen gegeben. Deshalb sollten Frauen nachts nur in seriöser Begleitung unterwegs sein.

Trekker sollten sich bei der Deutschen Botschaft unter Angabe der Route und einer **Bergrettungsversicherung**, die **Helikopterbergung** einschließt, **registrieren lassen** (online möglich: info@kathmandu.diplo.de).

Von Fahrten in Einheimischen-Überlandbussen wird wegen der **Unfallgefahr** abgeraten. Bei Fahrten über Land sollten nur gekennzeichnete Touristenbusse benutzt werden.

In Kathmandu sollte man **Demonstrationen** aus dem Weg gehen! Lästig sind die häufigen **Bandhs** (Generalstreiks), wenn auf Anordnung einer Partei oder einer unzufriedenen Interessensgruppe alles geschlossen werden muss, auch Bus- und Taxiunternehmen. (Termine: www.nepalbandh.com). Kein Verkehr bedeutet saubere Luft, ein guter Tag für Besichtigungen per Rad. Hotels können helfen, falls man in dieser Situation zum Flughafen muss.

Immer wieder kommt es im südöstlichen **Terai** (mit Chitwan) wegen ethnischer und separatistischer Spannungen zu gewaltsamen Auseinandersetzungen und **Blockaden**. Das Konfliktpotenzial angesichts der **labilen politischen Lage** bleibt groß, man sollte vor Ort die tagespolitischen Ereignisse in der englischsprachigen Presse sehr aufmerksam verfolgen!

Aktuelles zur Sicherheitslage:
www.auswaertiges-amt.de
www.aussenministerium.at
www.eda.admin.ch
www.fco.gov.uk/travel

Einreisebestimmungen / Visum

Für Nepal ist ein **Visum** erforderlich. Es wird von den nepalesischen **Botschaften** und Konsulaten im Ausland (s. S. 249), bei der **Einreise** am **Flughafen** in Kathmandu und an den **Grenzübergängen** mit Indien (Mahendranagar, Nepalgunj, Sunauli, Birganj, Dhangadi, Kakarbhitta) sowie auch an der Grenze mit Tibet (Gyirong/Kerung) – Rasuwagadhi) erteilt. Man kann auch das **Visum online** beantragen, unter www.online.nepalimmigration.gov.np/tourist-visa.

Das Visum bei Einreise kann mit längerer Wartezeit verbunden sein.

- Das Visum für mehrmalige Einreise kostet für 15 Tage 30 $ (am besten passend in Dollar mitbringen), für 30 Tage 50 $ und für 90 Tage 125 $.
- Kinder unter zehn Jahren erhalten ein Gratis-Visum.
- Transit-Visum für 3 Tage: 5 $ (bei Weiterreise nach Tibet oder Bhutan)
- Eine Visum-Verlängerung um 15 Tage kostet 30 US$ und wird vom Immigration Office in Kathmandu oder Pokhara ausgestellt. Die Gesamtaufenthaltsdauer soll 120 Tage nicht übersteigen; in begründeten Sonderfällen sind 150 Tage möglich.

Visum-Bestimmungen können sich jederzeit ändern; siehe www.immi.gov.np oder www.mofa.gov.np

Währung / Geldumtausch / Devisen

Die einheimische Währung ist die**Nepalesische Rupie** (NR). Es gibt Scheine zu 5, 10, 20, 25, 50, 100, 500, 1000 Rupies und 1, 2 und 5 Rupie-Münzen. 1 Euro ≈ 125 NR, 1 CHF ≈ 110 NR, 1 US-Dollar ≈ 125 Rupien (Tagesaktueller Kurs: siehe www.oanda.com).

Wer Devisen im Wert von mehr als 2000 US Dollar mit sich führt, muss das auf der Zollerklärung bei der Einreise angeben. **Dollar** und **Euro** sind die am weitesten verbreiteten Fremdwährungen. Euros genügen, sie werden von autorisierten Geldwechslern, besseren Hotels und den meisten Banken in Landeswährung gewechselt.

Master Card und **Visa Card** werden in besseren Hotels, Souvenirshops und Reisebüros akzeptiert, jedoch meist gegen 3 - 5% Gebühr.

Rupien kann man auch am **Bankautomat** mit **Girocard/EC-Karte** (nur **Maestro**, nicht V-PAY!), **Master Card** oder **Visa Card** abheben; allerdings sollte man sich nicht zu 100 % darauf verlassen. An Bankautomaten (ATM) herrscht kein Mangel: Sogar in den Trekkingorten Namche Bazar und Jomsom können Rupies gezogen werden. Wer seine Ausgaben mit **EC-Karte** decken möchte, muss vorab mit seiner Bank klären, ob die Karte in Nepal einsetzbar ist und ob das **Wochenlimit** ausreicht, da dieses im Ausland beschränkt sein kann. Für einen medizinischen Notfall oder eine Bergung könnte es nötig werden, schnell eine größere Summe zu beschaffen. Wegen der Gebühren sollten größere Beträge abgehoben werden; Maximalbetrag bei der Nabil Bank: 35 000 Rs. Übriggebliebene Rupien kann man am Ende am Flughafen in Euro zurücktauschen, aber nur mit Wechselbeleg und max. 15 % der Umtauschsumme. Indische Rupien werden zwar in ganz Nepal als Zahlungsmittel akzeptiert, Indische-Rupien-Banknoten größer als 100 IR sind in Nepal jedoch verboten! Am Flughafen in Kathmandu gibt es vor der Passkontrolle Bankschalter, die Rupien zurücktauschen.

Gesundheitsvorsorge

Die aktuellsten, besten Infos dazu findet man unter **www.ciwec-clinic.com**. Pflichtimpfungen sind nicht vorgeschrieben. Sicherheitshalber sollte man sich gegen **Polio, Typhus, Tetanus** und **Hepatitis A** impfen lassen. Nach einem Hundebiss ist eine Tollwutimpfung nötig (in Kathmandu z. B. im **Teku Hospital**). Lassen Sie sich von einem Tropenmediziner beraten.

Mittleres **Malariarisiko** herrscht im Terai-Tiefland zur Monsunzeit; für Touristen im Chitwan-Nationalpark ist die Infektionsgefahr jedoch gering. Gebiete über 2000 m sind malariafrei. Im Terai sollte man sich v. a. zur Sonnenuntergangszeit vollständig bekleiden, Mückenschutzlotion verwenden und nachts unter einem Moskitonetz schlafen. In Südwestnepal, nahe der indischen Grenze, tritt die von Moskitos übertragene **Japanische Encephalitis** auf (Impfung möglich). Das von Stechmücken übertragene **Dengue-Fieber** tritt v. a. von September bis Dezember auf, in Höhen bis zu 2000 m und auch in Kathmandu; sorgfältige Expositionsprophylaxe auch tagsüber ist wichtig.

Die häufigsten nepalesischen Plagen für Touristen sind die **Luftverschmutzung in Kathmandu**, Atemwegsinfektionen und **Durchfallerkrankungen**. In die Reiseapotheke gehören: Mittel gegen Brechreiz, Würmer und Durchfall (Amöbenruhr und Giardiasis, hervorgerufen durch Einzeller im Darm, sind leider weit verbreitet; dagegen hilft Metronidazol), Antibiotika (für Darm- und Atemwegsinfekte), Imodium für Durchfälle, die nicht durch Infektionen oder Parasiten hervorgerufen wurden und als „Notfallbremse". Lotion gegen Insekten, Antihistamin, Cortison-Salbe, Sonnenschutzmittel, ein Antiseptikum, Tyrosur-Salbe, Verbandszeug und Pflaster. In Nepal bekommt man günstig „Jeevan Jal", eine Elektrolyt-Lösung – viel trinken bei Durchfall, beim Trekken und in großer Höhe!

Gegen **Knieprobleme** beim Abstieg und Beinschmerzen entzündungshemmende Schmerzmittel einpacken (manche schwören auf die in Kathmandu erhältliche ayurvedische Wundersalbe *moov*); wer anfällig dafür ist: Immer Kniebandagen und Stöcke beim Abstieg verwenden!

Die sicherste Desinfektion von **Wasser** ist Abkochen (ansonsten Chlor- oder Jodtropfen, s. S. 243). In vielen Hotels und Restaurants wird Wasser abgekocht und gefiltert angeboten – doch ein Restrisiko bleibt, u. a. wegen unsauberer Filter oder unsauberer Trinkgefäße. Unsauberes Geschirr ist eine Quelle für **Schmierinfektionen**, da das einheimische Küchenpersonal oft selbst unter Darmparasiten leidet. Sicherheitshalber Mineralwasser aus der Flasche oder Tee aus dem eigenen Becher trinken.

Auf jeden Fall tabu sein sollte der Genuss von Salat, rohem Gemüse, nicht selbst geschältem Obst und Eis – **boil it, peel it or forget it!** Frisch gekochte Speisen sind sicherer. Gründlich Hände waschen vor dem Essen! Das gilt in Kathmandu ebenso wie beim Trekking, denn mit einer Amöbenruhr im Gedärm wird ein Trekking zur Strafexpedition.

Zu rasches Aufsteigen in Höhen über 3000 m kann zur lebensgefährlichen

FLUGPLÄTZE
© Nelles Verlag GmbH, München

Höhenkrankheit führen, sie kündigt sich durch Kopfschmerzen, Übelkeit und Atemnot an. **Sofortiges Absteigen** ist die wichtigste, am ehesten lebensrettende Gegenmaßnahme!

Ausreise

Die Abfertigung am Tribhuvan Airport in Kathmandu dauert lang, deshalb sollte man mind. zwei Stunden vor Abflug am Flughafen sein. Über ev. Proteste mit **Straßensperren** (*bandhs*) informiert www.nepalbandh.com.

Nepal in der Statistik

Gesamtfläche: 147 181 km^2; Bevölkerung 29,5 Mio. (Bevölkerungswachstum: 1,8 % jährlich); 5 Regionen, 14 Zonen, 75 Distrikte; Hauptstadt: Kathmandu (Einwohner ca. 1,2 Mio.). Religion: Hindus - 80 %, Buddhisten - 15 %, Moslems - 4 %, Christen unter 1 %. Viele Hindus sind zugleich Anhänger buddhistischer Glaubensvorstellungen. Analphabetenrate: 30 %.

REISEWEGE NACH NEPAL

Mit dem Flugzeug: Ein Problem für Besucher und die Tourismusindustrie in Nepal ist die geringe Platzkapazität der wenigen Fluggesellschaften, die Kathmandu von Europa aus anfliegen. Ein Grund dafür ist, dass sich die Hauptreisesaison auf wenige Monate beschränkt und viele Nepalesen in den Arabischen Emiraten am Golf arbeiten und ganze Flugzeuge belegen. Besonders sind davon die günstigen Airlines wie Qatar, Etihad und Gulf betroffen.

Ab Amsterdam offeriert *Arkefly* einen günstigen Direktflug nach Kathmandu. Häufige Verbindungen mit modernen Maschinen zu akzeptablen Preisen bieten die Airlines der arabischen Golfstaaten; allerdings mit Umsteigen und langem nächtlichem Aufenthalt in der Hauptstadt des jeweiligen Emirats. Solche Verbindungen bieten *Gulf*, *Oman*, *Qatar* und *Etihad*, die u. a. von Frankfurt und München aus fliegen.

Mit eigenem Fahrzeug: Mit dem eigenen Fahrzeug können Reisende über die indisch-nepalischen Grenzübergänge Bhairawa/Rupandeki (West), Nepalganj/Banke (West), Dhangadi/Kailal (äußerster Westen), Mahendranagar/Kanchapur (äußerster Westen), Gorakhpur/Sunauli (West), Raxaul/Birgunj (Mitte), Siliguri/Kakarbhita (Ost) nach Nepal kommen. Für Fahrzeuge ist ein internationales Carnet de passage (z. B. vom ADAC) nötig.

Bus, Bahn: Von vielen Großstädten in **Nordindien** kann man mit dem Zug oder mit Bussen/Pkws bis zur Grenze Nepals fahren (Übergänge: siehe oben). Die Einreise von **Tibet** nach Nepal auf dem Landweg erfolgt an der Grenzstation Gyirong (Kerung) – Rasuwagadhi.

REISEN IN NEPAL

Fluglinien (Inland)

Alle größeren Städte Nepals haben Flugverbindung mit Kathmandu. Zu den wichtigsten Orten der Trekkingregionen (Pokhara, Jomsom, Lukla), gibt es mehrere Flüge pro Tag. Nepal Airlines, die staatliche Fluggesellschaft, hat finanzielle und Sicherheits-Probleme. Sie konkurriert mit sechs privaten Fluglinien. Flugpläne unter www.nepalairflight.com. Relief, Wetter, Wartungsprobleme und die Lage mancher Flugplätze stellen die Piloten vor extreme Herausforderungen; fatale **Flugzeugabstürze** hat es u. a. auf den Touristenstrecken Pokhara–Jomsom und Kathmandu–Lukla gegeben. Der Luftverkehr entspricht nicht europäischen Sicherheitsstandards. Alle nepalesischen Luftfahrtunternehmen stehen auf der gemeinschaftlichen Liste unsicherer Fluggesellschaften der EU.

Tickets gibt es in allen Reisebüros. Für Ausländer sind die Flüge teurer als für Nepalis und in Dollars zu bezahlen. **Flughafengebühr** für Inlandsflüge: 200 NR. Da Flüge in Nepal Sichtflüge sind, kann es bei schlechtem Wetter zu mehreren Tagen Verspätung kommen – Puffertage einplanen! Zeitraubend können Kontrollen in Kathmandu auf dem Weg zum Flughafen sein.

Nahverkehr

Busse: In Kathmandu sind öffentliche Busse für Ausländer eher ungeeignet, da ihre Routen nur schwer zu durchschauen und die Stadtbusse extrem überfüllt sind; empfehlenswerter sind die billigen Taxis.

Im touristischen Dreieck Kathmandu – Pokhara – Chitwan-Nationalpark verkehren neben den sehr unfallträchtigen, deshalb zu meidenden **Einheimischenbussen** wesentlich bessere **„Tourist Busses"** – bekannte Gesellschaften sind Greenline Tours und Golden Travel. Tickets können in Reisebüros und Guest Houses gekauft werden; Preise vergleichen lohnt sich! Wer auf untouristischen Überlandstrecken mit dem **Einheimischenbus** fährt, reist billig, aber in überfüllten, oft nicht verkehrssicheren Bussen; Tickets werden im Bus verkauft.

Mikro Vans (Kleinbusse) waren einmal eine flotte Alternative zu den großen Tourist Busses. Doch da sie heute meist überfüllt, in schlechtem technischem Zustand und die Fahrer dem Geschwindigkeitsrausch verfallen sind, sollten sie, falls es Alternativen wie den Tourist Bus gibt, gemieden werden.

Taxi: Taxis sind am schwarzen Nummernschild zu erkennen. Nachts zahlt man ca. 50% Aufschlag. Falls das Taxameter nicht funktioniert: Bei individueller Preisvereinbarung zahlt man immer mehr! Bei extremer **Benzinknappheit** werden hohe **Zuschläge** erhoben.

Mietwagen und „**Private Taxis**" (rotes Nummernschild) sind – nur mit Fahrer – über Reiseagenturen und Hotels zu mieten; Kathmandu – Pokhara kostet ca. 70$ (vorher Testfahrt machen!).

Fahrrad-Rikschas findet man nur noch in manchen Städten im Terai und in Kathmandu, und dort nur noch in Thamel und der näheren Umgebung. Ideal für eine Stadtbesichtigung! Aber Fahrpreis immer vorher aushandeln.

Motorräder: Es gibt einige Motorradverleiher in Kathmandu und Pokhara (in Pokhara auch Royal-Enfield-Verleih); zum Ausleihen muss der Führerschein vorgelegt und eine Anzahlung geleistet sowie als Sicherheit der Reisepass hinterlegt werden. Für bis zu 15 Tagen ist der **Internationale Führerschein zusammen** mit dem nationalen Führerschein gültig. Danach ist ein nepalesischer Führerschein erforderlich.

Übrigens: Als Fahrer im Straßenverkehr (**Linksverkehr!**) eine Kuh tödlich zu verletzen, kann dem Chauffeur Gefängnis einbringen.

Mountainbike: Gut gewartete importierte Markenräder sowie geführte Touren bis nach Tibet bieten Mr. Sonam von **Dawn till Dusk** (www.nepalbiking.com) sowie Jenny und Santhos von **Himalayan Single Track** (www.himalayansingletrack.com) in Thamel/ Kathmandu. In Pokhara ist das **MTB Center** in Lakeside am Camping Chowk eine gute Adresse (Tel.: 061-466224).

Trekkingzeit

Trekking-Saison: Man kann in Nepal zwar das ganze Jahr über wandern, die besten Zeiten sind jedoch Oktober und November sowie März bis Mai. In der Regenzeit (Juni-September) ist die Aussicht auf die Sieben- und Achttausender stark eingeschränkt, zudem sind dann Blutegel aktiv! Im März/April blüht in 2000-3000 m Höhe der Rhododendron. Zwischen Dezember und Februar wird es in Hochlagen über 4000 Metern nachts sehr kalt.

TIMS, RAP, Entry Ticket und Climbing Permit

Mit **TIMS** wird das *Trekkers Information Management System* abgekürzt. Dieses System dient der Registrierung der Trekker und soll vor allem bei einer Rettung oder Vermisstensuche die Route und alle nötigen Daten über die Person schneller verfügbar machen. Dazu muss sich jeder Trekker registrieren lassen und bekommt eine Art Ausweis mit Lichtbild und Notfalltelefonnummern ausgehändigt. Diese muss man an Checkpoints (wo auch das Entry Permit kontrolliert wird), vorzeigen.

Es gibt eine blaue „Registration Card" für organisierte Trekking-Gruppen sowie eine grüne für Individual- Trekker. Wer als **Pauschalreisender** unterwegs ist oder über eine nepalesische Agentur bucht und mit Guide und Porter unterwegs ist, muss sich nicht selbst darum kümmern, das ist dann Aufgabe des Reisebüros (10 US$). **Individualtrekker** bekommen die grüne **TIMS Card** für 20 US$ in Kathmandu beim **NTB Tourist Service Center**, Pradarshani Marg (10-17 Uhr) oder bei der TAAN (Trekking Agencies Association) in Maligaon (Tel. 01/4443003); in Pokhara beim NTB in Damside (Tel. 061/527033). Zwei Passbilder sind nötig.

Restricted Area Permit (RAP): Für die Haupttreks wie Annapurna, Langtang oder Solu-Khumbu nicht nötig; jedoch für exotischere Treks wie Mustang, Upper Dolpo, Humla, Manaslu, Kanchenjunga. Erhältlich in Kathmandu beim **NTB Tourist Service Center**, Pradarshani Marg, 10-17 Uhr.

Entry Ticket: Im **Everest-, Annapurna-, Manaslu- und Langtang-Gebiet** sind Eintrittsgebühren (Entry Ticket) für **Nationalpark** bzw. **Conservation Area** obligatorisch. Das Entry Ticket für Annapurna und Manaslu muss in Kathmandu im **Tourist Service Centre** (Pradarshani Marg, 10-17 Uhr) oder in Pokhara beim Immigration Office gekauft werden (Infos u. Formulare: http://dev.yipl.com.np/ntnc/) oder der Trekking Agencies Association of Nepal (www.taan.org.np). Nur im Everest-Gebiet ist es vor Ort in Monjo am Checkpost erhältlich.

Trekking Permits: https://www.immigration.gov.np/page/trekking-route-and-permit-fee

Annapurna-Region: Entry Ticket 2000 NR.

Everest, Langtang, Rara, Shey

Phoksundo: Entry Ticket 3000 NR
Manaslu: Entry Ticket 2000 NR; Trekking Permit 100 $ pro Woche (Sept.-Nov.), 75 $ (Dez.-Aug.)
Kanchenjunga: Entry Ticket 2000 NR; Trekking Permit 20 $ pro Woche
Lower Dolpa: Trekking Permit 20 $ pro Woche
Upper Mustang und Upper Dolpa: Trekking Permit 50 $ pro Tag, Minimum: 10 Tage = 500 $.
Humla: Trekking Permit 50 $ für die ersten 7 Tage (jeder weitere 7 $).

Für Gipfel zwischen 5600 und 6500 Metern werden **„Trekking Peak"-Gebühren** verlangt. Diese Gipfel sind in zwei Gruppen unterteilt: Für Kategorie A werden beispielsweise für eine Gruppe von 7 Personen pro Gipfel 500 $ und für Kategorie B 350 $ verlangt. Für noch höhere Gipfel werden je nach Jahreszeit unterschiedliche **Climbing Permits** fällig. Die Normalroute auf den **Mt. Everest** kostet für Einzelbergsteiger im Frühjahr „nur noch" 11 000 $, im Sommer oder Winter nur noch 2750 $. Andere 8000er sind ungleich billiger: Sommer/Winter 450 $. (Details: Nepal Mountaineering Association/NMA, Tel. 01/4434525, www.nma.com.np). Der Everest ist auch pauschal mit Komfort für bis zu 65 000 US$ buchbar – mit Vollpension, aber ohne Rückkehrgarantie.

Träger / Führer

Aus **Versicherungsgründen** sollten Trekker ihre Führer und Träger nur bei einer seriösen, amtlich registrierten **Trekkingagentur** bestellen und den **Nachweis** mitführen. Falls nicht, haftet der arbeitgebende Trekkingtourist bei Unfall oder Tod seines „schwarz" engagierten Personals!

Allein mit Träger oder Trägerführer: Wer Bergerfahrung und Kondition hat, kann die Hauptrouten im Solu-Khumbu, Annapurna und Langtang-Gebiet, wo es viele Lodges und Restaurants gibt, ohne Führer angehen; bei Schneefall auf hohen Pässen sollte man aber einer Gruppe folgen. Ein Träger, der etwas Englisch spricht, kann als Porter-Guide engagiert werden und trägt dann bis zu 25 kg. Ein reiner Träger (Traglast bis ca. 35 kg), vorschriftsmäßig bestellt über ein Trekkingbüro, kostet rd. 30 $ am Tag (inklusive Unterkunft u. Verpflegung). Ein Träger, der unterwegs direkt angeheuert wird, kostet 13-15 $. Mehr Infos und Kontakte zu Porter-Guides und Guides unter www.nepal-dia.de.

Mit Führer und Träger: Auf diese Art sind Trekkinggruppen unterwegs, auch auf den Lodgerouten. Für mehrere Trekker wird der Führer Träger organisieren und deren Lohn aushandeln, allerdings fast immer von den Trägern eine Kommission dafür verlangen. Deshalb ist es wichtig, den Trägern am Ende selbst direkt ein gutes Trinkgeld zu geben! Nur mit einem Träger loszuziehen, scheitert oft an Sprachproblemen. Ein Guide bekommt am Tag ca. 30 Dollar. Je nach vorheriger Absprache kann er für Verpflegung und Unterkunft für sich und die Träger auch selbst sorgen.

Wer Träger auf eine Tour, die über 4000 Meter führt, mitnimmt, ist für deren Ausrüstung mitverantwortlich; sie ohne Stiefel, Handschuhe, warme Kleidung und Sonnenbrille über hohe Pässe zu schicken ist unverantwortlich!

Trekkinginformation

www.trekinfo.com
www.nepal-dia.de
www.expeditionsbergsteigen.com,
www.mounteverest.net
www.everestnews.com
Kathmandu Environmental Education Project (KEEP), Jyatha, Thamel, Kathmandu, T. 01/4259275, 4259567, www. keepnepal.org. *Das* Infozentrum in Kathmandu. Angeschlossen sind:
International Porter Protection Group (IPPG), die sich für die Rechte der Träger einsetzt und Kleidung sammelt, www.ippg.net.
Himalayan Rescue Association (HRA), Dhobichar, Lazimpath, Kathmandu, Tel.

01/4440292, www.himalayanrescue.org. Beste Infos zu Höhenkrankheit und Bergrettungsmöglichkeiten.

Tipps fürs Trekking

Nicht vergessen: Warmer Schlafsack, Daunenjacke, eventuell Leintuch, Taschenlampe, Sonnenbrille, Sonnencreme, Sonnenhut, Teleskopstöcke und ev. Kniebandagen zur Verhinderung von Knieschmerzen bei langen Abstiegen, Wasserflasche, Erste-Hilfe-Set, Taschenmesser oder Repair Tool, Landkarte, Kamera, Bargeld.

In Plastikflaschen abgefülltes **Trinkwasser** ist in abgelegenen Gebieten sehr teuer und sollte wegen des Müllproblems nicht gekauft werden. ACAP hat im Annapurna-Gebiet Filteranlagen aufgestellt, die relativ sicheres Trinkwasser produzieren, auch in den meisten Lodges steht gefiltertes Wasser kostenlos zur Verfügung; zusätzlich mit einer Tablette (z. B. Micropur) desinfiziert, kann es auch getrunken werden, ist aber auch dann noch nicht völlig virenfrei. Sicherer und auch gegen Einzeller wie Schigellen und Amöben wirksam ist die Entkeimung mit dem geschmacksneutralen Aquamira, Certisil Combina (Chlorinierung und Konservierung durch Silberionen), Micropur Forte (stark chlorhaltig) oder Jodtinktur (starker Beigeschmack). Die sicherste Methode ist das **Abkochen** (bei mindestens 85 °C)!

Die lebensgefährliche akute **Höhenkrankheit** ist in der Höhe nicht zu heilen, es hilft nur eines: schnellstens **absteigen**!!! Höhenmediziner testen derzeit eine Mischung aus 8 mg Dexamethason, 20 mg Nifedifine und 500 mg Diamox, um die Abstiegsfähigkeit bei akuter Höhenkrankheit zu verbessern. Manche Höhenbergsteiger nehmen vorbeugend *Diamox* (verträgt sich nicht mit Aspirin!), das stark entwässert (unangenehm bei Zeltübernachtung) und die Atmung stimuliert, oder Dexamethason. Bei akutem Höhenlungenödem empfehlen Schweizer Expeditionsärzte *Viagra*. Im Notfall kann auch ein Gamow-Überdrucksack helfen.

Für den Fall einer **Hubschrauberbergung** sollte man die Telefonnummer seiner Botschaft griffbereit haben, da der Rettungshelikopter in Kathmandu erst startet, wenn ein Bürge dort die Bezahlung garantiert. Bei der **Deutschen Botschaft** kann man sich online mit den für eine Notfallbergung nötigen Versicherungsdaten **registrieren** lassen. Auf diese Weise kann am schnellsten Hilfe geleistet werden; www.kathmandu.diplo.de

Auslandstelefonate: In allen größeren Trekking-Orten gibt es internationale Telefonverbindungen zu meist akzeptablen Preisen.

Das **Mobilfunknetz** wird auch in den Trekkingregionen zügig ausgebaut. Everest und Annapurnaregion haben entlang der Hauptrouten schon fast flächendeckend Empfang. Roaming ist möglich, aber teuer, besser eine Sim-Karte in Nepal kaufen. Da es mehrere Mobilfunk-Gesellschaften im Land gibt, unbedingt nachfragen, welche Gesellschaft in der geplanten Region präsent ist. Auch Internet (mit mäßiger Geschwindigkeit) ist in allen größeren Orten der Hauptrouten verfügbar.

Gute **Bergsteiger-Ausrüstung** verleihen und verkaufen **Trekking Shops** in Kathmandu und Pokhara.

Vorsicht vor **Maultier-Karawanen** auf schmalen, exponierten Pfaden: Sie haben mit ihren breiten Lasten schon Trekker in den Abgrund gestoßen, deshalb immer **bergseitig ausweichen**!

Nationalparks / Reservate

Der Eintritt in Schutzgebiete kostet zwischen 1000 und 3000 NR.

Chitwan-, **Sagarmatha-**, **Langtang-**, **Shey-Phoksundo-** sowie **Rara-Nationalpark**: Siehe Kapitel Nationalparks (S. 12 und entsprechende regionale Kapitel).

Bardia National Park: Im Westen

Nepals im äußeren Terai. Linienflüge von Kathmandu nach Nepalganj, dann weiter mit Pkw (2 Std.) oder Bus. Mit Bus bis Motipur, die restlichen 8 km nach Thakurdwara, dem Parkhauptquartier, zu Fuß. In Thakurdwara gibt es ein Dutzend Unterkünfte, manche noch ohne Telefon. Bardia Jungle Cottage, Tel. 01/4428552 (Kathmandu), 084/429714, www.visitnepal.com/ bjc. Hotel Bardia Natural Park, Tel. 084/429722, nat_park@npj.wlink.com. np. Jungle Base Camp, Tel. 084/431691, www. geocities.com/junglebasecamp. (Teure) Pauschalanbieter in Kathmandu sind: Rhino Lodge Bardia, Tel. 084/429720, www.rhinolodgebardia. com. Tiger Tops Karnali Tented Camp, Tel. 01/4361500, www.tigermountain. com.

Suklapantha Wildlife Reserve: liegt im Terai im Südwesten des Landes. Wöchentlicher Linienflug nach Mahendranagar, dessen Flugplatz an das Reservat grenzt. Außer dem Silent Safari Tented Camp gibt es keine touristischen Einrichtungen.

Koshi Tappu Wildlife Reserve: liegt in Südost-Nepal im Terai. Täglich Linienflug nach Biratnagar; Busfahrt 10 Stunden. Anfahrt per Raft auf dem Sun Khosi: 8 bis 10 Tage. Ein Geheimtipp v. a. für Liebhaber von Vögeln und Flusslandschaften. Ökologisch geführtes Zelthotel im Park: Koshi Tappu Wildlife Camp mit exzellenten Guides, sehr gutem Service, Pauschalarrangement inkl. Anfahrt nach Wunsch. Explore Nepal, Kamaladi, Kathmandu, Tel. 01/4226130, www.koshitappu.com

Shivapuri National Park: Geschütztes, dichtes Waldgebiet mit Forststraßen und Wanderwegen, schöne Aussicht auf das Kathmandu-Tal; vom Shivapuri-Gipfel vormittags guter Himalaya-Blick. Nahe Kathmandu, oberhalb von Budhanilkantha.

Khaptada National Park: Im Westen Nepals im mittleren Bergland. Per Flugzeug von Kathmandu, Nepalganj oder Dhangarhi sind Bajhang, Doti (Dipayal), Bajura (Kolti) und Achham (Saphebagar) erreichbar. Es gibt keine Einrichtungen für Touristen, für Übernachtung und Verpflegung ist selbst zu sorgen. Information: National Trust for Nature Conservation, P.O. Box: 3712, Jawalakhel, Lalitpur, Nepal, Tel: 977-1-5526571, Fax: 977-1-5526570, info@ntnc.org.np, www.ntnc.org.np.

PRAKTISCHE TIPPS

Alkohol

Es gibt gute nepalesische Biere (u.a *Gorkha*, *Everest*) und Spirituosen. Bekannt sind der rote Khukri-Rum und Wodka von Brennereien in Kathmandu sowie die Aprikosen- und Apfelschnäpse aus Marpha und Tukche (auf dem Jomsom-Trek). Importierte Alkoholika, Biere und Weine sind relativ teuer.

Apotheken

Medikamente sind in Nepal vergleichsweise billig und rezeptfrei, z. B. Malariaprophylaxe, Antibiotika – etwa Norfloxacin gegen Darm- und Harnwegsinfektionen – oder die „Pille". Vorsicht jedoch vor Fälschungen!

Banken / Öffnungszeiten

Der „nepalesische Sonntag" ist der Samstag! Bankschalter sind von Sonntag bis Donnerstag 10-14 Uhr, Freitag 10-12 Uhr geöffnet. Die Wechselschalter am Flughafen, in Thamel und in den Hotels sind täglich bis abends geöffnet. Bankautomaten 24 Stunden lang.

Mit wenigen Ausnahmen bleiben die Banken an gesetzlichen Feiertagen geschlossen. In- und ausländische Banken sind rund um die Durbar Marg vertreten. Geldüberweisungen aus dem Ausland dauern lange.

Buchhandlungen/ Trekkingkarten

In den Buchläden Kathmandus und Pokharas gibt es ein enormes Angebot an billigen Trekkingkarten, englischsprachiger und anderer ausländischer Literatur. U. a. in Pilgrims Book House, Thamel, neben dem Kathmandu Guest House, www.pilgrimsbooks.com; Mandala Book Point, Kantipath, www.mandalabookpoint.com; New Tibet Book Store, Tridevi Marg, Thamel.

Einkaufen

Mit viel Zeit und Muße kann man in Nepal herrlich einkaufen. Handeln ist meist nötig! Vollendetes Kunsthandwerk wird überall angeboten, z. B. Statuen von Gottheiten aus Messing und **Bronze**, wunderschöne Holzschnitzereien, nach alter Tradition gemalte religiöse Kultbilder (**Thangkas**) und feine Steinmetzarbeiten (z. B. in der Altstadt Kathmandu, Patan, Bhaktapur, Patan Industrial Estate, Thimi, Thamel). Besonderes schön ist der **Schmuck** der nepalesischen Gold- und Silberschmiede in Kathmandu und Patan.

Handgewebte Textilien, wie Leinen- und Baumwollstoffe sowie Seide aus Nepal, China und Indien, sind bedruckt oder bemalt in den schönsten Farben erhältlich (in Thamel, Durbar Marg, Asan Tole, Indra Chowk, Balaju in Kathamdu und Altstadt in Bhaktapur). Außerdem Batiken, Stofftaschen, Bekleidung, Wolldecken, leichte, flauschige **Pashmina-Schals** aus feiner Schaf- und Ziegenwolle und handgestrickte Pullover.

Handgeknüpfte tibetische **Wollteppiche**, inzwischen auch in nepalesischen Knüpfereien in tibetischem Design hergestellt, gibt es in allen Größen und Farben (Teppichzentren sind Bodhnath und Patan/Jawalakhel). Kalender, Kunstdrucke, Geschenkpapier, Notizbücher und Postkarten aus handgeschöpftem Nepali-Papier aus Seidelbast sind beliebte Mitbringsel. Originelle Souvenirs sind auch Musik-CD mit klassischer Newar-Musik und nepalesischem Rock und Pop oder meditativen Gesängen der buddhistischen Nonne Ani Choying.

Elektrizität / Stromausfallplan

Die Netzspannung beträgt 230 V, mit großen Schwankungen. **Stromausfall** bis zu 14 Stunden ist die Regel und geplant, nach dem **Load Shedding System** (http://www.myrepublica.com/portal/index.php?action=pages&page_id=8). In städtischen Hotels wird dann, nur für Notbeleuchtungszwecke, umgeschaltet auf mit 12-V-Batterie und Inverter erzeugten 230-V-Strom. Ein Notstromgenerator, der auch die Steckdosen versorgt, wird nur in teureren Hotels nachts eingesetzt: Beim Einchecken abklären. Wer nachts unbedingt immer Strom aus einer Steckdose braucht, findet in örtlichen Elektrogeschäften billige Bajonett-Lampenfassungen mit eingebauter Steckdose *(Lampholder with Socket)*, die sich zwischen Notstromlampe und Fassung einsetzen lassen – wenn das jedoch jeder macht, bricht die Batterie-Inverter-Stromversorgung im Hotel zusammen.

Normalerweise passen in die Hoteldosen zweipolige Euro-Flachstecker.

Essen

In den ersten Tagen sollte man einheimische, mit viel Öl und Gewürzen gekochte Speisen meiden und wegen der **Durchfallgefahr** extrem auf die hygienische Unbedenklichkeit der Speisen achten: Preiswerte Gerichte von Garküchen mögen zwar verlockend aussehen, sollten von Ausländern jedoch aus Hygienegründen gemieden werden, ebenso die billigen Nepali-Restaurants für Einheimische. Viele gute Restaurants im Kathmandu-Tal und in Pokhara bieten kulinarische Genüsse aus aller Welt. Restaurants sind meist bis 22 oder 23 Uhr geöffnet.

Feste / Kalender / Ferien

Die Termine der nepalischen Feste werden jährlich von Astrologen neu errechnet, sie richten sich nach dem

Mondkalender. Der offizielle Kalender Nepals heißt **Vikram-Sambat** und entstand 57 v. Chr. Das Jahr 2017/18 z.B. entspricht dem nepalischen 2074. Außerdem gibt es die Kalender bzw. die Zeitrechnung der Newar: Den **Nepal-Sambat** (der künftig der offizielle werden soll), der 790 n. Chr. begann; und den **Shakya Sambat** (er entstand 77/78 n. Chr.). Zu den wichtigsten offiziellen Feiertagen gehören der Tag der Demokratie (18. oder 19. Februar) und der Verfassungstag (8. oder 9. November).
Dasain (Fest der Göttin Durga, (Anfang Oktober, Beginn am Tag nach Neumond, Höhepunkt 9. und 10. Tag).
Swanti/Laksmi-Puja (die Newar-Version von Tihar/Diwali/Lichterfest), in Verbindung mit *Neujahr* der Newar (*Mha-Puja,* 26.10.2022, 14.11.2023, nach dem Nepal-Sambat-Mondkalender; Neumond Ende Okt./Anf. Nov.). Das Neufahrsfest der Newar wird mit Paraden und Prozessionen beangen.
Bhai-Tika, Brüder werden von ihren Schwestern geehrt (Oktober/November, 2. Tag nach Neumond).
Holi (fröhliches, mehrtägiges Fest zu Ehren des Gottes Krishna mit Roter-Farbe-Schlacht (März, Vollmond).
Weitere Feste: s. Info Kathmandu-Tal.

Fotografieren

Fotografieren ist nicht erlaubt an militärischen Einrichtungen und manchen Heiligtümern. Wenn Sie Nepalesen fotografieren wollen, fragen Sie erst – aus religiösen Gründen lehnen es manche ab. Speicherkarten sind in Städten und an Haupttrekkingwegen erhältlich.

Führer

Es gibt in Kathmandu Stadtführer, die die Weltsprachen beherrschen. Man kann über jede Reiseagentur und viele Hotels Führer bzw. Führungen bestellen. Man sollte mit 20-30 $ für eine Führung z. B. durch Kathmandu rechnen. Die Führer müssen eine Lizenz haben.

Funk, Fernsehen, Musik

Radio Nepal ist die staatliche nepalesische Radiostation. Morgens und abends um 8 und 20 Uhr werden englischsprachige Nachrichten durchgegeben. Daneben dudeln auf UKW jede Menge FM-Stationen. Beliebt sind die meditativen Songs der „Pop-Nonne" *Ani Choying*, die schon vor dem Brandenburger Tor gesungen hat (www.choying.de) und in Nepal Schulprojekte finanziert. Nepal Television sendet englischsprachige Nachrichten abends um 21.40. Satelliten-TV umfasst Dutzende von Programmen (inkl. BBC, CNN, Deutsche Welle) und ist weit verbreitet.

Gewichte und Maße

In Nepal ist das metrische System eingeführt. Auf dem Land wird aber noch mit traditionellen Maßeinheiten gerechnet. Silber- und Goldschmuck werden nach Gewicht verkauft, gemessen in *Tola*, was etwa 11,5 Gramm entspricht. Der Wert der Edelsteine hängt vom Karatgewicht ab (1 Karat = 0,2 g).

Krankenhäuser

Es gibt staatliche und private, z. T. von Ausländern geführte Krankenhäuser, siehe S. 128 (Kathmandu) und S. 142 (Pokhara).

Post

Die Post arbeitet unzuverlässig. Briefkästen sollte man nicht benutzen: Post direkt im Postamt aufgegeben, Briefmarken gleich abstempeln lassen. Auch in großen Hotels kann man seine Post aufgeben. Briefe kann man sich an die Hauptpostämter der Städte postlagernd schicken lassen; auf der Adresse sollte stehen: der Name (Familienname unterstreichen!) und *„G.P.O., poste restante"*.

Päckchen und Pakete werden in Kathmandu neben dem General Post Office im Foreign Post Office aufgegeben – allerdings sehr zeitaufwändig, und die Zollformalitäten sind nervtötend.

Presse

Täglich erscheinen die englischsprachigen Zeitungen „Kathmandu Post", „Himalayan Times" und „Rising Nepal" (staatl.), Wochenmagazine: „Nepali Times" (die beste Zeitschrift Nepals) und „Spotlight". Ebenfalls bekannt für seine fundierten politischen und kulturellen Artikel ist das monatlich erscheinende „Himal"-Magazin. Zu kaufen gibt es sie in den Buchläden in Thamel und Pokhara (Lakeside). Sehr interessant ist auch die kostenlose Monats-Illustrierte der in Nepal lebenden Ausländer („expatriates/expats): „ECS – Expatriate Community Services", www.ecs.com.np.

Rettungshubschrauber

Wenn Sie beim Trekken ernsthaft erkranken, ist es meist möglich, direkt über Handy die Botschaft oder die Trekkingagentur zu verständigen, die dann den Rettungshubschrauber organisiert: Fast jeder Nepali führt heute ein Handy mit sich. Falls es kein Handynetz gibt, wissen die Einheimischen immer, wo das nächste Telefon zu finden ist, von dem man Kathmandu oder Pokhara erreicht. Eine Hubschrauberrettung kann sich jedoch bei schlechtem Wetter (Sicht, Sturm) um Tage verzögern. Nötig ist, dass in Kathmandu ein Bürge für die Übernahme der Kosten garantiert! Deshalb sollte man seine Versicherungsinformationen – wie DAV-Mitgliedschaft (die allerdings keinen Schutz für Pauschalreisende bietet!) oder ADAC-Auslandsversicherung – bei der Botschaft hinterlegen.

Der Flug kostet ca. 2500 $ pro Stunde, je nach Hubschraubertyp. Ein Rettungsflug ins Everest- oder Annapurnagebiet dauert ca. 2,5 Stunden. Himalayan Rescue Association, Tel: 977-1-4440292, 4440293; Dynasty, Tel. 01-4497418; Fishtail Air, Tel. 01-4112230; Mountain Helicopter, Tel. 01-4111031; Simrik Air, Tel. 01-4155340.

Telefon / Internet

Handyempfang (GSM 900/1800) ist in allen Städten und oft an Haupttrekkingwegen gegeben, z. B. in Muktinath, Manang oder im Everest Basecamp; internationales Roaming-Abkommen der Nepaltelecom u.a. mit: o2, T-Mobile, Mobilkom Austria, Telering Austria, Swisscom, Orange. Gut und günstig ist Mobiltelefonieren mit einer nepales. **Prepaidkarte** von ATC. Akkulademöglichkeiten in Lodges und Shops auch auf Treks (gegen Gebühr).

Die **Vorwahl** für Nepal ist 00977.

Internet: Fast jeder Reisende hat sein **Smartphone** dabei – Internet und schnelles mobiles Datenroaming ist in Nepal fast so selbstverständlich wie in Europa. Ausnahmen sind extrem abgelegene Bergregionen. Auslandstelefonate mit nepalesischer Simkarte kosten nur wenige Cent. Auf den bekannten Trekkingrouten im Solu Khumbu und Annapurnagebiet wird teilweise Internet via Satellit angeboten, die Preise sind dann relativ hoch. In Städten wie Kathmandu und Pokhara gibt es in Restaurants und Hotels kostenloses WiFi.

Touristeninformation / Links

www.welcomenepal.com Die offizielle Homepage des **NTB/ Nepal Tourism Board** (Kathmandu, Bhrikuti Mandap, Tel. 01/4256909, info@ntb.org.np). Gute Informationen zu Orten, Sehenswürdigkeiten, Aktivitäten, Unterkünften und vielem mehr.

www.auswaertiges-amt.de (Reiseinformationen). Allgemeine Informationen über Nepal, sowie Hinweise zur Sicherheit und medizinischen Vorsorge.

www.ciwec-clinic.com (engl.). Homepage der renommiertesten Praxis für Reisemedizin in Nepal. Hochkompetente, ausführliche Gesundheitsinfor-

mationen für Nepalreisende.
Telefon-Ansage: 030/5000-44446-084.
www.nepalhomepage.com (engl.). Hervorragende, gepflegte, ausführliche Website mit Reisetips, Dienstleistern, Gelben Seiten, Festivalkalender.
www.visitnepal.com (engl.). Touristische Infos von Reiseagenturen über Restaurants bis hin zu Land & Leuten.
www.explorenepal.com (engl.). Umfassende Linksammlung.
www.mountainexplorers.org (engl.). Gute Quelle für Reise- und Trekkinginformationen.
www.nepalnews.com (engl.). Online-Ausgaben der nepalesischen Zeitungen.
www.nepalresearch.com (dt./engl.). Sehr gute Hintergrundinformationen über Nepal.
www.freunde-nepals.de (dt.). Homepage des bayerischen Vereins der „Freunde Nepals".
www.deutsch-nepal.de (dt.). Website der „Deutsch-Nepalischen Gesellschaft", Köln.
www.nepalboard.de Infos zu Land und Leuten, Linksammlung und Reiseforum
www.info-nepal.com (engl.). Umfangreiche Seite mit Infos, Links, Chatrooms.

Trinkgelder

Eine Unsitte insbesondere der Restaurants in Kathmandu ist, das sie auf die Preise der Speisekarte 13 % VAT (Mehrwertsteuer) und 10 % Service Charge (Bedienung) bei der Abrechnung dazurechnen. In Pokhara sind es meist nur die 10 % Service Charge und in den Lodges auf den Treks wird nur der Preis abgerechnet der auch auf der Speisekarte steht. Die Service Charge geht direkt an die Bedienung und ein üppiges Trinkgeld erübrigt sich. Hotelpagen, Zimmermädchen, Kellner und Botengänger bekommen 50-100 Rupien, Gepäckträger pro Gepäckstück ca. 50 Rupien. Bei Gruppenreisen oder Privatfahrten mit Chauffeur erhält der Fahrer üblicherweise eine zusätzliche Anerkennung. Träger auf Trekkingtouren bekommen neben dem vorher vereinbarten Tageslohn je nach Länge des Treks 10-20% des Gesamtlohnes.

Verhaltensregeln

Vornehmlich das Kastenwesen und die verschiedenen religiösen Vorstellungen haben den Verhaltenskodex der Nepalesen geprägt. Besonders die Regeln, die bestimmen, was „rein" und „unrein" ist, sind für Ausländer verwirrend. Allgemein sollte man sich deshalb an die international üblichen Höflichkeitsformen halten. Die meisten Nepalesen sehen einem die Unkenntnis der landesüblichen Regeln nach. Zur Begrüßung und Verabschiedung ist Händeschütteln nicht üblich. Man legt statt dessen die Handflächen aneinander und grüßt mit „*Namaste*", besonders bei der Anrede von Frauen. Unter Freunden begrüßt man sich mit einem leichten Kopfwiegen, was in Nepal auch als Geste der Bejahung gilt.

Körperliche Berührungen wie etwa Küssen sind zwischen Männern und Frauen nicht üblich und lösen oft Unwillen aus. Zumeist ist es die Jugend, die hier mit traditionellen Tabus bricht, wobei sie jedoch oft großen Schwierigkeiten ausgesetzt ist, da der gesellschaftliche Umgang sehr stark durch das Kastenwesen geprägt ist.

Sollten Sie in einen Hindu-Haushalt eingeladen werden, beachten Sie, dass es als verunreinigend gilt, die Schuhe in der Wohnung nicht auszuziehen. Das Betreten der Küche ist in den meisten Hindu-Haushalten einem strengen Tabu unterworfen. Als äußerst unhöflich gilt es, jemandem die Fußsohlen zu zeigen. Dies kann sehr leicht beim Essen auf dem Boden – wie dies zum Teil üblich ist – passieren. Sobald Sie auch nur ein kleines Häppchen von einem Teller gegessen haben, ist dieser unrein – genauso wie das von Ihnen benutzte Besteck. Achten Sie darauf beim Herumreichen und Trinken aus einer Feldflasche. Naschen Sie nicht mit dem selben Löffel zweimal aus einem Kochtopf – das Essen würde für Hindus „unrein".

Wundern Sie sich nicht, wenn man Ihnen nicht sofort dankt, falls Sie ein Gastgeschenk mitbringen: Meist wird dieses sofort zur Seite gelegt und auch nicht ausgepackt, dies soll aber keine Missachtung darstellen.

Nepalesen bewegen sich recht ungezwungen in ihren Tempeln, Ledersachen sind jedoch an manchen Tempeln nicht zugelassen (Rinder sind heilig!), daher zieht man meistens auch die Schuhe aus.

Zeit

Die nepalische Standard-Zeit liegt 5,45 Std. vor Greenwich Mean Time (in Deutschland plus 4,45 Std. in der Winterzeit und 3,45 Std. zur Sommerzeit).

Zoll

Hier gelten die international üblichen Bestimmungen: Zollfrei erlaubt sind 200 Zigaretten, 1,15 l Alkohol, persönliche Verbrauchs- und Bedarfsgegenstände wie z. B. 15 Filme, 1 Fotoapparat oder 1 Computer. Manchmal werden Wertgegenstände bei der Einreise in den Pass eingetragen, bei der Ausreise müssen sie wieder vorgezeigt werden.

Antiquitäten, die älter als 100 Jahre sind, dürfen nicht ausgeführt werden. Sollten Sie diesbezüglich nicht sicher sein, lassen Sie sich im Archaeological Department eine Bescheinigung geben (Ram Shah Path, Kathmandu, geöffnet von Sonntag bis Donnerstag 10 bis 16 Uhr, Freitag 10 bis 15 Uhr).

Genehmigungsfrei ausführen darf man nepalesische Produkte nur bis zu dem Betrag, für den man eine Fremdwährungswechselquittung einer Bank oder staatlich anerkannten Wechselstube vorweisen kann.

ADRESSEN

Botschaften / Konsulate in Nepal

Deutsche Botschaft, Gyaneshwar, Kathmandu, Tel. 01/4412786, www.kathmandu.diplo.de.

Österreichisches Honorarkonsulat, 22 Manakamana Marg, Naxal, Kathmandu, Tel. 01/4434 648, Fax 4434 515, E-Mail autconktm@wlink.com.np

Schweizer Generalkonsulat, Jawalakhel, Ekanta Kuna, SDC-Compound, Lalitpur / Kathmandu, Tel. 01/5549225.

Nepalesische Vertretungen

Deutschland: Botschaft von Nepal, Guerickestr. 27, 10587 **Berlin**, Tel. 030/3435 9920, neberlin@t-online.de, www.nepalembassy-germany.com.

Konsulate: Johanna-Melber-Weg 4, 60599 **Frankfurt**, Tel. 069/62700608. Große Theaterstr. 7, 20354 **Hamburg**, Tel. 040/35713340. Hohenzollernring 26, 50672 **Köln**, Tel. 0221/2338381. Börsenstr. 3, 70174 **Stuttgart**, Tel. 0711/1812683. Residenzstr. 25, 8033 **München**, Tel. 089/44109259.

Schweiz: Nepalesische Botschaft, 1 Rue de la Servette, 1202 **Genf**, Tel. 022/733 2600, mission.nepal@bluewin.ch

Österreich: Honorargeneralkonsulat, Akazienstr. 30, 1230 **Wien**, Tel. 28800100, www.nepal.at.

Verbände

Deutsch-Nepalische Gesellschaft e.V., Postf. 190327, 50500 Köln, Tel. 0221/2338380, www.deutsch-nepal.de.

Freunde Nepals e.V., Eschenloh 29, 84056 Rottenburg, Tel. 08781/2039871, www.freunde-nepals.de.

REDEWENDUNGEN IN NEPALI

Nepali ist die Amtssprache. Mit einfachem Englisch kann man sich in Touristengebieten recht gut verständigen.

Guten Tag / Auf Wiedersehen. *Namaste* (besonders höflich)
Hallo .... *hello*
Wie heißen Sie ? .... *Tapaaiko naam ke ho* ?
Ich heiße... .... *Mero naam... ho*
Mein Land ist... .... *Mero desh... ho*
Wo ist der/die/das... .... *Koiha chha*
Weit entfernt ? .... *Taadhaa tschha?*
Nahe? .... *najik tschha?*
Welcher Weg nach xy ? .... *xy jaane baato kun ho?*
Wieviel kostet das ? .... *Kati ho?*
Das ist teuer! .... *Ma hango tschha*
Kann ich bitte die Speisekarte haben? . *Menu dinus*
Haben Sie Wasser / Tee .... *Paani / tschia tschha?*
Die Rechnung bitte! .... *Bill dinus*
Ich bleibe ... Tage. ....…din basne
Was ist das ? .... *Jo ke ho?*
Ich bin krank. .... *Ma biraami tschhu*
Haben Sie ein Zimmer?.. *Kotha tschha?*
Gibt es ein Hotel? .... *Hotl / Lodge tschha?*
Gibt es eine Toilette? .... *Toilet / tscharpi tschha?*
Wie spät ist es?. .... *Kati bajyo ?*
ich. .... *ma*
Du. .... *tapaai/timi*
Wir .... *haamiharu*
ja / ist / es gibt .... *ho / tschha*
nein / es ist nicht / gibt nicht .... *hoina / tschhaina*
Okay .... *thik tscha*
groß. .... *thulo*
klein. .... *saano*
heute. .... *aaja*
Nachmittag .... *diuso*
Abend .... *beluka*
Nacht. .... *raati*
Woche. .... *hapta*
Monat .... *mahina*
Jahr .... *barssa*
sauber. .... *saafa*
schmutzig .... *phohar*
heiß .... *tato*
kalt. .... *tschiso*
danke .... *dhanyabaad*
weniger / etwas. .... *alikati*
mehr / viel / sehr .... *dherai*
kommen. .... *aaune*
gehen .... *jaane*
Straße / Weg .... *baato*
Preis .... *mool/mullye*
Geschäft. .... *pasal/dokan*
Arznei / Apotheke ...... *aussadhi pasal*
Arzt .... *daaktar*
Markt .... *basar*
Zimmer .... *kotha*
Gemüse. .... *tarakari / sabji*
Wasser .... *paani*
Tee. .... *tschiya*
Milch. .... *dudh*
Yoghurt .... *dahi*
Reis .... *bhaat*
Zucker .... *tschini*
Salz .... *nun*
Butter. .... *nauni*
Essen. .... *khaana*
Frühstück .... *nashtaa*
1 .... *ek*
2 .... *dui*
3 .... *tin*
4 .... *tschar*
5 .... *paanch*
6 .... *tschha*
7 .... *saat*
8 .... *aath*
9 .... *nau*
10. .... *dos*
20. .... *bis*
25. .... *patschhis*
30. .... *tis*
35. .... *paitis*
40. .... *tschaalis*
45. .... *paitaalis*
50. .... *patschhaas*
60. .... *saathi*
70. .... *sattari*
80. .... *assi*
90. .... *nabbe*
100. .... *eksaai*
1000 .... *hazaar*
10 000 .... *dos hazaar*
100 000. .... *ek lakh*

AUTOREN

Susanne von der Heide studierte Ethnologie/Kunstgeschichte und arbeitet als Nepalexpertin für internationale Organisationen. Ihre Landeskenntnisse vertiefte sie durch langjährige Aufenthalte in Nepal, wo sie heute auch lebt. Sie setzt sich dort u.a. für den Erhalt eines Höhlentempels in Mustang ein. („Geschichte", „Terai", Einleitung zu „Mustang", Ko-Autorin von „Pokhara")

Andreas Neuhauser, ein sehr erfahrener Reiseunternehmer, Trekking- und Bike-Guide, veranstaltet in Nepal regelmäßig schon seit vielen Jahren Wander- und Mountainbike-Touren für Jugendliche und Erwachsene (www.mountain-action.de). Er verfasste die Beiträge „Annapurna-Runde", „Thamel", „Solu-Khumbu", „Kanchenjunga", „Trendsport" und „Reiseinformationen" sowie Teile von „Rara-Lake" und „Mustang"

Berthold Schwarz, Reisebuchautor und Redakteur, bereist Nepal seit über 30 Jahren, leitete dort Studien- und Wanderreisen, trekkte u. a. durch Helambu und Langtang und umrundete mehrmals das Annapurna-Massiv. (Ko-Autor von „Annapurna", „Chitwan" und „Kathmandu-Tal"). Zu den letzten Aktualisierungen trugen seine Söhne bei: Moritz Schwarz recherchierte in Chitwan und Pokhara, Linus Schwarz im Khumbu auf dem Everest-Trek.

Hansjörg Brey ist Geograf. Seine wissenschaftliche Tätigkeit schärfte seinen Blick für die Probleme Nepals, wo er mehrere Treks unternahm. Sein besonderes Interesse gilt Südosteuropa und Südasien. Er war viele Jahre Geschäftsführer der Südosteuropa-Gesellschaft in München („Helambu, Gosainkund und Langtang").

Wolf Donner studierte Volkswirtschaft, Soziologie und Wirtschaftsgeografie und war 12 Jahre Berater für Agrarentwicklung im Dienst der FAO, davon 3 Jahre in Nepal. („Landeskunde")

Diethelm Hofstra, Asienspezialist und Nepal-Reiseleiter, ist Mitverfasser des Kapitels „Mustang". Er übersetzt außerdem Romane aus dem Indonesischen und Chinesischen.

Jürgen Huber war viele Jahre Trekking-Reiseleiter in Nepal, von ihm stammt der Beitrag „Makalu".

Wolfgang Koch ist Chemiker, doch gilt heute sein Hauptinteresse der chinesischen und tibetischen Sprache sowie der Ethnologie. („Jumla, Dolpo")

Axel Michaels ist Professor für Indologie und war Direktor des Nepal Research Centre in Kathmandu. („Lebendige Religion", „Kathmandu", „Patan", „Bhaktapur")

Hemanta Raj Mishra, einer der führenden Zoologen Asiens, wurde in Nepal geboren, war einer der Gründer der King-Mahendra-Stiftung für Naturschutz in Nepal und erhielt den J. Paul Getty-Preis für Naturschutz. Er ist Autor von Büchern und Filmen über Wildtierforschung. („Nationalparks")

Joanna Pfaff-Czarnecka beschäftigt sich seit 1979 mit Nepal, wo sie als Ethnologin bei Forschungsprojekten zum nepalesischen Kastenwesen mitwirkte. („Ethnische Vielfalt", „Kastenwesen", „Frauen in Nepal")

Ganesh Lal Shakya, in Patan geboren, studierte in München Wirtschaftsgeografie, leitete Studienreisen und managte Reisebüros in Südafrika und Nepal – ein vielseitiger buddhistischer Newar, der sich mit der europäischen Kultur auseinandergesetzt und u. a. in Deutschland eine Heilpraktikerausbildung absolviert hat. Er lebt in Kathmandu. („Pokhara", „Terai", „Nepalesische Küche")

Satis Shroff, ein in Deutschland lebender nepalischer Journalist und Dichter, studierte Biologie in Nepal und Medizin und Sozialarbeit in Deutschland. („Gurkhas", „Nepals Achttausender")

Ludmilla Tüting, Journalistin und Autorin, lebt in Berlin und Kathmandu und verfasste zahlreiche Publikationen zu den Themen Nepal, Entwicklungspolitik, Umwelt und Tourismus. („Rolwaling", „Entwicklungsland Nepal")

REGISTER

A

B

C

D

E

F

G

H

I

J

K

LIEFERBARE TITEL

– EUROPE –

Madeira *1:60,000*

– ASIA –

Burma ⇨ Myanmar
Bangkok and Greater Bangkok *1:15,000 / 1:75,000*
Bangladesh — India North-East — Bhutan *1:1,500,000*
Cambodia – Angkor *1:1,500,000*
Central Asia *1:1,750,000*
***China*:**
Central *1:1,750,000*
South *1:1,750,000*
Hong Kong *1:22,500*
Himalaya *1:1,500,000*
***India*:**
India *(Subcontinent)* *1:4,500,000*
Ladakh – Zanskar *1:350,000*
North *1:1,500,000*
North-East ⇨ Bangladesh
East *1:1,500,000*
West *1:1,500,000*
South *1:1,500,000*
***Indonesia*:**
Indonesia *1:4,500,000*
Bali – Lombok *1:180,000*
Java – Jakarta *1:750,000 / 1:22,500*
Kalimantan ⇨ Malaysia-East
Sulawesi – Nusa Tenggara — East Timor *1:1,500,000*
Iran *1:1,750,000*
Japan *1:1,500,000*
Korea *1:1,500,000*
Malaysia-East — Brunei — Indonesia-Kalimantan *1:1,500,000*
Malaysia-West — Singapore *1:1,500,000 / 1:15,000*
Myanmar *(Burma)* *1:1,500,000*
Nepal *1:480,000 / 1:1,500,000*
Philippines – Manila *1:1,500,000 / 1:17,500*
Southeast Asia *1:4,500,000*
Sri Lanka *1:500,000*
Taiwan *1:400,000*
Thailand *1:1,500,000*
Vietnam — Laos — Cambodia *1:1,500,000*

– AFRICA –

Egypt *1:2,500,000 / 1:750,000*
Kenya *1:1,100,000*
Namibia *1:1,500,000*
South Africa — Namibia — Botswana — Zimbabwe *1:2,500,000*
Tanzania — Rwanda — Burundi *1:1,500,000*
Tunisia *1:750,000*
Uganda *1:700,000*

– AMERICAS –

***Argentina*:**
North — Uruguay *1:2,500,000*
South — Patagonia — Uruguay *1:2,500,000*
Bolivia — Paraguay *1:2,500,000*
***Brazil*:**
Amazon *1:2,500,000*
Central and South *1:2,500,000*
***Caribbean*:**
Lesser Antilles *1:2,500,000*
Central America *1:1,750,000* (Costa Rica *1:900,000*)
Chile — Patagonia *1:2,500,000*
Colombia — Ecuador *1:2,500,000*
Cuba *1:775,000*
Mexico *1:2,500,000*
Peru — Ecuador *1:2,500,000*
South America – The Andes *1:4,500,000*
Venezuela — Guyana — Suriname — French Guiana *1:2,500,000*

– AUSTRALIA / PACIFIC –

Australia *1:4,500,000*
***Hawaiian Islands*:**
Hawaiian Islands *1:330,000 / 1:125,000*
Hawaii – The Big Island *1:330,000 / 1:125,000*
Honolulu – Oahu *1:35,000 / 1:150,000*
Kauai *1:150,000 / 1:35,000*
Maui – Molokai – Lanai *1:150,000 / 1:35,000*
New Zealand *1:1,250,000*
South Pacific Islands *1:13,000,000*

Nelles Maps in europäischer Spitzenqualität!
Reliefdarstellung, Kilometrierung, Sehenswürdigkeiten.
Immer aktuell!